HR技能提升系列

◎ 著

薪酬

管理实操

从入门到精通

第 **3** 版

人民邮电出版社

北京

图书在版编目（CIP）数据

薪酬管理实操从入门到精通 / 任康磊著. -- 3 版.
北京 ：人民邮电出版社，2025. -- （HR 技能提升系列）.
ISBN 978-7-115-65957-6

Ⅰ. F244

中国国家版本馆 CIP 数据核字第 202432JV38 号

内 容 提 要

为了帮助从事或即将从事人力资源管理工作的广大读者更好、更快地学习了解人力资源管理的相关知识，本书细致讲解了人力资源管理的重要模块——薪酬管理的相关内容。本书把大量复杂的薪酬管理理念转变成了简单的工具和方法，并把这些工具和方法可视化、流程化、步骤化，力求有效指导和帮助读者做好薪酬管理实务工作。

本书共11章，涵盖薪酬管理理论、薪酬策略，薪酬组成要素，员工考勤，工资、奖金，岗位分析、岗位价值评估，薪酬调查分析、薪酬定位，薪酬模式、薪酬方案，薪酬预算、薪酬调整、薪酬数据分析，典型岗位的薪酬设计，社会保险、住房公积金，AI在薪酬管理中的应用等内容。

本书内容全面、案例丰富、实操性强，特别适合薪酬管理从业人员、人力资源管理实务初学者、中小企业的管理者、大型企业的中层管理者、高校人力资源管理专业的学生，以及对薪酬管理工作感兴趣的人员学习使用。

◆ 著　　　　任康磊
　　责任编辑　刘　姿
　　责任印制　周昇亮

◆ 人民邮电出版社出版发行　　北京市丰台区成寿寺路 11 号
　　邮编　100164　电子邮件　315@ptpress.com.cn
　　网址　https://www.ptpress.com.cn
　　天津千鹤文化传播有限公司印刷

◆ 开本：700×1000　1/16
　　印张：21　　　　　　　　　　2025 年 6 月第 3 版
　　字数：353 千字　　　　　　　2025 年 6 月天津第 1 次印刷

定价：69.80 元

读者服务热线：（010）81055296　印装质量热线：（010）81055316
反盗版热线：（010）81055315

实务技能锻造精英，务实品质助力前行

有人问我，人力资源（Human Resource，HR）从业者最重要的技能是什么？我说，是贴近业务的实操工作能力。

如果人力资源从业者的职业生涯发展是建造一座大厦，人力资源管理的实操工作能力就是这座大厦的地基。想要大厦够高，地基就要足够深厚；想要大厦牢固，地基就要足够坚实。

没有深厚坚实的地基，再宏伟的大厦也只能是空中楼阁，难以抵御外部环境变化的侵袭，甚至一碰就倒，一触即溃。

有一次我去拜访由自己常年提供管理咨询顾问服务的公司，该公司总裁张三一见面就开始不停地向我诉苦。

事情是这样的：这家公司准备推进绩效管理，于是招聘了一位人力资源高级经理李四，分管绩效管理工作。

之前，李四在竞争对手公司工作多年，有丰富的相关从业经历。面试时，他也讲得头头是道，于是就被招了进来。

李四入职后不久，张三就要求李四深入业务一线，和业务部门管理者一起探讨，为业务部门制订切实有效的绩效管理策略。

然而，李四并没有按张三的要求亲临业务现场，而是发了一封邮件，要求业务部门上报绩效管理指标。根据业务部门上报的结果，李四再结合前从业公司的做法，自行调整修改后，想当然地制订了一套绩效管理方法。

这套绩效管理方法推行下去后，引发了业务部门的诸多抱怨和强烈不满。一位业务部门负责人说，这套方法不仅没帮自己做好管理，业绩没得到提升，效率也没得到提高，反而给自己带来了不小的负担和麻烦。

过去，就算把全部工作时间都用于业务，时间仍不够用，如今还要去"应付"人力资源管理部门的额外工作，浪费大家不少的时间。绩效管理和业务工作成了不相关的"两层皮"，绩效管理显得多余且没有意义。

张三找到李四问责，李四却不认为有什么不妥。张三质疑李四，为什么不了解实际情况后再制订更有针对性的绩效管理方法？李四却信誓旦旦地说，别的公司能用，这家公司不能用，那就说明是本公司有问题，而不是方法有问题。

张三质疑李四，难道就不能用其他方法吗？李四狡辩说，自己从业这么多年，用的都是这套方法，之前也没出过问题。

最终，张三辞掉了李四，他为自己这次失败的用人感到懊悔。

天底下的绩效管理只有一套方法吗？当然不是！

关于如何实施绩效管理，我写了3本书：关于基础方法论的有《绩效管理与量化考核从入门到精通》；关于工具应用的有《绩效管理工具：OKR、KPI、KSF、MBO、BSC应用方法与实战案例》；关于实战案例的有《薪酬绩效：考核与激励设计实战手册》。

3本书总共有约80万字的干货解析，但我仍觉得远未涵盖全部。公司的不同类型、阶段和状态，岗位的不同设计、分工和目标，叠加不同的绩效管理工具、程序和方法，能衍生出成千上万种绩效管理的实施方法。

如果人力资源从业者的实务技能不强，又不懂脚踏实地、因地制宜，只会照搬过去的经验，那么用他对公司来说就是灾难。他自己的职业生涯，也将因此终结。

你有没有发现一个现象，随着市场环境的变化和组织机构的调整，中层管理者成了很多公司里非常"脆弱"的群体。公司要裁员，最先想到的往往就是裁掉一部分中层管理者。

为什么会这样呢？

因为很多人成为中层管理者之后，既没有高层的格局、眼光、信息和权力来做决策，又失去了基层的实务工作能力和务实品格，每天不接触实际工作，夹在中间，定位很尴尬。

这类人每天做得最多的事可能就是开会、写报告和做PPT，把自己变成了高层和基层间的传话筒，守着自己固有的认知不思进取，不求有功，但求无过。

当经济形势好，公司规模较大、业绩较好的时候，也许容得下这样一群人。

而当经济形势发生变化，或公司开始追求人力资源效能最大化的时候，这群人就危险了。

裁掉了这类中层管理者，从事实务工作的基层员工还是照常工作，而高层的命令可以直接传达给基层员工，实现了组织扁平化，效率反而更高了。

这类中层管理者被裁之后很难再找到合适的工作，因为一线的工作不愿干，或者长时间远离一线后已经不会干了；高层的事又没接触过，也没那个能力干；最后高不成低不就，迎来了所谓"中年危机"。

这种"中年危机"，究竟是社会造成的、公司造成的，还是他们自己造成的呢？

如果中层管理者可以做到将高层的战略决策、目标和愿景转化为具体的行动计划，传达给基层员工，以身作则，以自身较强的实务技能带出高技能的员工，不断为公司培养人才，同时又具备务实的态度，能保障计划执行、推进任务进度，打造出高绩效团队，这样的中层管理者，哪个公司不爱呢？

可如果像李四那样，人力资源管理的实操工作能力不强，又不思进取，不实践，又不学习，只见过一条路，且只想在这一条路上走到黑，那他迎来的就只会是被淘汰。

在日新月异的商业世界中，人力资源从业者作为连接组织业务与全体员工的重要桥梁，不仅要具备足够的理论知识，更要贴近实务，为公司创造实实在在的价值。千万不要"飘在空中"，自己把自己的职业道路堵上了。

人力资源管理是一门实践艺术。出版"HR 技能提升系列"的目的就是为人力资源从业者提供实务技能的参考和指导。

这套书经过时间的检验，已经成为中国人力资源管理品类较为畅销的经典套系，成为各大公司人力资源从业者案头必备的工具书，并被选为许多高校的教材。

实务意味着贴近业务，拒绝空谈理论；务实意味着注重实际，反对华而不实。

一个拥有丰富的实务技能，同时又拥有务实品格的人力资源从业者能让自己立于不败之地，成为公司不可或缺的人才。

人工智能（Artificial Intelligence，AI）技术突飞猛进，已经开始应用在企业管理和人力资源管理的各个领域。在薪酬管理方面，AI 也正在发挥着重要的作用。通过应用 AI 技术，薪酬管理工作变得更加科学和智能。AI 可以利用数据和算法实现高效决策，从而帮助企业提高效率、降低成本并优化人才策略，这将大大提高企业的管理水平和市场竞争力。

AI 在薪酬管理中的应用涵盖生成薪酬分析报告，设计薪酬预测模型，制订个性化的薪酬策略，辅助薪酬方面的沟通、解惑等多个方面，正在逐渐改变传统的薪酬管理模式。

在人力资源管理的所有模块中，员工对薪酬的感受是最直接也是最强烈的。薪酬管理对人力资源管理的效率和成果起着重要作用，它能够影响员工的满意度、敬业度和积极性。

科学的薪酬管理体系能够激发员工的工作热情，让员工为公司创造更多的价值；而不科学的薪酬管理体系不但会制约公司人力资源管理工作的正常开展，而且会打击员工工作的积极性。

在人才（尤其是高级人才）竞争激烈的市场环境中，科学的薪酬管理体系是保证人力资源管理能够有效运行、人力资源能够得到优化配置的重要前提。

然而，一直以来，薪酬管理都是人力资源管理及至公司管理的难点。

从公司管理的角度来看，薪酬管理没有统一和固定的模式，不同战略、不同环境、不同时期、不同文化背景下的公司对薪酬管理和薪酬体系的要求是不同的。

从股东的角度来看，他们希望以尽可能少的资金获得尽可能大的收益。所以股东希望给员工的薪酬待遇不要太高，但对员工的效率和产出却有较高的预期。

从员工的角度来看，薪酬与员工的生活质量息息相关，员工永远不会满足于自己当前得到的，他们永远会希望得到更高的薪酬待遇。

从部门的角度来看，在缺少有效成本控制机制的公司中，部门负责人通常希望通过高薪激励员工，以扩大产出、降低自己的管理难度。

从 HR 的角度来看，要平衡公司与部门、股东与员工的关系，既要考虑薪酬的战略性，又要考虑其公平性；既要考虑薪酬的经济性，又要考虑其竞争性和激励性，因此薪酬管理的难度可想而知。

在人力成本逐年增加的大环境下，HR 在薪酬管理方面的能力和水平在一定程度上决定了公司与人才之间的互动效果，决定了对人才的激励效果，决定了人才的稳定性，甚至可以说，决定了公司未来的长远发展。

希望本书能够让读者快速了解薪酬管理的原理，快速掌握薪酬管理的方法，快速运用薪酬管理的工具和模板，更好地开展薪酬管理工作。

本书顺应时代需要，增加了"AI 时代的薪酬管理"全新章节，期望通过介绍和解析 AI 在薪酬管理中的应用和相关案例，帮助读者学习、理解和应用前沿科技。此外，因法律法规等更新、变化，本版中也对相关内容做了相应修改，同时还修正了个别排版错误和某些表述方式。

本书涉及的公司、政府或机构间的相关流程，没有特别说明的，都是以北京市为例。由于各地的规定和实施流程有所不同，其他地区的办事流程请以当地政府部门或办事机构的具体规定为准，具体可参照各地相关部门的官方网站或电话咨询。

由于与人力资源管理相关的法律、法规等政策文件具有时效性，本书涉及的内容都是基于书稿完成时的相关政策规定。政策有所变化，可能会带来某些模块操作方式的变化，请读者朋友以最新的官方政策文件内容为准。

希望读者朋友能够学以致用，更好地学习和工作。

本书若有不足之处，欢迎各位批评指正。

目 录

第 **1** 章

如何认识及应用薪酬管理

薪酬管理是企业为了实现发展战略，以人力资源战略规划为指导，通过岗位价值分析和薪酬市场调研分析，对薪酬战略、薪酬策略、薪酬模式、薪酬结构、薪酬水平等进行分析、设计、确立、实施和调整的环状推进过程，以及依据薪酬制度和政策，进行薪酬预算、薪酬控制、薪酬支付、薪酬沟通和薪酬调整的动态管理实施过程。

1.1　如何定位薪酬管理

薪酬是企业对人力资源劳动成果的回报，也是企业对人力资源的投资。薪酬会给员工带来短期和长期的激励，也会给企业带来长期的效益。薪酬能够满足员工的物质需求，能代表企业认同员工的能力、努力与绩效，能体现员工的价值、引导员工的行为。

薪酬管理在人力资源管理体系中起着至关重要的作用。有效的薪酬管理通过企业整体的薪酬体系建设，能够实现企业薪酬的合法性、相对公平性、合理性和有效性；能够既满足员工的个人利益，又满足企业的目标和利益，打造个人和企业双赢的局面。

通过薪酬管理，企业能够实现以下目标。

（1）营造良好的企业文化氛围。

（2）将企业的运营成本控制在一定的范围内。

（3）为人力资源规划提供重要参考。

（4）更容易吸引外部人才，提高企业招募到优秀人才的概率。

（5）鼓励员工提高技能与效率，有助于企业打造高素质、高绩效的团队。

（6）降低员工的离职率，尤其是能够有效地保留核心人才。

（7）提高员工的满意度，减少各类内部矛盾。

薪酬管理体系的设计流程如图 1-1 所示。

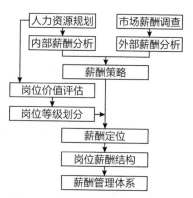

图 1-1　薪酬管理体系的设计流程

薪酬管理模块与人力资源管理其他模块紧密相关、相互作用，通过与人力资源管理其他模块的相互配合，共同完成人力资源管理职能，实现人力资源管理规划和企业的战略目标。

1.1.1　薪酬管理与企业文化

对于企业，无论怎样强调企业文化的重要性也不为过。现代企业间的竞争已经不只是技术的竞争、产品的竞争、市场的竞争和人才的竞争，更重要的是企业文化的竞争。越来越多的企业家都认可文化管理是企业管理的较高境界。

企业制订战略后，实现战略需要企业文化的支持。企业文化影响员工的核心价值观，具有导向性、约束性、激励性和广泛适用性。企业文化能够激发员工的热情，统一员工的思想，让企业全员为共同目标努力。

薪酬管理对员工的行为具有导向作用，对员工的激励具有积极作用。通过薪酬管理，企业能够统一员工和企业的目标。薪酬管理中的薪酬战略和薪酬策略对企业战略的实现具有促进作用。

所以，薪酬管理和企业文化对企业战略目标的实现具有相似的推动作用。薪酬管理能够服务于企业文化，企业文化也能够作用于薪酬管理。两者是相互促进、共生互助的关系。

1.1.2　薪酬管理与人力资源规划

人力资源规划的目的是承接和满足企业总体的战略发展要求，促进企业人力资源管理工作更好地开展，协调人力资源管理各模块的工作计划，提高企业员工的工作效率，让企业的目标和员工个人发展的目标达成一致。

人力资源规划有狭义和广义之分。狭义的人力资源规划指的是人员的配置计划、补充计划和晋升计划。广义的人力资源规划除了以上 3 项外，还包括员工的培训与发展计划、薪酬与激励计划、绩效管理计划、员工福利计划、员工职业生涯规划、员工援助计划等与人力资源管理相关的一系列计划。

人力资源规划是否合理决定了薪酬战略、薪酬策略以及薪酬管理能否有效地实施。同时，薪酬管理的质量决定了人力资源规划最终能否实现。

1.1.3　薪酬管理与招聘管理、培训管理

招聘管理，是人力资源部门根据企业经营战略的需要，根据各部门、各岗位的人才配置标准和岗位说明书的要求，找到、选拔出合适的人才，并把合适的人才放到合适岗位的作业和管理过程。

培训管理是指企业为开展业务及满足培育人才的需要，采用各种方式对员工进行有目的、有计划地培养和训练的管理活动，使员工能不断积累知识、提高技能、更新观念、变革思维、转变态度、开发潜能，能更好地胜任现职工作或担负更高级别的职务，从而促进企业效率的提高和企业目标的实现。

薪酬管理与招聘管理的关系是一种相互影响的关系。薪酬水平影响员工对企业的选择，较高的薪酬水平往往会吸引大批的求职者。这一方面可以提高招聘的成功率和满足率；另一方面可以提高求职者的质量，使企业能更加容易地选到优秀人才。而这部分优秀人才本身就匹配这个薪酬水平，所以可以避免财务上的浪费。

薪酬管理与培训管理的关系是一种包含和促进的关系。薪酬管理有助于使员工在主观上愿意提高自身技能。培训本身也是薪酬中非经济性薪酬的组成部分，不仅可以作为提升员工技能的方式，同时也是一种激励员工的手段。

1.1.4　薪酬管理与绩效管理

绩效管理是人力资源管理的核心环节，是推动企业成长的"发动机"，是各级管理者和员工为了达到企业目标共同参与的绩效计划制订、绩效辅导沟通、绩效考核评价、绩效结果反馈的持续循环过程。绩效管理的目的是持续提高个人、部门和企业的绩效。

薪酬管理与绩效管理组合在一起就像一把尺子，薪酬管理是这把尺子的形态，绩效管理是这把尺子的刻度。有了绩效管理的刻度，企业才能有效地度量员工的表现，准确评价员工的业绩贡献。针对员工不同的绩效给予薪酬激励，才能够增强激励效果。

薪酬管理和绩效管理只有紧密地联系在一起，才能发挥彼此的作用和价值。二者相互作用，相互促进，相辅相成，缺一不可。

薪酬与绩效对人才的作用关系如图 1-2 所示。

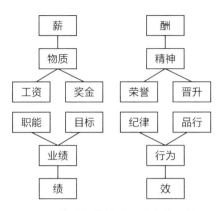

图 1-2 薪酬与绩效对人才的作用关系

有效的薪酬管理能够促进企业绩效的提高。员工的态度和技能直接影响绩效，有效的薪酬管理恰好具备激励效应，能够促进员工提高技能、激发员工的积极性，最终提高企业的绩效。

1.1.5 薪酬管理与员工关系管理

员工关系是用人单位与雇员之间关系的统称。员工关系有 3 层含义：一层是法律层面的，因雇佣而产生的权利义务关系；另一层是制度层面的，因共同劳动而产生的一方对另一方的约束关系；还有一层是情感层面的，是双方之间建立的情感纽带。

狭义的员工关系管理指的是组织和员工之间、管理者与员工之间、员工与员工之间的沟通和交流的过程。各级管理者通过正向、舒缓的沟通手法，创造积极进取的工作氛围，提高员工的敬业度和满意度，让员工为组织目标的实现做出应有的努力。

广义的员工关系管理，指的是组织中的各级管理者通过各类人力资源管理方法和手段，实施各项人力资源管理政策和机制，调节组织和员工之间的相互关系，在实现组织战略规划和发展目标的同时，兼顾员工价值的平衡。

一般来说，薪酬方面的问题是员工关系管理中出现频率最高的问题。薪酬管理不善可能造成员工对组织的满意度降低、员工流失率提高、员工工作积极性降低、员工与组织之间劳动争议增加等问题。

薪酬管理水平直接影响员工关系管理的质量。完善的薪酬管理能够促进员工与组织之间关系的良性发展，会让员工感受到来自组织的温暖，会给员工关系带来正面效应；不良的薪酬管理有损于员工与组织之间的关系，会给员工关系管理带来负面效应。

1.2　如何应用薪酬管理原则

薪酬管理的原则可以分为公平性、竞争性、激励性、经济性和战略性5类。企业在进行薪酬设计、制订薪酬策略、实施薪酬管理时，要同时考虑这5个方面的原则。

1.2.1　公平性原则的应用

公平性原则是薪酬管理的首要原则，指的是企业进行薪酬管理时，首先要考虑员工心理上的公平感、认同感和满意度。实施公平性原则需要考虑员工在以下3个层面的感受。

1. 外部公平性感受

外部公平性感受是员工对外部其他同类企业的同类岗位进行对比后产生的是否公平的感受。这种公平感来源于员工对外部市场中同类岗位人才获得价值和自身岗位获得价值之间的比较。

2. 内部公平性感受

内部公平性感受是员工对企业内部其他同级别的岗位进行对比后产生的是否公平的感受。这种公平感来源于员工对个人付出努力、绩效评定结果、个人价值的实现与其他同级别的岗位同事之间的比较。

3. 制度运行公平性感受

制度运行公平性感受是员工对企业薪酬制度和策略执行过程是否公平、公正、公开和严格的感受。这种公平感来源于员工对企业薪酬管理质量的主观判断。

公平性原则是相对的，而不是绝对的。薪酬管理不可能做到让每个人都满意。公平性原则的含义不是追求绝对意义上的工资水平的平均，而是综合考虑岗位价值、个人能力、贡献、绩效等因素，采取各岗位薪酬"该高的高，该低的低"的相对公平的原则。

1.2.2 竞争性原则的应用

竞争性原则指的是企业如果想吸引外部人才，就应在外部劳动力市场中采取相对有竞争力的薪酬策略。如果企业设置的薪酬水平在外部劳动力市场没有竞争力，那么不仅很难吸引外部的优秀人才，企业内部的优秀人才也可能因为薪酬策略的劣势而选择离开。

竞争性原则不代表企业一定要采取绝对高值的薪酬水平。绝对高值的薪酬水平不具备弹性和灵活性，有时候反而会造成财务上的浪费，不一定能起到好的效果。有竞争力的浮动薪酬水平，丰富灵活的福利体系，良好的雇主品牌、工作环境、组织文化和管理氛围等，同样可以带来有竞争力的效果。

1.2.3 激励性原则的应用

激励性原则指的是薪酬策略应能够在一定程度上激发员工的积极性和责任心。薪酬通常是企业对员工最基本的激励方式。

激励性原则不代表一定要采取高薪策略才能有效地激励员工。人才激励靠的是体系和机制，而不是单一的高薪。物质激励是基础，精神激励是根本，在两者结合的基础上，才能实现激励的目的。

有效激励的第一步是满足员工的需求，但员工需求不仅各有不同，而且随时空不断变动。所以要实施有效的激励，管理层必须了解员工、关心员工，有针对性地实施激励，这样才能达到较好的效果。

激励性原则也不是一味地肯定和纵容员工的所有行为。激励有正激励和负激励之分。正激励是企业因员工产生企业希望看到的行为而实施奖励，负激励是企业因员工产生企业不希望看到的行为而实施惩罚。

1.2.4 经济性原则的应用

经济性原则指的是企业在进行薪酬管理时，要充分考虑自身的经营情况、财务状况和薪酬承受能力，要用有限的资金发挥最大的效果。经济性原则与竞争性原则和激励性原则之间并不矛盾，它们是相互制约的对立统一关系。

经济性原则的第一层含义是实现财务资源在人力资源上的最优配置。经济性原则并不是强调应该采取低薪酬水平的策略，而是对薪酬水平需求低的岗位设置低薪酬，对薪酬水平需求高的岗位设置高薪酬。

经济性原则的第二层含义是实现人力资源的合理、优化配置。人力资源配置的冗余同样是不经济的，是对企业资源的一种浪费。所以在人力资源的配置和利用方面，企业同样应给予关注。

经济性原则的第三层含义是实现人力费用使用的优化。人力费用的增长本质上是企业对劳动力的投资。一般来说，企业每年人力费用的增长幅度应低于利润额的增长幅度，同时每年人力费用的增长速度也应低于劳动生产率的增长速度。企业在增加人力费用的同时应该创造相应的价值。

1.2.5　战略性原则的应用

战略性原则指的是企业在进行薪酬管理时，要站在企业战略发展和目标的高度，充分考虑企业的战略。除了考虑公平性、竞争性、激励性和经济性之外，薪酬管理还应是一种有助于企业战略实现的管理手段。

企业在设计薪酬策略前，要明确战略目标和规划，明确在战略实现方面，薪酬管理中的哪些因素相对比较重要，哪些因素次之，对每项因素进行优先级排序，确定其对战略的重要性。

1.3　如何应用薪酬激励理论

通过员工激励让员工持续产生企业希望看到的行为，是薪酬管理的重要目的之一。在与薪酬相关的激励理论中,相关性较强的有需求层次理论、激励保健理论、效价期望理论、公平理论和综合激励理论5类。

1.3.1　需求层次理论的应用

需求层次理论是由美国的社会心理学家亚伯拉罕·马斯洛（Abraham Maslow）

在 1943 年提出的。马斯洛需求层次理论的核心含义是，人们由于心智、环境等的不同，需求各不相同。需求层次理论把需求分成不同的层次。

马斯洛的需求层次理论基于 3 项基本假设。

（1）人们的需求影响行为，未被满足的需求很容易激发人们的行为，已被满足的需求则较难激发人们的行为。

（2）人们的需求有一定的重要性排序规律，往往是从最基本的生存需求到较为复杂的精神需求排序的。

（3）人们在较低层次的需求得到满足之后，才会产生较高层次的需求。

马斯洛需求层次理论将人的需求分成 5 类，如图 1-3 所示。

需求层次由低到高各层的含义如下。

图 1-3　马斯洛需求层次

1. 生理需求

生理需求指的是人最原始、最基本的生存需求，如饮食、睡眠、穿衣、交通等各类需求都属于生理需求。这类需求构成了人们在世界上顺利地存活下去所必备的最基本的需求。生理需求是人们的求生本能，在某些极端情况下，会成为激发人们行为最强大的动力。

2. 安全需求

安全需求是人们获得安全感的需求。人们不论是身体还是心灵都需要一个避风港。人们需要一种形式让自己感受到没有这样或那样的风险，以获得一种安全感。当人们不再为最基本的生存问题烦恼后，就会开始努力追寻这种安全感。

3. 社交需求

社交需求是人们通过社交寻找感情寄托、获得忠诚感和归属感的需求。人与人之间的交往会产生不同感情。人们都希望得到正向的感情，如上级对下级的关怀、朋友间的友情、亲人间的亲情以及恋人间的爱情等。

4. 尊重需求

尊重需求是人们渴望能够被自己、他人及社会认可，从而获得某种认同感的需求。这里的认同感来源于两个层面：一是自己对自己的尊重，也就是自尊；二是他人和社会对自己的尊重。人们渴望通过行为来获得这两方面的尊重。

5. 自我实现需求

自我实现需求是人们最高层次的需求，是指人们通过自己的努力和付出，能够实现自己的理想、完成自己的目标、做到自己能力范围内的事情，以得到满足感的需求。或者简单地说，自我实现需求是指人们都希望通过努力不断发掘自己的潜能，成长和成为自己想成为的那个人。

马斯洛的需求层次理论对人力资源管理实践有一定的参考和借鉴意义，它能够帮助 HR 认清，人们因为成长的背景不同、生存的环境不同、所处的时间阶段不同，有着各种各样不同层次的需求这一事实。有时候要激发人们的行为，就需要考虑到人们的不同需求。针对人们独特的需求满足人们的需要，激励效率更高。

但是马斯洛的需求层次理论也有一定的局限性。例如，人们的需求有时候是复杂多样的，并不一定在低级需求没有被满足的时候，就没有高级需求；不同层次的需求之间也不一定有那么明确的界限，有些需求是融合在一起的。

 举例

《西游记》里的唐僧师徒取经团队就是一个小微企业的缩影。在这个 5 人团队中，每个角色性格鲜明，各有不同。

唐僧品行端正、德高望重，一心只想到西天取经。虽然在取经过程中有时候会显得比较软弱，但他的使命感非常强烈。取经是他无论如何也要实现的目标。

孙悟空攻坚克难，能力超群，在唐僧取经的过程中立下汗马功劳，但他常常离经叛道，不循常规。他会保护唐僧取经是因为他大闹龙宫，惹怒了天庭。天庭制服不了他，就把他收编，封他为弼马温。开始他以为弼马温官职很大，后来他在知道弼马温的真实含义后反出天宫，自封为齐天大圣。在二次招安后，他发现被骗，遂大闹天宫，被如来制服。在《西游记》中，孙悟空的标志性台词是他介绍自己的那句话："俺是齐天大圣孙悟空！"

猪八戒诙谐幽默，但他贪吃，牢骚满腹。对猪八戒来说，似乎最重要的就是吃、喝、睡这类事情。在《西游记》中，猪八戒常说的台词基本也都是围绕这些内容。

沙僧默默无闻，忠心耿耿，任劳任怨，有执行力，但业绩平平，成就并不突出。他在加入取经团队之后，仿佛找到了组织，有了安全感，不再是游荡在流沙河里的一只妖怪。但是他对于安全的追求有些过分，比如他常说的台词是"大师兄，师父被妖怪抓走啦！""大师兄，二师兄被妖怪抓走啦！""大师兄，师父和二师兄都被妖怪抓走啦！"

白龙马除出场的时候是条龙、在几个关键时刻变成人外，几乎大部分时间都是以一匹马的形态存在，但是他同样忠诚和任劳任怨。《西游记》中白龙马因为吃了唐僧的白马，被罚与唐僧团队一起取经，而在取经过程中与唐僧团队结下了深厚的友谊。

如果说《西游记》中取经团队中的这 5 个角色的行为表现分别代表着需求层次理论的 5 个层级，请思考一下，他们的需求分别落在哪个层级上呢？

参考答案如下。

唐僧：自我实现需求，唐僧的关键词是目标、意义和价值，他希望通过西天取经这件事实现自己的人生价值，完成一个宏伟的目标，希望成为那个自己想成为的人。

孙悟空：尊重需求，孙悟空的关键词是被欣赏、成就感和被尊重，不论是自封名号，还是他不断地告诉别人自己是齐天大圣孙悟空，这其实都是内心渴望得到他人尊重和认可的表现。

白龙马：社交需求，白龙马的关键词是友情和归属感。

沙僧：安全需求，沙僧的关键词是秩序、安全。

猪八戒：生理需求，猪八戒的关键词是吃、喝、睡。

1.3.2　激励保健理论的应用

激励保健理论也称为双因素激励理论，是由美国的心理学家弗雷德里克·赫茨伯格（Frederick Herzberg）在 1959 年提出的。激励保健理论的核心含义是组织为员工提供的各种回报不都具有激励性，而是分为两种：一种并不具有激励性，被称作保健因素；另一种具有激励性，被称作激励因素。

保健因素指的是当这些因素没有得到满足的时候，人们会感到不满意；当这些因素得到满足之后，人们的不满意感消失，却并没有达到满意的程度。保健因素通常包括薪酬福利、工作环境、组织内部关系等。

激励因素指的是当这些因素没有得到满足的时候，人们不会满意但也不会不满意，只是还没有达到满意的程度；当这些因素得到满足的时候，人们就会满意。这个理论说明，能有效激励人们的，往往是激励因素，其通常包括被信任、职业发展、学习机会、成就感、满足感、掌控感、团队氛围等。

一般来说，保健因素满足的通常是人们对与劳动相关的外部条件的要求，激励因素满足的通常是人们对与劳动相关的内在感受的要求。保健因素是由外向内的刺激，而激励因素则是由内向外的激励。

激励保健理论为组织有效激发员工的行为提供了宝贵的参考价值。它告诉HR，一味地增加工资并不是有效的激励手段，员工不会因为薪酬或福利持续增长而感觉被激励。想要有效激励员工、提高他们的工作热情，必须给予能够激发员工积极性的激励因素。

激励因素和保健因素之间的关系也不是一成不变的，它们之间可以相互转化。如员工的奖金，如果和员工的绩效表现挂钩，就可以变成激励因素；如果不挂钩，就是保健因素。

有的组织把福利分成两部分：一部分是国家法律规定的福利，如社会保险、住房公积金等；另一部分是组织为员工提供的弹性福利，如补充医疗保险、免息购房贷款等。国家法律规定的福利每位员工都享有，属于保健因素；而组织提供的弹性福利，必须是绩效达到一定标准且一年内无违规违纪行为的员工才可以享受，这就属于激励因素。

关于激励保健理论也有一些不同的声音。如有人指出当人们感受到激励因素、受到激励而感到满意时，工作效率并不一定会因此而提高；当人们没有得到激励因素、没有感到满意的时候，也不一定会降低工作效率。尽管如此，激励保健理论还是能够为 HR 有效激励员工、制订管理策略提供宝贵的参考意见。

举例

在连锁服务业，我国有两家以服务好著称的企业。一家是零售连锁企业，这里隐去企业名称，称其为 P 公司；另一家是餐饮连锁企业，称其为 H 公司。这两家公司都曾多次出现在各种教材的管理经典案例中。

这两家公司都能够实现员工对外良好的服务表现，但在对待员工方面，这两家公司的策略却有所不同。

P 公司强调"高工资、高福利、自由、快乐"，其给每个岗位的工资都至少比同行业高 30%。举个例子，在 2010 年，该公司所在地区打扫卫生的工人的工资普遍是 600～800 元，高档小区里的保安月薪一般是 1 100 元。而 P 公司的保安和打扫卫生的工人每月工资底薪是 2 200 元，五险一金齐全。这样做的好处是 P 公司需要招聘 50 名女工时，能有 5 000 人报名。P 公司其他岗位的工资也明显高于同行业。P 公司规定员工每周只能工作 40 小时，6 点下班必须离开公司，每年强制员工休假 20 天。

P 公司对员工的福利也非常舍得投入，比如在市中心的商圈拿了 6 000 平方米地给员工建休闲娱乐中心。该休闲娱乐中心有健身、体育、娱乐、洗浴设施，采用的都是一流的设备和装修，还请了体育教练。

P 公司巅峰时有 40 多家连锁店、13 000 多名员工，年销售规模超过 60 亿元。虽然规模比不上沃尔玛、家乐福这类国际大型连锁超市，但是在业内的名气却不比它们差。然而从 2014 年开始，几乎在所有媒体、课程上再也看不到 P 公司的案例了。P 公司因经营问题开始陆续关店，几近倒闭，后来宣布未来 3 年将只保留一家店，其他店面全部关闭。

H 公司强调"第一是为员工创造一个公平公正的企业环境，第二是让这些从农村出来的孩子能够通过自己的双手改变命运，第三才是把企业做大"。

H 公司在员工福利上采取和同行业公司一样的做法。如同行业公司管住，给员工租的是地下室，而 H 公司为员工租的是居民楼，一个房间住 4 个人，电脑、网络、热水一应俱全，有专门的阿姨照顾员工的生活，帮员工洗衣和收拾宿舍。

H 公司给员工发奖金是寄给员工的父母，让员工的家人也感受到来自公司的关怀，同时也能通过员工的家人激励员工更好地为公司服务。

除此之外，H 公司还为员工设置了清晰的职业发展通道，同行业公司一般是管理和技术 2 条线，而 H 公司是管理、技术、后勤 3 条线。

H 公司懂得放权，给员工更多的决策权。H 公司的店长有 100 万元资金的审批权，一线员工有权送顾客水果拼盘，同时还有免单权。

H 公司的考核只看两个内容，员工满意度和顾客满意度。考核逻辑是餐饮行业必须让顾客满意，要让顾客满意首先必须让员工满意。

H 公司"通过双手改变命运"的价值观给了员工信仰，让员工相信自己只需要在这里认认真真、勤勤恳恳地努力工作，不需要过分地考虑上下级关系；也让他们相信诚实做人、踏实做事，是在这里获得发展的最佳路径。

请思考一下，P 公司和 H 公司为员工提供的哪些是激励因素，哪些是保健因素？

　　激励保健理论的含义绝不是说不应该给员工发放高工资或高福利。在企业经营水平允许且具备给员工发放高工资、提供高福利的条件时，这样做当然不是一件坏事，但是企业应该清醒地认识到，单纯的高工资和高福利通常不是激励员工的有效条件，那些只是保健因素，只有多运用激励因素，才能有效地激励员工。

1.3.3　效价期望理论的应用

　　效价期望理论也称期望理论，是由美国的心理学家和行为科学家维克托·弗鲁姆（Victor Vroom）在 1964 年提出的。效价期望理论的核心，是人们采取某种行为的动力，与该行为所能达到的结果对自身的价值以及自身对达到该结果的预期有关。

　　效价期望理论的假设是人们采取某种行为的动力与内心的预期紧密相关。当该行为能够为人们带来的正面的、有利的价值越高，且实现该目标的可能性越大，则人们采取该行为的积极性越高，动机越强烈。

　　效价期望理论可以用如下公式表示。

$$M = \sum V \times E。$$

　　M（Motivation）代表人的积极性，是人的行为和潜力能够被激发的程度，代表人们做出某种行为的动机强度。

　　V（Valence）代表效价，是指行为达到预期目标后对满足个人需要的价值大小。效价有正、负、零之分。正效价代表个体希望达到预期目标，正效价的值越高，代表个体越希望达到目标。负效价代表个体不希望达到预期目标，负效价的绝对值越高，代表个体越不希望达到目标。零效价代表个体对该目标无动于衷。

　　效价的另一层含义是人们在主动产生某种行为之前，对该行为将产生的结果进行利弊判断与对比分析。即人们在做某件事前，首先会主观判断做或不做这件事可能会给自己带来的利益，以及做或不做这件事可能会给自己带来的弊端。个体通过利弊对比，判断最终结果可能带给个体的价值。

　　效价大小与个人需求有关。同一个结果，对不同的人，效价是不同的。如同样的 500 元奖金，对于经济困难的员工来说，具有较高的效价；对于物质生活较富裕的员工来说，效价较低。同样的升职机会，对于具备成就导向特质、追求工作挑战性的人来说，具有较高的效价；对于不喜欢沟通、追求工作稳定性的人来说，具有较低的效价。

E（Expectancy）代表期望值，是人们根据过去的经验，判断自己达到目标的可能性大小。它是人们在主动产生某种行为之前，对这种行为能否达到令人满意的预期效果的概率判断，是一种个人对预期结果能否实现的主观预判。

期望值包含的另一层含义是能帮助个体实现目标的非个体因素，如环境因素、公司体制、上下级配合度、可运用的工具等，代表当人们想要完成某件事时，有没有完成这件事需要的资源支持，以及有没有阻碍这件事完成的资源障碍。

对于不同个体来说，期望值高低与个人主观判断有关。对于同一个结果，不同的人对于完成的预期不同。如某销售岗位每月浮动工资满额发放的标准是完成3万元的销售额，由于个体能力的差异，有的销售人员会觉得期望值高，有的则觉得期望值低。

对于相同个体来说，期望值高低与目标设置有关。目标设置得越高，期望值越低；目标设置得越低，期望值越高。对于企业来说，目标一般应设置在员工"跳一下够得着"的地方。如果"跳起来够不着"，人们就"不跳了"；如果"不用跳就能够得着"，人们就不需要努力了。

实际完成结果与期望值之间的差异将进一步影响和作用于个体的行为。如果实际完成结果大于或等于期望值，则有助于提高人们进一步行动的积极性，差别越大，提高效果越明显。如果实际完成结果小于期望值，则会降低人们进一步行动的积极性，差别越大，降低效果越明显。

 举例

某新媒体创业公司经营着微博、微信公众号、今日头条号等各大网络媒体账号，同时也帮其他公司做设计，团队成员有30多人。在该公司，"及时、有料、创新、创意"等关键词对公司发展至关重要。

可是公司大部分人的状态就是朝九晚五，没有激情和活力，只关注完成工作任务，不想如何提高效率、如何做得更好。为了激发员工的活力，公司的总经理给员工涨了一轮工资，但是员工高兴了一段时间后，很快又恢复了往常的状态。

后来，这位总经理根据效价期望理论对薪酬策略做了改革，从制度层面、管理层面以及文化层面做了许多改变，具体内容如下。

（1）规定了每人每月的创意数量，对达标的员工有"提成奖励"，对连续3个月没有达标的员工，采取相应措施。（提高效价）

（2）每月评选"创意之星"，在晨会上表扬，并发放纪念品。（提高效价）

（3）营造创新的企业文化，将公司发展定义为创新驱动型，营造创新氛围，每天讲创新，培训学创新。（提高期望值）

（4）所有需要资源支持的创意，由他把关并快速提供资源分配支持。（提高期望值）

经过一系列政策的实施和强化管理，这家公司的员工对于创新的动力比以往高了很多。后来公司发展稳健、业绩优异，总经理也不再为公司缺少创新和创意而苦恼。

效价期望理论对于公司有效激发和调动员工的积极性有重要的作用。对公司来说，可以用以下做法激励员工。

（1）将员工的个人需求与公司期望员工达成的工作目标相结合。

（2）使员工达成工作目标后得到的薪酬恰好能够满足他们的需求。

（3）保证公司提供的资源能够支持和帮助员工达成目标。

1.3.4　公平理论的应用

公平理论也称社会比较理论，是美国的心理学家约翰•斯塔希•亚当斯（John Stacey Adams）在1965年提出的。公平理论的核心含义是，员工自身的受激励程度是由自己与参照对象对工作的投入和回报的主观比较与判断决定的。

人的知觉影响着人的动机和行为，人们会根据自己的相对得失和相对薪酬来全面衡量自身的得失感。公平理论认为人能否感受到激励，不仅和其得到了什么有关，也和其对别人的投入和所得与自己的投入和所得的比较有关。

这里的投入不仅指为了工作付出的时间或精力，还包括自身受教育的程度、付出的努力以及其他个人为了获取回报所付出或牺牲的资源。这里的回报也不仅指金钱上的回报，还包括工作的肯定、他人的认可、某项福利以及其他特有的权益。

比较是人的天性，比较在生活中无处不在。公平理论中的比较可以分为横向比较和纵向比较。所谓横向比较，是个体与他人之间的比较。所谓纵向比较，是个体与自身在不同时间点上的比较。

公平理论可以用如下公式表示。

$X=(A_1 \div B_1) \div (A_2 \div B_2)$。

A_1 表示某人对自己获得薪酬回报的感觉。

B_1 表示某人对自己为此所做投入的感觉。

A_2 表示这个人对某比较对象获得薪酬回报的感觉。

B_2 表示这个人对某比较对象为此所做投入的感觉。

注意，公式中 A_2 和 B_2 代表的比较对象也可以是某人自己（纵向比较）。

当 $X=1$ 时，表示人们感到自己的投入产出比率和比较对象的投入产出比率相当，也就有了公平感，会感觉平静，不会产生不满情绪。

当 $X>1$ 时，表示人们感到自己的投入产出比率高于比较对象的投入产出比率，会产生优越感，这时候人们可能会产生以下行为。

（1）人们感到兴奋，产生激励，有时会因自己的高投入产出比率产生愧疚感或责任感，随之影响人们朝更加积极的方向继续努力增加投入。

（2）当 X 长期稳定大于 1，人们开始习惯于这种优越感，产生理所当然的感觉，努力投入的程度开始下降。

（3）当 X 过高时，有时人们反而会滋生心虚感或不稳定感，会产生一系列消极行为，如通过离职减少回报、做自己感兴趣的事等。

当 $X<1$ 时，表示人们感到自己的投入产出比率低于比较对象的投入产出比率，会产生不公平感，这时候为了消除自己不安的情绪，人们可能会产生以下行为。

（1）人们认为自己受到了不公正的待遇，行为动机下降，开始出现苦闷、焦虑、抱怨、怠工等情绪发泄性的消极行为。有时会出现逆反行为，严重的甚至会出现破坏行为。

（2）采取一系列行动，如换一份工作，设法提高薪酬回报或减少投入，迟到早退、工作缺勤、拖延工作任务、降低工作质量等，以改变自己的投入产出比率，获得公平感。

（3）直接更换比较对象，寻找投入产出比率较低的对象进行比较以重新获得优越感。

（4）忍耐、逃避或自我安慰，有时候甚至扭曲或丑化对比对象，让自己接受这种不公平感。

实务中，由于文化、教育、习惯以及人性的复杂性，每个人对公平的理解各不相同，所以世界上不存在绝对的公平。有人认为，所得薪酬数额上的一致代表公平；有人认为，薪酬数额应该体现过程中的努力，这样才叫公平；有人认为薪酬数额应该代表结果，和付出没有关系，这样才有可能实现公平。

 举例

　　小王和小张是同一家公司、同一个部门的同事，他们的岗位相同，每月的工资构成也相同，都是 3 000 元基本工资加 2 000 元浮动工资。浮动工资的发放条件是每月能够圆满完成任务。

　　该岗位每月的任务目标相同，都是按照公司的要求，完成一份 3 万字的调研报告。小王和小张每月都能按照要求完成工作，顺利拿到各自的浮动工资。刚开始两人相安无事，但时间过了没多久，问题出现了。

　　小王开始觉得不公平，他认为自己每月完成任务只需要用十几天的时间，剩下的时间做了许多不在自己职责和任务范围内的工作，而小张每月总是拖到月底才能完成报告。这说明自己的工作效率是比小张高的，工作能力是比小张强的，但是为什么自己拿的浮动工资却和小张的一样呢？

　　小张也开始觉得不公平，他认为自己每次被分配到的调研报告的主题都是新的，都是公司原本资料库中没有的，自己要费很大力气从外部找资源，才能在月底之前勉强完成报告，而小王每次报告的主题都跟公司以往的调研报告存在较高的相关性，他能够在公司大数据资料库中找到大量现成的参考资料。这说明自己的工作难度是比小王大的，工作量是比小王高的，但凭什么自己拿的浮动工资和小王的一样呢？

　　小王和小张每月薪酬金额相同、任务相同，两人理应感到公平，可是现在却出现心理上的不公平感，究竟怎么样才算公平呢？

　　对组织来说，要保证员工的公平感，可以采取以下做法。

　　（1）管理者对待员工的态度应做到公平、公正。

　　（2）管理者评价员工的贡献和价值应按照统一的标准和制度。

　　（3）确定薪酬分配的标准和制度的过程应保证公平、公正、公开。

　　（4）管理者在日常工作中应为员工树立正确的公平观。

　　（5）对已经产生不公平感的员工及时给予心理疏导。

1.3.5　综合激励理论的应用

综合激励理论是由两位美国的心理学家、行为科学家、人力资源管理专家爱德华·劳勒（Edward Lawler）和莱曼·波特（Lyman Porter）在 1968 年提出的。综合激励理论是对激励保健理论、效价期望理论和公平理论的综合应用。综合激励理论模型如图 1-4 所示。

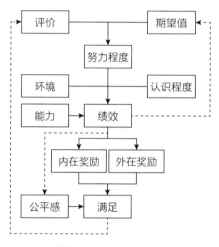

图 1-4　劳勒和波特综合激励理论模型

综合激励理论认为，人们工作的努力程度就如效价期望理论介绍的那样，与效价和期望值相关，也就是与行为达到预期目标后对满足个人需要的价值大小，以及人们根据过去的经验判断自己能够达到目标的可能性大小有关。

人们通过努力后形成工作绩效的情况，将影响人们对于未来是否能够达到目标期望值的判断。人们通过努力达成绩效后，得到的内在和外在奖励给人们带来的满足感，也直接影响人们对完成预期目标对个体带来的价值的判断。

当然绩效能否达成，不仅与个人的努力程度有关，还跟环境、认知程度以及个人能力相关。所谓环境，指的是组织流程、上下级关系、资源支持等一系列外部条件因素。所谓认知程度，指的是人们对于不同事物的认识层次。所谓个人能力，指的是个人为达成目标所具备的技能条件。

绩效目标达成后，将形成两种奖励形式：内在奖励和外在奖励。内在奖励可以理解为激励保健理论中的激励因素，外在奖励可以理解为激励保健理论中的保健因素。但是人的满足感不仅与这两种因素有关，还和公平理论中介绍的公平感有关。而在人们达成绩效后，企业对绩效的评判、根据绩效评定结果兑现的内在和外在奖励情况也直接影响人们的公平感。

 举例

　　某咨询公司在员工激励方面下足了功夫。为了达成组织的目标，该公司每周都会利用工作时间为员工提供超过4小时的培训，以提高员工对咨询项目的认识和咨询能力。

　　员工在咨询过程中遇到困难时，项目经理会第一时间协助员工解决困难。如果需要资源支持，项目经理与员工讨论评估后，会立即反馈给项目总监。在不超过项目经费的前提下，员工需要的资源支持几乎都会得到满足。

　　当项目取得阶段性进展或者阶段性目标达成后，在项目中对绩效任务达成贡献度较大、表现优异的员工，会得到与绩效水平相对应的奖金、来自上级和团队的认可、更有挑战性的工作、弹性的工作时间、额外的员工福利以及升职加薪的机会等。

　　对所有项目成员的绩效评判都是公平、公开、透明和及时的，任何对绩效评判过程有异议的员工都可以向专门的绩效管理委员会申请绩效申诉。有专门的同事负责对绩效评判不合理的事件进行调查。

　　在这家咨询公司实施项目的过程中，几乎每一位团队成员都能够积极参与，发挥自己的主观能动性。团队成员之间合作进取、攻坚克难的氛围也较好。

　　请思考一下，该公司是如何将综合激励理论运用到员工激励上的呢？

1.4　如何根据企业战略制订薪酬战略

　　薪酬战略是企业为了实现战略目标、有效利用薪酬管理体系、合理配置资源、激发员工积极性而制订的薪酬策略、薪酬计划和具体行动的总和，是企业整体薪酬管理体系贯彻的工作思路和行动方案，是企业对人力资源的配置、激励和开发进行的预见性、远见性和全局性的规划。

　　企业战略是制订薪酬战略的基础和依据。不同的企业战略有不同的特点和定位，决定了薪酬战略也应有不同的侧重。要帮助企业实现战略目标，薪酬战略和薪酬管理应与企业的战略相适应和匹配。

1.4.1　如何根据企业总体战略制订薪酬战略

企业的总体战略可以分为发展型战略、稳定型战略和收缩型战略 3 类。

发展型战略是企业利用自身的资源优势，通过进行企业的增强、扩张、兼并、收购、联合等一系列的发展方式，实现一体化或多元化的战略。实施发展型战略的企业特别强调企业成长、新市场开发、创新意识和企业与员工风险共担等。

稳定型战略是一种平稳运行的较低风险战略。采取稳定型战略的企业一般已经有一定的经营基础，所处经营环境比较稳定，业绩和规模增长缓慢，经营风险较小。实施稳定型战略的企业一般采取与过去相同或相似的战略目标，几乎不改变经营模式或产品类别。

收缩型战略是企业收缩战线，采取剥离、转移、重组、清算部分资产、产权或资源的战略。采取收缩型战略的企业往往是因为遇到了经营或财务困难，或企业规模过于庞大或复杂，出现大量的资源冗余、闲置或浪费。

企业总体战略和薪酬战略的对应关系如表 1-1 所示。

表 1-1　企业总体战略和薪酬战略的对应关系

企业总体战略	薪酬战略
发展型战略	● 实行高弹性的薪酬策略，员工与企业共担风险、共享收益 ● 适合透明度高的薪酬体系，强调员工参与，注重收益分享 ● 可实行较低的固定薪酬和宽带薪酬制度 ● 实行与业绩相关的短期激励和长期激励，以激发员工的积极性和创新意识 ● 注重内部激励性的同时，还要注重外部的公平性和规范化
稳定型战略	● 薪酬战略以保留人才和维持稳定为目的 ● 保持薪酬的内外部稳定性，保证对内的公平性以及对外的追随性 ● 薪酬和福利水平一般取中位值 ● 适合综合型的薪酬体系和集中度较高的薪酬管理决策 ● 薪酬管理强调标准化和连续性
收缩型战略	● 薪酬战略更注重成本的控制 ● 适合窄带薪酬和短期激励 ● 绩效和奖金以经营业绩和成本节约为导向 ● 注重核心员工的稳定性，有一定的收益分享和长期激励计划

1.4.2 如何根据企业竞争战略制订薪酬战略

企业的竞争战略可以分为成本领先战略、差异化战略和重点集中战略3类。

成本领先战略的本质是一种低成本战略。它指的是企业和竞争对手在产品性质、用途、质量相近的情况下,使企业的成本能够低于竞争对手的成本。采取成本领先战略的企业特别重视生产运营效率的提高和费用成本的控制。

差异化战略是企业通过强化产品或服务在品牌、设计、用途、质量等方面的差异化或独特性,与竞争对手形成差异的竞争战略。采取差异化战略的企业特别重视产品或服务与竞争对手的不同,运营中强调创新意识、员工成长和团队意识。

重点集中战略是企业聚焦于某一特定的领域、地区或顾客群体,持续为其提供特定的产品或服务,是通过提高质量、效率等方式获得竞争优势的战略。采取重点集中战略的企业需要较高的生产、技术领先优势和持续研发能力,需要在重点集中领域内深挖用户需求。

企业竞争战略和薪酬战略的对应关系如表 1-2 所示。

表 1-2 企业竞争战略和薪酬战略的对应关系

企业竞争战略	薪酬战略
成本领先战略	● 薪酬战略注重成本控制,关注竞争对手的人力成本变化及构成 ● 薪酬水平受成本和竞争对手影响 ● 浮动薪酬应与生产运营效率提高和成本降低关系密切 ● 薪酬管理通常可以采取集权型的方式
差异化战略	● 薪酬战略注重人才的吸引、培养、开发和保留 ● 薪酬水平可以考虑高于或等于市场水平或竞争对手 ● 浮动薪酬更注重生产运营中的创新和研发结果 ● 薪酬管理通常可以有一定的放权和灵活性
重点集中战略	● 薪酬战略注重专业技术人才的激励和保留 ● 核心人才的薪酬水平应当高于市场水平或竞争对手水平 ● 浮动薪酬更注重顾客评价和满意度 ● 薪酬管理需要有一定的放权和灵活性

1.4.3 如何根据企业发展阶段制订薪酬战略

企业的发展可以分为初创期、成长期、成熟期和衰退期4个阶段,不同的企业发展阶段，对应不同的薪酬战略，如表 1-3 所示。

表 1-3 企业发展阶段与薪酬战略的对应关系

组织特征	企业发展阶段			
	初创期	成长期	成熟期	衰退期
人力资源管理重点	创新、吸引关键人才、刺激企业发展	招聘、培训	开发内部人才、保持员工团队、奖励管理技巧	减员、控制人力成本
薪酬战略	重外轻内、提高弹性、注重个人激励	内外并重、结构灵活、个人与集体激励相结合	重公正、促合作，个人与集体激励相结合	奖励成本控制
固定工资	低于市场水平	等于市场水平	高于、等于市场水平	等于、低于市场水平
短期激励方式	绩效激励	绩效激励、福利	利润分享、福利	—
长期激励方式	全面参与股权	有限参与股权	股票购买	—
奖金	高	高	等于市场水平	视财务状况而定
福利	低	低	高于、等于市场水平	视财务状况而定

1. 初创期

初创企业的特点一般是规模较小，资金、人才、品牌、市场等都相对缺乏，对人才的吸引力较弱。在这个阶段，企业运营成本较高，资金往往呈净流出状态，有时甚至入不敷出，而且由于人才匮乏，产品和服务的质量也不稳定。要想在薪酬上有效地吸引和留住人才，企业在这个阶段应采取以下薪酬战略。

（1）强调外部竞争性。

初创期的企业在用人上面临的最大矛盾是自身较低的人才吸引力与较高的人才需求之间的矛盾。在这个时期，企业如果要吸引关键人才或核心人才加入，只能通过创造较高的预期回报、提高自身在人才市场竞争力的方式实现；而对于非核心人才的吸引，则不需要具备外部竞争性，可以保持中位值水平。

（2）淡化内部公平性。

初创期的企业的组织机构、业务流程、职责分工往往不像成熟期的企业那样明确、稳定。初创期的企业中，一人多岗、一岗多职、岗位交叉的现象非常普遍。吸引员工持续努力工作的，往往是干事创业的激情，是对长期收益的预期，而不是名誉地位或短期收益。此时企业不应过分强调内部薪酬之间的差距，对那些短期来看"你高一点我低一点"的似乎有失公平性的问题，应尽量淡化。

（3）弹性的薪酬结构。

初创期的企业的总体薪酬结构应当设置为具有较大的弹性、较小的刚性的形式，将固定工资和福利的比例设置到较低水平，将绩效奖金或年终奖金的比例设置到较高水平。另外，因初创企业的流动资金紧张，财务压力较大，初创企业可以选择用股权、未来的收益或职务等长期激励的形式代替当前的高薪，也可以将工资转换为弹性福利，在提高员工归属感的同时，进一步增强薪酬的弹性。

2. 成长期

处在成长期的企业的市场份额迅速扩大，产品或服务需求猛增。企业扩张的同时也意味着人才需求的不断增加，员工人数开始不断增加，员工对科学、合理的薪酬体系的要求也越来越迫切。这意味着企业要构建一套系统的薪酬体系，保证员工产生准确的预期并形成一致性的行为。企业在这个阶段应采取以下薪酬战略。

（1）重视内部公平性。

随着企业规模的不断扩大、组织机构的日趋稳定、内部流程的不断完善，企业的岗位职责日渐分明，逐步进入规范化管理的阶段。这时候的企业，对规范化的制度和机制的要求越来越高，需要建立以职位为基础的薪酬体系，来保证内部的公平性。

（2）保持外部竞争性。

在这个阶段，企业对高级人才的需求也越来越大，尤其是对技术研发、市场营销、财务管理等类型的人才需求大幅增加。更多优秀人才的加入，能够进一步推进企业的快速、持续、健康发展。受外部人力资源市场的制约，企业要获取这些优秀人才，保持薪酬的外部竞争性非常重要。

（3）保持薪酬结构的灵活性。

与初创期相比，这个阶段企业的资金流速加快，往往出现资金净流入的现象，企业的现金存量不断增加。这时候，企业已经有能力通过适当提高固定工资和福利水平，来增加企业薪酬水平的外部竞争性。同时，企业为了进一步加速发展、引导员工的行为、鼓励员工的贡献，绩效工资的占比也不宜设置得过低。如果企业投资进一步扩大，现金存量不多，也可以用长期激励来吸引关键人才。

3. 成熟期

到了这个时期，企业的规模、市场、产品和利润都达到了鼎盛的状态，企业的发展速度较缓。这个时候，企业最该考虑的是如何能够保持现有的经营水平，并积极寻求新的发展和突破。如果在这个时期安于现状，那么企业将可能从成熟走向衰落。只有积极地做出战略调整，企业才有进一步发展的可能。企业在这个阶段应采取以下薪酬战略。

（1）更加重视内部公平性。

成熟企业的管理、流程更加科学规范，员工在这类企业中就好像一台大型机械上不断运转的齿轮，他们会更加关注自己得到的薪酬与内部同事相比是不是公平合理。此时，企业应根据岗位价值评价的结果设置更加规范的薪酬体系，避免因为内部的不公平而产生不和谐，造成企业运转不畅，影响企业运转的效率和稳定性。

（2）不再特别强调外部竞争性。

这个时期的企业的薪酬通常已经具备了一定的外部竞争性，企业的品牌和影响力也已经成为吸引人才的有效方式。企业发展至今，内部已经积累了大量的人力资源，企业对人才的获取可以由外部的劳动力市场转向内部的劳动力市场。人力资源管理的重心应转为发现、培养和开发内部人才，而不是靠高薪吸引外部人才。

（3）鼓励合作的薪酬结构。

这个时期企业的资本收益率和资金状况基本处于稳定状态，如果没有大的投资项目，那么现金存量会逐渐增加。员工的固定工资和福利占比较高，绩效奖金的占比较低。这时企业面临的问题：一是如何设置长期激励，留住有能力的核心人才；二是如何强调组织效率，加强团队协作。所以，企业这时候的薪酬结构应注重两个方面：一是要继续强化核心人员的长期激励；二是更加重视团队薪酬奖励。

4. 衰退期

衰退并不意味着走向灭亡，也可能仅是企业发展阶段中的一个低谷。在这个时期，企业市场萎缩、利润下降、财务状况恶化。这时候企业可以采取收缩型战略，剥离亏损业务，控制成本，寻找新的增长点。企业在这个阶段应采取以下薪酬战略。

（1）强调外部竞争性。

虽然这个阶段难免会有裁员，但为了寻找未来的机会点、寻找并吸引待开发的新业务领域的优秀人才，企业需要保持外部薪酬的竞争性。同时，在这个阶段，优秀人才离职意愿较为强烈，如果没有外部竞争性，难以留住优秀人才。

（2）保持内部公平性。

处在这个阶段的企业的内部往往军心不稳，员工的负面情绪较大，如果无法继续保持内部公平性，必然进一步加剧员工的负面情绪，提高离职率。

（3）灵活的薪酬结构。

在这个阶段，强调长期激励的意义并不大，固定工资可以等于或低于市场水平。如果财务状况允许，为了继续发展，也为了留住核心人才和吸引外部人才，企业可以基于业绩改善情况设置较高的奖金和福利。如果在衰退成为必然、没有新的增长点、财务状况较差的情况下，企业可以设置较低的奖金和福利。

1.5 如何根据薪酬战略制订薪酬策略

不同的薪酬战略对薪酬水平、薪酬结构有不同的具体要求，这就要求企业在薪酬策略上必须有相应的应对方式。

1.5.1 如何制订薪酬定位策略

薪酬定位策略，指的是企业基于自身的战略规划制订的，相对于竞争对手的薪酬水平高低策略。企业制订薪酬定位策略，除了要考虑企业自身的战略外，还要考虑企业吸纳和稳定员工的能力，以及人力成本的控制。

常见的薪酬定位策略可以分为4种，分别是薪酬领袖策略、市场追随策略、市场拖后策略以及薪酬混合策略。

1. 薪酬领袖策略

薪酬领袖策略，也叫薪酬领先策略，是一种主动领先型的薪酬策略，指的是企业采取劳动力市场中较高分位值薪酬水平的策略。采取薪酬领袖策略的企业，其薪酬水平在劳动力市场中至少保持在75分位值，大部分处在90分位值以上。

当企业的规模较大、实力较强、利润较高、资金充足，能够通过提供较高的薪酬吸引和留住市场中的较优秀人才时，适合采取这种策略。这种薪酬策略常见于知识密集型、技术密集型和资金密集型企业，以及一些行业龙头企业、咨询公司等。

薪酬领袖策略的优点包括以下几项。

（1）能够提高企业的雇主品牌形象。

（2）能够最大限度地吸引优秀人才，减少企业在招聘和选拔方面的费用。

（3）能够增加员工的离职成本，降低员工的离职率。

（4）能够提高员工的满意度和工作的积极性，改善员工绩效。

（5）能够减少企业薪酬管理的成本。

薪酬领袖策略的缺点包括以下几项。

（1）会增加人力成本，给企业造成一定的财务压力。

（2）一定程度上可能限制薪酬管理的弹性化空间。

（3）对行业有一定的要求和限制。有的行业的特性决定了该行业无法采取这种策略。

2. 市场追随策略

市场追随策略，是一种被动跟随型的薪酬策略，指的是企业采取劳动力市场中位值薪酬水平的策略。采取市场追随策略的企业，其薪酬水平一般保持在劳动力市场的 50 分位值到 75 分位值区间的水平。

市场追随策略适用于大部分行业和企业。

市场追随策略的优点包括以下几项。

（1）与薪酬领袖策略相比，市场追随策略的人力成本较低，企业的财务压力较小。

（2）招募人才时，依然可以吸引到市场中的大部分求职者。

市场追随策略的缺点包括以下几项。

（1）需要及时掌握劳动力市场的薪酬水平，对薪酬市场调研的时效性和准确性有一定要求，对薪酬管理的敏锐度和管理能力有一定要求。

（2）难以招募到行业中顶尖的优秀人才。

3. 市场拖后策略

市场拖后策略，是一种被迫拖后型的薪酬策略，指的是企业采取劳动力市场较低分位值薪酬水平的策略。采取市场拖后策略的企业，其薪酬水平一般保持在劳动力市场中低于 50 分位值的水平。

当企业的规模较小，利润较低，市场竞争异常激烈，财务状况较差，经营遇到困难，企业的战略转变为维持现状、减少产量或缩小经营范围时，适合采取这种策略。

市场拖后策略的优点是能减少人力成本，减少企业的财务压力；缺点是在企业经营状况改善、希望招募人才时，很难吸引到人才。

企业被迫使用市场拖后策略时，为有效地留住人才，可以采取以下办法。

（1）给员工提供远期收益，如期权、分红、远期福利等，这能够有效减少这种策略带来的负面影响，同时也不至于让员工对企业失去信心，导致员工满意度下降。

（2）想办法让企业其他方面在劳动力市场中处于领先地位，如给员工充分的信任和授权，提供理想的工作场所，提供弹性的工作时间或工作地点，提供更有挑战性和成就感的工作，保证企业和谐的上下级关系和文化氛围，提供行业内领先的学习和培训机会，给员工更大的成长和发展空间等。

4.薪酬混合策略

薪酬混合策略，通常有以下两种表现形式。

（1）在同一企业中，对于不同岗位的员工采取不同的薪酬定位策略。如以技术研发为主营业务的某企业，技术岗位人才是企业的核心人才，对这部分人才实施薪酬领袖策略；对管理岗位人才，实行市场追随策略；而对于部分后勤保障人员，实行市场拖后策略，但同时为后勤保障人员提供良好的生活保障设施。

（2）在同一企业的同一岗位，实行薪酬组合形式不同的薪酬定位策略。如以大宗交易为主营业务的某商贸流通企业，销售经理岗位实行基本工资加业绩提成的方式。该企业为激励销售经理达成业务目标，在基本工资水平的设置上采取市场追随策略，在业务提成水平的设置上采取薪酬领袖策略。

薪酬混合策略的特点是能够实现薪酬的外部竞争性和内部公平性的有机结合，提高薪酬管理的效用和效率。但在运用的过程中，企业需要注意外部竞争性和内容公平性之间的关系，防止出现员工队伍不稳定、离职潮等现象，具体应做好以下几点。

（1）企业内部实施薪酬领袖策略、市场追随策略、市场拖后策略的3部分员工群体的薪酬差别应控制在合理的、员工可接受的范围内。

（2）最好将这3部分员工群体的工作场所设在不同地点，设法减少这3部分员工群体除正常工作需要外的交流和沟通。

（3）实施市场追随策略时，应及时了解市场的薪酬状况，使这部分员工群体的薪酬水平及时跟上市场薪酬水平的变化。

（4）对于实施市场拖后策略的员工群体，应在其他领域为他们寻找领先或特有的福利。

1.5.2　如何制订薪酬结构策略

根据不同的企业战略、薪酬战略和不同类型的岗位，固定薪酬和浮动薪酬在总薪酬中所占的比例应有区别。根据两者之间不同的比例，可以将薪酬结构策略分为 3 种类型：弹性模式、稳定模式和折中模式，如图 1-5 所示。

图 1-5　3 种类型的薪酬结构策略

弹性模式指的是固定薪酬比例较低（通常小于 40%）、浮动薪酬的比例较高（通常高于 60%）的岗位薪酬设置类型。这种模式通常应用于与企业业绩关联度较大的岗位，如销售业务人员、总经理、某些岗位的高管等。常见的计件工资制、提成工资制、绩效工资制都属于这种薪酬结构策略。

稳定模式指的是固定薪酬比例较高（通常高于 60%）、浮动薪酬比例较低（通常低于 40%）的岗位薪酬设置类型。这种模式通常应用于与企业业绩关联度较低的岗位，如行政助理岗位、财务岗位、人力资源管理岗位等。

折中模式指的是固定薪酬比例和浮动薪酬比例持平，通常是各占 50% 或者差别不大的岗位薪酬设置类型。这种模式通常应用在经营状况较稳定的企业，以及企业业绩的关联度和岗位人员的能力素质要求并重的岗位，如技术研发岗位、生产工艺岗位等。

这 3 种薪酬结构策略各有优缺点，具体如表 1-4 所示。

表 1-4　3 种薪酬结构策略的优缺点分析

薪酬结构策略	优缺点
弹性模式	优点：激励性较强，可以有效改变员工行为 缺点：员工压力较大，缺乏安全感，可能使员工离职率提高、忠诚度降低
稳定模式	优点：员工有较强的安全感，忠诚度较高 缺点：激励性较差，往往造成企业的人力成本较高，员工的积极主动性不高，员工感受到的工作压力较小
折中模式	兼顾弹性模式和稳定模式的优点和缺点，具有一定的缓冲度和适应性

这3种类型的薪酬结构策略在员工激励和保留方面的效果如表1-5所示。

表1-5　3种薪酬结构策略的效果比较

效果	弹性模式	稳定模式	折中模式
激励效应	强	弱	中
员工主动性	强	弱	中
员工忠诚度	弱	强	中
员工压力	大	小	中
员工流动率	高	低	中

1.5.3　制订薪酬策略的考虑要素

企业在选择和制订薪酬策略时，要充分评估和考虑以下4个方面的因素。

1. 企业战略

在确定薪酬策略前，首先应了解企业的总体战略、竞争战略、发展阶段，以及战略导向和目标。通过对企业战略的分析，确定人力资源战略和薪酬管理战略，制订人力资源管理策略和薪酬管理策略。

例如，某企业是某高新技术行业里的龙头企业，近几年发展迅速，正处于快速成长和扩张期，采取的是差异化的竞争战略。为了聚拢人才、激发人才的积极性，该企业的薪酬策略可以选择薪酬领袖策略，以弹性模式为主，将浮动薪酬与员工绩效、企业业绩直接挂钩。

2. 企业文化

薪酬策略的选择同样要考虑企业文化的影响，只有顺应企业文化的薪酬策略才有可能被有效实施，对抗企业文化或者与企业文化相悖的薪酬策略往往以失败告终。

例如，在一个强调"比帮赶超"氛围的企业中，企业希望用业绩说话，那么薪酬结构策略可采取弹性模式，加大浮动薪酬的比例，更关注外部竞争性；在一个强调平均主义的企业中，薪酬结构策略可采取稳定模式，减少浮动薪酬的比例，更关注内部公平性。

3. 外部环境

外部环境同样影响薪酬策略的选择。企业的外部环境一般包括宏观环境和微观环境。宏观环境包括政治法律环境、经济环境、社会文化环境、自然环境和技术环境 5 类。微观环境包括产业生命周期、产业结构、市场结构、市场需求、产业战略群体和成功关键要素 6 个大类。

例如，外部环境中的政治法律环境决定了企业在制订薪酬策略时，需要考虑当地最低工资的规定、福利的规定、加班费的规定等；产业结构决定了企业在制订薪酬策略时，要考虑竞争对手的企业战略和薪酬策略。

4. 内部条件

制订薪酬策略同样受内部因素的影响，如企业的业绩情况、盈利状况、财务状况，员工对现有薪酬制度的接受度、满意度以及预估对其他薪酬策略的认识和接受程度。

例如，如果企业目前的业绩较好、现金流充足、短期内没有较大的项目投资需要占用大量资金，那么可以试着采用薪酬领袖策略，让薪酬水平在市场上具有一定的影响力。如果企业的业绩较差、现金流有问题，则可以采取市场追随或拖后策略，为了维持员工稳定，也可以在薪酬结构策略上采取稳定模式。

1.6 实施薪酬管理需要的环境保障

与许多管理工作一样，实务中要落实并做好薪酬管理，有理论、方法和工具还是不够的，还需要有保证薪酬管理的环境支持，其中比较关键的有薪酬管理角色分工以及薪酬管理者的能力素质。

1.6.1 如何进行薪酬管理角色分工

与人力资源管理的其他模块一样，薪酬管理绝不是人力资源部一个部门的事。要做好薪酬管理，需要公司其他相关部门和岗位配合履行薪酬管理方面的职责。公司常见的薪酬管理的组织机构如图 1-6 所示。

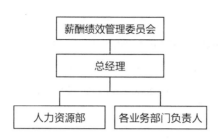

图 1-6　薪酬管理的组织机构

薪酬绩效管理委员会是公司薪酬管理的最高机构，是董事会按照章程设立的专门工作机构。薪酬绩效管理委员会在薪酬管理方面的主要权限和职责通常包括以下几项。

（1）制订董事和高级管理者的薪酬策略和考核方案。

（2）负责对公司薪酬制度和策略的执行情况进行监督。

（3）裁定某些特殊情况下与薪酬和绩效相关的工作。

（4）促进公司薪酬和绩效文化的形成。

（5）具有对公司整体薪酬策略的审批、监督和修订权限。

（6）负责董事会授权的与其他薪酬管理相关的事宜。

总经理是除董事之外的薪酬策略的最终审批人。总经理在薪酬管理工作方面的主要权限和职责通常包括以下几项。

（1）关注财务状况，从宏观角度把握和调控公司人力成本和费用情况。

（2）负责确定公司薪酬管理策略的基本方向和原则。

（3）负责公司薪酬管理制度及相关流程的最终审批。

（4）负责薪酬调整方案、员工薪酬水平和具体薪酬的最终审批。

（5）了解人力资源部进行薪酬管理的过程和方法。

（6）监督薪酬管理的全过程，发现问题时及时要求相关部门调整。

人力资源部是薪酬管理工作的主要实施部门。人力资源部在薪酬管理工作方面的主要权限和职责通常包括以下几项。

（1）进行公司的岗位描述和岗位价值评估。

（2）进行外部市场调研和内部薪酬满意度调研。

（3）对薪酬调研结果、工资体系、人力成本等与薪酬相关的数据进行分析并提出改进方案。

（4）制订薪酬制度、策略和薪酬调整方案，并报总经理和薪酬绩效管理委员会审议。

（5）监督、协助各部门完成绩效管理。

（6）收集、汇总、分析各部门的考核结果，处理考核争议。

（7）收集、归档考勤数据以及与薪酬相关的资料。

（8）解答公司各级人员对与薪酬相关问题的疑惑。

各业务部门负责人在薪酬管理工作中的主要权限和职责包括以下几项。

（1）协助人力资源部进行岗位描述。

（2）协助人力资源部进行岗位价值评估。

（3）进行员工的日常岗位工作表现评估。

（4）在公司的总体薪酬策略下，决定部门内部员工的具体薪酬调整幅度。

（5）上报部门内不合理的薪酬情况。

1.6.2　薪酬管理者的素质和能力

薪酬管理者的素质和能力决定了公司薪酬管理工作的运行质量。因此，要有效开展薪酬管理工作，企业要重视对薪酬管理工作人员的选拔、培养和开发。对薪酬管理者的素质和能力要求至少包括以下几点，如表 1-6 所示。

表 1-6　对薪酬管理者的素质和能力要求

素质和能力	内容
敏锐的洞察力	● 应适时地了解外部市场的经济环境，了解外部人力资源市场状况和趋势，掌握外部市场、行业和地区的薪酬福利状况 ● 要及时掌握劳动法律法规及其变化 ● 要了解公司的战略重点和内外部业务情况 ● 要了解公司的组织机构以及业务分布情况 ● 要及时了解员工对薪酬的满意度
薪酬管理能力	● 能够熟练掌握与薪酬福利管理相关的方法、工具和流程 ● 能够对公司薪酬进行统筹规划，形成薪酬战略和薪酬策略 ● 能够进行薪酬体系设计和薪酬制度设计 ● 能够进行薪酬模式和薪酬结构设计 ● 在薪酬管理运行过程中能够持续改进和调整

素质和能力	内容
数据分析能力	● 能够根据相关薪酬信息进行数据分析并提出改进建议 ● 能够编制人力成本和费用预算 ● 能够形成各类薪酬分析报表 ● 能够熟练使用相关的办公软件
信息获取能力	● 具备有效的人际关系网 ● 能够不借助外部机构开展市场调研 ● 能够保证信息资料的来源真实可靠
沟通能力	● 能够良好地处理工作关系和人际关系 ● 能够与公司各部门良好地开展工作 ● 能够与公司上下级部门建立良好的沟通并顺利完成工作
表达能力	● 具备良好的语言表达能力，能够准确完整地用口语表达工作 ● 具备良好的文字表达能力，能够独立撰写各类工作报告

第**2**章

薪酬组成要素与应用方法

　　广义的薪酬,是由"薪"和"酬"两部分组成的。薪,指的是薪水,通常包括工资、奖金、分红、福利等可以用财务数据量化的个人物质层面的回报;酬,指的是报酬,通常包括非货币性的福利、组织的认可、更有兴趣的工作、成就感、发展的机会等,是一种着眼于个人精神层面的回报。狭义的薪酬,仅指员工得到的物质层面的回报,通常只包括工资、津贴、奖金3部分。

2.1　如何区分薪酬组成要素

员工往往会因为公司提供的"薪"而加入，会因为公司提供的"酬"而展现自身的潜能和忠诚。薪酬按照是否能被量化的标准，可以分为有形的、可以用金钱量化的薪酬和无形的、不可用金钱量化的、聚焦内在价值激励层面的薪酬。

完整的薪酬结构名称及组成如表 2-1 所示。

表 2-1　完整的薪酬结构名称及组成

大类	薪酬组成要素	所属薪酬类别	薪酬总称			
无形的、内在价值激励层面的薪酬	来自公司的认可	非经济性薪酬	总薪酬			
	良好的职业发展通道					
	工作与生活平衡					
有形、可以量化的薪酬	社会保险	法定福利	总体雇佣成本			
	住房公积金					
	其他法定福利					
	员工养老计划	非法定福利	整体薪酬			
	员工储蓄计划					
	员工救援计划					
	其他非法定福利					
	餐费津贴	总现金津贴				
	住房津贴					
	交通津贴					
	其他各类津贴					
	股权激励计划	长期激励		总直接薪酬		
	长期现金计划					
	绩效工资	短期激励			总现金	
	提成奖金					
	年终奖金					
	奖罚落实	浮动支付				
	加班工资					
	固定工资	固定支付				基本工资
	司龄工资					
	固定奖金					

在设计公司薪酬的整体框架时，不应夸大现金薪酬的作用，应当采取多元化的原则。这样做的好处是既能满足人才竞争的要求，又能满足公司不同发展阶段的要求。例如，奖金设计多元化，可以设置为月度奖、季度奖、年度奖，可以分为个人奖和集体奖，可以有合理化建议奖、特殊贡献奖、成本节约奖、安全奖、质量奖、超额利润奖等。

与薪酬直接相关的是人力成本。所谓人力成本，指的是公司在一定时期内，因为使用劳动力而需要支付的直接和间接费用之和。一说起人力成本，很多人的第一反应是认为在说工资。这种认识是片面的，工资只是人力成本的一个组成部分。

除工资以外，人力成本还包括奖金、津贴、福利、工会经费、社会保险（公司承担部分）、住房公积金（公司承担部分）、商业保险（员工意外险等）、职工教育经费、劳动保护费、取暖费、防暑降温费、车船费、通信费等。

2.2　基本工资的分类和设计

基本工资是劳动者货币工资的基本组成部分，是保障劳动者工作收入安全感的货币工资形式。与薪酬的其他组成部分相比，基本工资具有相对的固定性。一般来说，基本工资根据岗位、职级、能力、司龄等条件的不同而形成层级的差别。

2.2.1　基本工资的分类

基本工资一般包括岗位的固定工资、司龄工资和固定奖金 3 个部分。

固定工资指的是员工在保证出勤且不违反国家相关法律以及组织规章制度规定的前提下，不论对于工作职责履行的态度、过程、成果如何，都可以得到的、体现为货币形式的工资。

司龄工资是组织根据员工在本组织内的服务时间，奖励员工的忠诚度、稳定性、劳动贡献和工作经验的一种货币工资形式。司龄工资一般以年为计算单位，一般适用于与组织签订劳动合同的正式员工。

固定奖金指的是员工在保证正常出勤且不违反国家相关法律以及组织规章制度规定的前提下，即使业绩或绩效没有达标，同样能够得到的奖金。

固定工资和固定奖金中的"固定"不是绝对的，而是相对的。满足"固定"是需要具备某种固定条件的，如全勤。二者之间的不同通常在于，固定工资是可以折算的，而固定奖金一般只有"有"和"无"两种情况。

 举例

某公司某岗位员工的基本工资分成固定工资、司龄工资和固定奖金3部分。岗位的固定工资是3 000元/月。司龄工资为入职第一年100元/月，司龄每增长一年，司龄工资每月增长20元。固定奖金与出勤情况有关，每月无缺勤则可以获得满勤奖500元。

张三是一名司龄3年的员工。某月该公司的应出勤天数为20天，张三实际出勤天数为15天。

则该月张三的基本工资=3 000×（15÷20）+（100+20×2）=2 390（元）。

2.2.2　基本工资的设计

对基本工资3个主要组成部分的设计思路如下。

1.固定工资

在设计不同岗位的固定工资时，要考虑当地的最低工资标准、同行业或竞争对手同类岗位固定工资情况、岗位最低薪酬水平、岗位无绩效贡献时企业愿意为该岗位付出的最低成本等要素。

2.司龄工资

司龄工资设置的目的应是象征性的鼓励，企业即使出现员工稳定性差的问题，也不应把司龄工资当成"救命稻草"。司龄工资的金额不宜较大，一般上限不宜超过固定工资的10%。

从成本的角度考虑，司龄工资通常有递减式和平均式两种设置方式。

递减式指的是随着任职年限的增长，员工司龄工资的增加呈逐年递减的趋势。如员工入职第一年的司龄工资为100元/月，第二年每月增加80元，第三年每月增加50元，第四年每月增加20元……

平均式指的是员工司龄工资的增加呈平均数增长。如员工入职第一年的司龄工资为 100 元 / 月，司龄每增长一年，司龄工资每月增加 20 元。

为避免司龄工资持续无止境地增长，一般可以设置司龄工资的上限。有的企业贯彻"薪酬主要是用来奖励员工成果"的思路不设置司龄工资，这一做法也是没有问题的。

3. 固定奖金

设置固定奖金的目的通常包括但不限于以下几点。

（1）对员工付出足够努力的一种鼓励。

有时候员工态度上是积极的，行动上是努力的，但由于种种原因，还是没达到企业想要的成果。这时候如果只发放固定工资，完全没有奖金，员工的整体收入会变少。为了平衡员工的货币收入、鼓励员工保持积极向上的态度，可以发放一部分固定奖金。

（2）对员工做出某种行为的一种奖励。

如员工出勤状况较差的企业，有时候为了提高员工的出勤率，可以设置出勤奖。员工只要每月正常出勤，就可以得到这部分固定奖金；员工出勤有任何异常，则得不到这部分奖金。

（3）对员工满足某些条件的一种激励。

有的企业为了激励员工形成学习的氛围，规定员工在考取某种职业资格证书、获得某种职称、在某类平台上发表一定篇幅或数量的论文、获得一定数量或质量的专利等之后，就可以每月获得一部分固定的奖金。

2.3　短期激励的设计和应用

短期激励指的是组织以小于或等于一年为时间单位，对员工提供的金钱激励形式。常见的短期激励形式有绩效工资、提成奖金和年终奖金 3 种。

2.3.1　绩效工资的设计

绩效工资是和绩效评估结果挂钩的工资形式，随员工绩效的变化而变化。绩效工资是对员工行为的一种激励，员工只有达到预期的绩效目标，才能得到预期的绩效工资。绩效工资的设计有利于组织控制经营成本，让员工的努力方向和组织的目标达成一致，从而在提高员工满意度的同时，提高总体的绩效水平。

绩效工资一般与固定工资之间存在一定的联系，有的组织是从固定工资中分出来一部分做绩效工资，有的组织是在固定工资的基础上额外增加了一部分做绩效工资。绩效工资总额一般为固定工资总额的 10% ～ 50%。

 举例

某公司员工张二每月的基本工资为 4 000 元，满额绩效工资为 1 000 元，除此之外再无其他收入。该公司规定员工每月的绩效评定结果与绩效工资发放比例如表 2-2 所示。

表 2-2　某公司绩效评定结果与绩效工资发放比例

绩效评定结果	绩效工资发放比例
A	100%
B	80%
C	50%
D	0

张三 1 ～ 5 月的绩效评定结果与绩效工资如表 2-3 所示。

表 2-3　张三 1 ～ 5 月绩效评定结果与绩效工资

	1 月	2 月	3 月	4 月	5 月
绩效评定结果	B	A	B	C	A
绩效工资（元）	800	1 000	800	500	1 000
月应发工资（元）	4 800	5 000	4 800	4 500	5 000

绩效工资也不是一用就灵的，实施不好有可能对团队合作产生不利的影响，还可能会增加管理层和员工之间的摩擦，反而产生负面效果。想让绩效工资发挥作用，组织需要具备以下几个基本条件。

（1）员工要具备达成绩效的基本能力。

（2）员工相信通过努力能够达成绩效。

（3）员工绩效的差异能够在一定程度上受自己努力程度的控制。

（4）具备严密精准的绩效评价系统，员工的绩效能够被准确、量化地测量。

（5）员工相信绩效评判的过程是公平、公正的。

（6）金钱能够激励员工，能够给员工带来满足感。

（7）员工能够意识到他的业绩和金钱回报之间的关系，相信业绩出色就能得到高回报。

2.3.2　提成奖金的设计

提成奖金通常指的是与组织某项业绩直接相关的奖金，它是为了鼓励员工达成某项业绩目标而设立的奖金形式。所有提成奖金的计算都可以简单地归纳成如下公式。

提成奖金＝提成基数 × 提成比例。

提成基数根据需要可以是销售额、毛利额、成本额、利润额等指标。

常见的提成奖金可以分成两类，一类是固定提成奖金，另一类是浮动提成奖金。

1. 固定提成奖金

固定提成奖金指的是提成奖金额与业绩增长呈二元线性关系的提成形式，业绩每增加 X 个单位，提成奖金增加 AX（A 为提成比例）。

 举例

某房地产销售公司规定房产经济人每月的提成奖金为房屋成交价的 1%。房产经纪人张三今年 1 ～ 5 月的房屋成交额和提成奖金额如表 2-4 所示。

表 2-4　张三 1 ～ 5 月房屋成交额和提成奖金额对应关系

	1 月	2 月	3 月	4 月	5 月
房屋成交额（万元）	150	50	80	300	70
月提成奖金额（万元）	1.5	0.5	0.8	3	0.7

2. 浮动提成奖金

浮动提成奖金指的是提成奖金额与业绩增长呈阶梯式或指数式增长关系的提成形式。当业绩落在某个范围内时，销售提成的比例为 A，提成奖金＝提成基数 $\times A$；当业绩达到另一个水平时，提成比例为 B，提成奖金＝提成基数 $\times B$。

举例

　　某汽车销售公司为了鼓励业务员销售，制订了阶梯式的提成奖金策略，如表2-5所示。

表2-5　某汽车销售公司提成比例

每月汽车销售数量 X（台）	每台车的销售提成（元）
$X < 10$	100
$10 \leqslant X < 20$	200
$20 \leqslant X < 30$	300
$30 \leqslant X < 40$	400
$40 \leqslant X < 50$	500
$50 \leqslant X$	600

　　该公司销售人员张三今年 1～5 月的汽车销售量和提成奖金如表2-6所示。

表2-6　张三 1～5 月汽车销售量和提成奖金额对应关系

	1 月	2 月	3 月	4 月	5 月
汽车销售量 / 台	35	8	22	28	41
月提成奖金额 / 元	14 000	800	6 600	8 400	20 500

2.3.3　年终奖金的设计

　　年终奖金指的是企业以年为单位向职工发放的奖金，是一种非常重要、应用非常广泛的短期激励。年终奖金的发放原则通常需要综合考虑企业的业绩情况、部门 / 团队的绩效情况和职工的出勤、绩效、岗位、层级、荣誉等情况。

　　企业在设计年终奖金时，需要考虑以下 5 个因素。

　　1. 享受人群

　　年终奖金的享受人群指的是企业中哪些职工可以享受年终奖金，哪些职工不享受年终奖金。是否享受年终奖金，可以根据职工的出勤情况、绩效情况、岗位情况、层级情况、荣誉情况等判断。

　　2. 奖金总额

　　年终奖金总额也叫年终奖金池。年终奖金池根据层级不同可以分成企业的奖金池、部门 / 团队的奖金池。年终奖金总额通常需要根据某个财务数据计算。企业的奖金池通常与企业的业绩有关。部门 / 团队的奖金池通常与部门 / 团队的绩效水平有关。

3. 分配方法

年终奖金的分配方法指的是年终奖金池的分配规则。年终奖金的分配方法决定了不同职工得到年终奖的金额。有的企业计提年终奖后，不在当年全部发放，而是留存一部分形成逐年滚动的奖金池在以后发放。

4. 发放时间

年终奖金的发放时间一般是在第二年财务报表形成并经过审计确认后。很多企业担心员工拿到年终奖之后离职，会把年终奖的发放时间安排在第二年年中。

5. 异常情况

年终奖金的异常情况指的是当发生哪些状况时，年终奖的发放规则可以相应变化。或者当职工出现哪些行为时，年终奖的发放金额可以增加，或者原本应当发放的年终奖可以减免发放。

 举例

某公司各岗位的年终奖金是根据各岗位的绩效得分换算出来的。年终奖金采取的是根据绩效结果分奖金池的模式，绩效得分换算出来的系数越高，分到奖金的金额比例就越高。

该公司个人的年终奖金与以下 5 个因素有关：

1. 所在公司整体得分；

2. 所在部门绩效考核得分；

3. 个人的职等职级；

4. 个人绩效得分；

5. 个人全年出勤天数。

例如，该公司内某职等职级的岗位，原本奖金额的基数应当相同，都是60 000 元。张三、李四、王五、赵六 4 人的岗位相同，都处在这个职等职级，但属于不同的分公司、不同的部门。到了年底，他们所在的分公司、部门和个人的绩效分数和奖金分配计算如表 2-7 所示。

表 2-7　张三、李四、王五、赵六所在分公司、部门和个人的绩效分数和奖金分配

姓名	奖金额（元）	分公司绩效分数	部门绩效分数	个人绩效分数	系数	金额占比	奖金分配（元）
张三	60 000	95	95	95	3.7%	50.1%	120 307
李四	60 000	80	80	80	2.2%	29.9%	71 844
王五	60 000	60	60	60	0.9%	12.6%	30 309
赵六	60 000	50	50	50	0.5%	7.3%	17 540
合计	240 000	285	285	285	7.4%	100.0%	240 000

注：1. 表中系数列为前三列绩效分数计算百分比后相乘后的乘积，保留 1 位小数。

2. 表中金额占比为系数加和后计算的百分比，四舍五入保留 1 位小数展示，所以相加不等于 100%。

3. 表中奖金分配为奖金总额 240 000 乘金额占比的实际百分比数字（未四舍五入）后得到的数字，并非金额占比的展示数字乘奖金总额 240 000。

4. 用 Excel 软件按照上述方式计算，即可得到上表中的相关数据。

上表中，张三、李四、王五、赵六 4 人的系数是根据分公司绩效分数、部门绩效分数和个人绩效分数的占比相乘计算出来的，金额占比是根据系数占比计算出来的。奖金分配方式是用金额占比乘奖金总额。

从上表能够看出，当张三的分公司绩效分数、部门绩效分数、个人绩效分数都取得较高分数（95 分），赵六的分公司绩效分数、部门绩效分数、个人绩效分数都取得较低分数（50 分）时，年终奖金的差异可以达到 6 倍以上。

该公司这样设计年终奖金的计算逻辑，是为了在公司内部形成竞争意识，形成赶超氛围。这种意识氛围不仅要以岗位为单位，还要以部门为单位、以分公司为单位展开，形成既强调竞争又强调团队的氛围。

2.4　长期激励的设计和应用

长期激励是股东为了保障公司的核心人才长期留在公司、与公司共同成长发展、达成公司的长远目标，而给予核心人才的一种激励方式。这里的核心人才一般是指关键岗位的高层管理人才和核心技术人才。与短期激励的时间周期相比，长期激励的时间周期一般立足在 3 年及以上。

常见的长期激励形式有股权激励计划和长期现金计划两种。两者的原理类似，一般都是与核心人才约定，到了某个时间节点，当公司达到某个目标或达成某种效益的时候，按照不同的形式给予核心人才股权或现金奖励的制度。

2.4.1 股权激励计划的设计

股权激励计划是一个在管理公司时备受欢迎的"锦囊"，它可以创造公司和个人的利益共同体，激发员工的内在驱动力，有效地吸引和留住人才。尤其是对于创业公司，在早期无力吸引和留住高端人才以及支付高薪时，股权激励计划可以有效缓解这一问题。

股权激励计划的设计方式有以下几种。

1. 股票期权

股票期权是指公司给激励对象一种权利，让其可以在规定的时期内，以事先约定的价格购买一定数量的本公司流通股票，当然如果到了那个时期，激励对象发现行权并不合适，也可以选择不行权。

股票期权的行权条件一般包括以下 3 个方面。

（1）时间方面。需要等待一段时间，如 2～3 年。

（2）公司方面。需要达到公司的某项预期，如公司业绩达标。

（3）激励对象方面。需要满足某项条件，如通过公司的绩效考核。

2. 限制性股票

限制性股票是指事先给激励对象一定数量的股票，但对于这部分股票的获得条件和出售条件等会有一定的限制。例如，激励对象在本公司服务满 5 年，才能获得这部分股票；5 年后公司的经营业绩提高一倍，激励对象才可以卖出这些股票。具体的限制条件可以根据不同公司的实际需要设计，灵活性较强。

3. 虚拟股票

虚拟股票是向激励对象发放虚拟股票，事先约定如果公司业绩较优或实现某项目标时，激励对象可以按此获得一定比例的分红。但如同它的名称一样，虚拟股票其实不属于法律意义上的股权激励，持有人不具备实际的所有权，其不能转让或出售，持有人通常也不具备表决权。在激励对象离开公司时，虚拟股票将退回公司，由公司规划保留或再分配。

公司通过虚拟股票向激励对象兑现的奖励可以是现金、福利、等值的股票，也可以是可选的组合套餐。因为这种方式的本质只是以股份的方式计算员工奖金的一种方法，不涉及真实的股票授予，所以这种方式的激励效果相对于以真实股票为标的物的方式的激励效果较弱。

4.年薪虚股制

年薪虚股制是将公司中高端人才年薪中的奖金划分一部分以虚拟股票的形式体现，针对激励对象规定一定的持有期限，到期后，按照公司业绩一次性或者分批兑现。这种方式会将激励对象和公司的利益捆绑，将收益的时间线拉长。激励对象可能会因为公司业绩持续增长而获得巨额的奖金，也可能因为业绩的持续下降而损失当时的奖金。

5.直接持股

直接持股是当激励对象达到某项条件时，公司直接转让股票给激励对象。在股价提高或降低时，激励对象获得的账面价值随之增长或减少；激励对象在将股票溢价卖出时，激励对象获得收益。转让的方式可以是直接赠予、公司补贴购买，也可以是激励对象自行购买。

6.账面价值增值权

账面价值增值权是指激励对象在期初按照每股净资产购买一定数量的公司股份，在期末时再按照每股净资产的期末值回售给公司。在实务中可以有两种操作方式：一种是激励对象真实购买；另一种是虚拟购买，过程中激励对象甚至不需要支付资金，期末由公司直接根据每股净资产的增量计算收益。

7.股票增值权

与账面价值增值权的道理类似，通过股票增值权的方式，激励对象可以从期初认购股票的价格与期末股票市价之间的增值部分中获益。当然，为了避免股票价值降低的风险，利用这种方式时，激励对象并非实际购买股票，而是获得这部分股票增值后的收益权。股票增值权行权的方式同样可以是现金、福利、实际股票或几种方式的组合。

2.4.2　股票期权的应用

股票期权是上市公司最常见的长期激励方式之一。股票期权是指公司授予激励对象股票期权，股票来源主要是定向发行，激励对象可以在未来一段时间内按约定价格行权。

股票期权的行权价格接近股权激励计划公布时公司股票的市场价格。激励对象达成预先设定的某种考核条件后，则可获得行权权利。

1. 股票期权激励的优点

股票期权激励的优点主要包括以下几点。

- 公司股价上涨空间越大，激励对象的潜在收益越高。
- 激励对象获得的收益来源于市场，公司无财务压力。
- 公司在激励对象行权前无须支付成本。
- 审核风险小。

2. 股票期权激励的缺点

股票期权激励的缺点主要包括以下几点。

- 不适合当前估值水平偏高的上市公司（行权价格为股权激励计划草案公布的市场价格）。
- 行权后激励对象不能立即抛售股票，因为如果股价下跌，激励对象将遭受账面损失。
- 如果股票市场缺乏有效性，股价不能真实反映公司的价值，则股权激励计划可能会以失败告终。

3. 股票期权激励的关注重点

股票期权激励的关注重点主要包括以下几点。

（1）股票来源。

上市公司的股票期权计划的股票绝大多数来源于定向发行。同时，股票期权的适用面更广，对公司的限制条件较少，有利于公司融资。

（2）行权价格。

《上市公司股权激励管理办法》（证监会令第 126 号公布，证监会令第 148 号 2018 年 8 月 15 日修订）的规定如下。

第二十九条　上市公司在授予激励对象股票期权时，应当确定行权价格或者行权价格的确定方法。行权价格不得低于股票票面金额，且原则上不得低于下列价格较高者：

（一）股权激励计划草案公布前 1 个交易日的公司股票交易均价；

（二）股权激励计划草案公布前 20 个交易日、60 个交易日或者 120 个交易日的公司股票交易均价之一。

上市公司采用其他方法确定行权价格的，应当在股权激励计划中对定价依据及定价方式作出说明。

（3）授予及行权。

公司对股票期权的授予、锁定、行权等时间安排应结合公司的实际经营情况，做到激励对象能够在公司绩效较好、股价较高的时间段内转让股票。

授予、行权的业绩考核条件一般包括 2 ～ 3 个业绩指标，业绩指标应当结合公司和市场的实际情况合理制订，同时考虑公司股东的接受程度。

 举例

某主营业务包括高科技、影视剧制作、投资管理、互联网金融的上市公司采取的股票期权激励计划内容如下。

1. 基本模式

授予激励对象 1 252 万份股票，占公司总股本的 5.59%。其中预留 125 万份，占本次股票期权计划总数的 9.98%。

2. 股票来源

向激励对象定向发行股票。

3. 有效期

自首次授予股票期权的授予日起不超过 5 年，每份股票期权有效期为 4 年。

4. 激励对象

首次授予共 199 人，包括高级管理者、核心业务及技术人员；预留部分的激励对象包括公司新进的核心业务及技术人员与管理骨干。

5. 行权和考核条件

首次授予部分（预留部分）的激励对象各行权期前一年度加权平均净资产收益率分别不低于 7.43%（7.87%）、7.87%（8.30%）、8.30%（8.70%）。

各年度扣除非经常性损益后的净利润增长情况如下（括号为预留部分的条件）。

第一个行权期前一年度公司经审计的净利润较期权授予日前一年度公司经审计的净利润增长率不低于 15%（32.25%）。

第二个行权期前一年度公司经审计的净利润较期权授予日前一年度公司经审计的净利润增长率不低于 32.25%（52.08%）。

第三个行权期前一年度公司经审计的净利润较期权授予日前一年度公司经审计的净利润增长率不低于 52.08%（74.90%）。

2.4.3　限制性股票的应用

限制性股票是上市公司另一种比较常见的长期激励方式。

对于股票来源为回购股票的限制性股票激励计划，公司一般是从二级市场中回购股票，并无偿赠予或折价转让给激励对象。对于股票来源为定向发行的限制性股票激励计划，公司一般是以一定的价格向激励对象定向发行股票。

对于两种不同股票来源的限制性股票，激励对象只有达到预先设定的考核条件后，方可出售该限制性股票。

1. 限制性股票激励的优点

对于股票来源为回购股票的限制性股票激励计划，其优点包括以下内容。

- 授予价格无特别限制，增大了激励计划的灵活性和操作空间。
- 若采取无偿赠予，则激励对象不需付出成本。
- 激励对象的资金压力较小，激励效果较好。
- 激励方式可以不改变公司股本结构，不摊薄原股东权益。

对于股票来源为定向发行的限制性股票激励计划，其优点包括以下内容。

- 基准价格较低，激励对象仅需支付较少的资金成本，激励效果较好。
- 激励收益来源于市场，公司无财务压力。

2. 限制性股票激励的缺点

对于股票来源为回购股票的限制性股票激励计划，其缺点包括以下内容。

- 回购股票对公司的财务压力较大。
- 回购股票的资金成本由股东共同承担。
- 将影响公司的业绩数据。

对于股票来源为定向发行的限制性股票激励计划，其缺点包括以下内容。

- 激励对象需要在计划实施时出资认购，并同时承担锁定期后股价下跌的风险。
- 股份来源于增发，对公司原有股权有一定的稀释作用。

3. 限制性股票激励的关注重点

（1）股票来源。

市场上常见的限制性股票激励计划中，股票来源少量为大股东转让（存量），主要来源是公司提取激励基金回购股票（存量）和定向发行（增量）。

（2）授予价格。

若股票来源为回购股票（存量），公司需按照《中华人民共和国公司法》（以下简称《公司法》）关于回购股票的相关规定执行，授予价格并没有特殊限制。

若股票来源为定向发行（增量），公司则需要参考以下内容。

《上市公司股权激励管理办法》（证监会令第126号公布，证监会令第148号2018年8月15日修订）的规定如下。

第二十三条 上市公司在授予激励对象限制性股票时，应当确定授予价格或授予价格的确定方法。授予价格不得低于股票票面金额，且原则上不得低于下列价格较高者：

（一）股权激励计划草案公布前1个交易日的公司股票交易均价的50%；

（二）股权激励计划草案公布前20个交易日、60个交易日或者120个交易日的公司股票交易均价之一的50%。

上市公司采用其他方法确定限制性股票授予价格的，应当在股权激励计划中对定价依据及定价方式作出说明。

（3）授予及行权。

由于限制性股票通常为一次性授予，分期解锁，股票一旦授予，激励对象可以享受持有期（含锁定期和解锁期）内分红派息的收益及股东大会投票权，且股票套现时间的自主性较强，所以锁定期和解锁期等时间安排比股票期权激励方式的时间安排更加灵活。

授予、行权的业绩考核条件应当在考虑股东的接受程度的前提下，考虑公司和市场的实际情况。

 举例

某国资上市公司推行限制性股票激励方案，于20×2年3月接连推出非公开发行预案，拟募集资金11亿元，开始新一轮扩张计划。

1. 基本模式

该上市公司共授予激励对象725.4万份限制性股票，占公司股本总额的0.88%。

2. 股票来源

向激励对象定向发行股票。

3. 股票价格

股票价格是 5.46 元 / 股，为授予价格基准的 50%。

4. 有效期

有效期为 5 年，包括锁定期 2 年和解锁期 3 年。锁定期结束后，激励对象可在解锁期内分别按每年 40%、30%、30% 的解锁比例分批逐年解锁，实际可解锁数量应与激励对象上一年度绩效评价结果挂钩。

5. 激励对象

激励对象共涉及 114 人，包括公司董事，高级管理者，对公司经营业绩和未来发展有直接影响的核心业务、技术和管理岗位的骨干员工。

6. 行权和考核条件

在第一个解锁期内，扣除非经常性损益后的加权平均净资产收益率不低于 6.5%，20×1—20×3 年度营业收入三年复合增长率不低于 20%，20×3 年度扣除非经常性损益后的净利润不低于 14 527 万元，肉和肉制品收入占营业收入的比例不低于 55%。

在第二个解锁期内，扣除非经常性损益后的加权平均净资产收益率不低于 6.8%，20×2—20×4 年度营业收入三年复合增长率不低于 20%，20×4 年度扣除非经常性损益后的净利润不低于 16 560 万元，肉和肉制品收入占营业收入的比例不低于 58%。

在第三个解锁期内，扣除非经常性损益后的加权平均净资产收益率不低于 7.0%，20×3—20×5 年度营业收入三年复合增长率不低于 20%，20×5 年度扣除非经常性损益后的净利润不低于 18 827 万元，肉和肉制品收入占营业收入的比例不低于 60%。

2.4.4　虚拟股票的应用

虚拟股票激励是非上市公司中比较常见的长期激励方式。

虚拟股票因不涉及公司真正股权的变更，操作时又可以具备实际股权的权益，行权和除权比较灵活，所以被许多公司采用。尤其是随着华为公司的崛起，华为公司的虚拟股票设计被越来越多的人了解并认可。

在设置虚拟股票时，可以按照以下步骤执行。

1. 确立激励对象范围

公司首先要明确虚拟股票准备发放和激励的对象是哪类人群，是针对公司某类范围的核心人才、司龄达到一定年限的人员，还是针对全体员工。

除了人员较少的初创期公司，一般人数规模超过 100 人、进入成长期的公司，不建议将全体员工作为激励对象，也不建议根据司龄划分享受人员的范围。即使是一直强调自己是 100% 由员工持有的华为公司，其准确的表达，其实是华为公司的股份 100% 被员工持有，不是 100% 的员工持有华为公司的股份。

和短期激励的原理一样，长期激励的目的也同样应聚焦于结果，以结果为导向。对于个体员工来说，结果一般指的是绩效，而不是工作年限、学历高低、综合素质高低或者其他与绩效不直接相关的事项。

2. 明确持股变化规则

虚拟股票的持股数量应有一定的规则，即当员工达到什么条件时，应持有多少虚拟股票。确定持有虚拟股票的数量都与哪些因素有关。最常见的相关因素有绩效和职位，如果公司考虑员工的稳定性，也可以考虑加入司龄这一因素。

 举例

某公司规定，根据员工的绩效和职务，每年可购买的虚拟股票数量上限的规则如表 2-8 所示。

表 2-8　某公司员工可购买虚拟股票数量上限与绩效和职务的关系　单位：股

职务	绩效			
	A	B	C	D
副总经理	15 000	10 000	5 000	0
总监	12 000	8 000	4 000	0
经理	9 000	6 000	3 000	0
主管	6 000	4 000	2 000	0
员工	3 000	2 000	1 000	0

根据表 2-8 所示的规则，每年随着员工职务、绩效的变化，员工的虚拟股票数量也会变化。

一般来说，员工离职后，其拥有的虚拟股票也自动消失。对于员工的正常离职，公司设置的规则可以是将虚拟股票折算成现金发放，也可以是按照员工上一年的出勤时间，以年终分红的形式折算成分红奖金发放。对于员工的非正常离职、在任职过程中出现重大错误或者违反公司规章制度的行为，可以另行规定发放规则。

3. 确定股权分红办法

公司内部应先设立股权分红基金，根据公司业绩的完成情况，参照分红基金，制订股权提取和分红计划。一般来说，分红基金提取与净利润和年终奖金有关。

 举例

某公司年终虚拟股票分红基金方案的测算是根据公司上一年度的年终奖金和净利润，再用 1 ~ 2 的调整系数，测算分红基金的比例和分红基金额，呈报公司的决策层最后敲定。

该公司某年度的净利润为 1 亿元，当年发放员工的年终奖金为 1 000 万元，年终奖金与净利润的比值为 10%。

该年度分红基金比例的最高值 =10%×2=20%。

该年度分红基金比例的中间值 =10%×1.5=15%。

该年度分红基金比例的最低值 =10%×1=10%。

呈报决策层的虚拟股票分红基金方案如表 2-9 所示。

表 2-9　虚拟股票分红基金方案

类别	最低值	中间值	最高值
分红基金比例	10%	15%	20%
分红基金额（万元）	1 000	1 500	2 000

实务中，公司为了减少每年经营业绩的波动性对员工分红的影响、平滑员工每年的总收入，可以适当采取延期分红的方式。如当年发放分红基金的 80%，剩下的 20% 结转到下一年，每年按此方式滚动计算实际发放的分红基金。

4. 确定每股分红金额

虚拟股票的每股分红金额计算公式如下。

虚拟股票的每股分红金额 = 当年拟发放的分红基金 ÷ 参与分红的虚拟股票总数。

不同员工应发分红的计算公式如下。

员工应发分红＝员工持有参与分红的虚拟股票总数 × 虚拟股票的每股分红金额。

　举例

某公司年终拟发放分红 100 万元，参与分红的虚拟股票总数为 10 万股，张三拥有虚拟股票 0.8 万股，则张三当年应发的虚拟股票分红 =100÷10×0.8＝8（万元）。

5. 确立虚拟股权制度

按照以上 4 步的思路，根据公司的年终奖金制度和对公司业绩的预估模拟计算后，进一步细化形成可操作实施的流程，形成虚拟股权制度草案，报公司决策层。虚拟股权制度审核通过后，要传达到全公司的员工。在制度实施的过程中，保证员工知悉并持续参与，做好评估改进工作。

2.4.5　股权激励的注意事项

2005 年中国证券监督管理委员会实施股权分置改革之后，我国才具备了实施真正意义上的股权激励的条件。随后，我国实施股权激励计划的公司开始大规模涌现。

可是，许多公司在实际推行股权激励的过程中却困难重重、问题频发，为什么股权激励难以做到"一股就灵"呢？常见原因如下。

1. 公司治理结构不完善

许多公司内部控制较弱的现象严重，公司董事会的独立性不强，董事会成员与经营管理层高度重合，从而使股权激励变成了董事会自己激励自己的方案。又因缺乏有效的内部监督机制，公司内部出现大量的短期行为、控股股东的不正当关联交易等问题，这都严重阻碍了股权激励机制的有效实施。

2. 绩效管理不健全

绩效管理是实施股权激励制度的前提之一。我国的上市公司大多采用传统的财务指标作为业绩评价的指标。有些公司甚至连财务指标体系都不完善，非财务指标涉及更少。过于简单的财务指标使股权激励的行权条件易于实现，无法全面、准确、客观地评估激励对象的工作成效，并可能会带来诸多负面影响。

3.激励方案的设计不完善

在推行股权激励的公司中，大多数推行的是股票期权方式，这造成了处在公司高层的董事、高管获得的股票期权数量过多，而作为中坚、骨干力量的核心员工得到的股票期权较少，造成公司内部的价值分配不均衡。同时，股权激励方案的制订者没有考虑到，在市场低迷时期，股票期权这种单一的方式很可能会失效，进而影响激励方案的实施效果。

当然，即使公司存在这样或那样的问题，也不代表只要有问题，就要把问题完全解决掉才能做股权激励。因为股权激励的方式多种多样，公司可以根据自身的实际情况，避开自己当前最薄弱的环节，选择那些可选的、适合自己的方式。

2.4.6　长期现金计划

长期现金计划是一种非常重要的长期物质激励形式。长期现金计划与股权激励的操作原理类似，一般都是与人才约定，到了某个时间节点，当企业达到某种绩效、实现某个目标、达成某种效益或人才达到某种条件的时候，按照不同的形式，给人才某种现金奖励的制度。

对于员工来说，长期现金计划是比较实惠的，是能让人看得见、摸得着的东西，能够给人一种确定感，近几年受到了很多人的青睐。

这就好像有人问了一个问题："给你 50 万，或给你一个按钮，当你按下这个按钮之后，有 50% 的概率获得 100 万，还有 50% 的概率获得 0。"这时候，你会选择哪一个？

股权激励就是那个按钮，长期现金计划就是那个确定的 50 万。大部分人都会喜欢确定的收益、厌恶可能的损失。用长久的、确定的收益实施长期激励是很多企业非常好的选择。

对于非上市公司，由于没有公开发行的股票，在设计长期激励的时候可以不采取股权激励，而采取长期现金计划。对于已上市公司，出于担心股权被稀释或某些股权监管规定，也可以不采取股权激励，采取长期现金计划。

长期现金计划包含五大要素。

1.激励对象

长期现金计划的激励对象指的是长期现金计划覆盖的人群范围。企业选择长期现金计划的激励对象时可以采取少数激励的原则，面向对企业存在重大影响的核心岗位人员，也可以采取普惠性质，针对大多数员工。

2. 激励方式

长期现金计划的激励方式指的是现金激励的发放方式。长期现金计划中的现金可以一次性发放给被激励的员工，也可以分批次、分周期、分比例发放。

3. 激励期限

长期现金计划的激励期限指的是一次激励的时间周期。长期现金计划属于一种长期激励，激励期限通常应大于1年，一般为3～10年。有的企业为了保留某些核心岗位，可以设计针对整个职业生涯全周期的长期现金计划。

4. 激励条件

长期现金计划的激励条件指的是当企业或个人达到某种条件时，能够获得某种现金激励。企业达到的条件可以是财务指标，例如销售额、毛利率、利润额等；可以是某个目标，例如成功上市、成功开发某个新市场。个人达标的条件可以是岗位的业绩情况达到某个条件，也可以是岗位的职级情况、工作年限、贡献程度达到某个标准。

5. 异常情况

长期现金计划的异常情况，指的是当出现哪些特殊情况时，激励方式将会发生哪些变化。例如有的企业规定，当员工离职时，不再享受未享受的长期现金计划。

 举例

面对激烈的市场竞争，某公司近几年的业绩出现下滑，许多骨干员工离职。为此，该公司决定实施长期现金计划，其核心要素内容如下。

1. 激励对象：全体骨干员工。

2. 激励方式：根据公司前2年的业绩，发放现金奖金激励。为平滑每年发放的奖金额，每年按照核定奖金额的50%发放。

3. 激励期限：2年之后开始实施。

4. 激励条件：当公司利润额连续2年同比增长在3%（含）以上，从第3年开始，拿出前一年超额利润的10%作为骨干员工的奖金。

5. 异常情况：当没有达到激励条件时，不发放长期现金计划；当员工离职时，不再发放剩余的长期现金计划。

2.5　岗位津贴的设计和应用

岗位津贴是组织为了补偿职工在特殊的劳动条件或工作环境下的额外劳动消耗或生活费用的额外支出而建立的一种辅助工资形式。

2.5.1　岗位津贴的分类

津贴可以按照多种方式分类。如果按管理层次划分，津贴可以分为两类：一是从制度或法规层面统一制订的津贴，二是企业自主规定的津贴。如果按照功能的不同划分，津贴可以划分为岗位性津贴、技术性津贴、年功性津贴、地区性津贴和生活保障性津贴五大类。

1. 岗位性津贴

岗位性津贴指的是组织为了补偿职工在某些有特殊劳动条件的岗位上劳动产生的额外消耗而建立的津贴，如高温作业津贴、冷库低温津贴、中夜班津贴、高空作业津贴、井下作业津贴、出差外勤津贴、班（组）长津贴、课时津贴、班主任津贴、科研辅助津贴、殡葬特殊行业津贴、水上作业津贴、废品回收人员岗位津贴等。

2. 技术性津贴

技术性津贴指的是组织为了激励职工达到某项技术等级或取得某项技术成果而建立的津贴，如技术工人津贴、技术职务津贴、技术等级津贴、特级教师津贴、科研课题津贴、研究生导师津贴、特殊教育津贴、高级知识分子特殊津贴（政府特殊津贴）等。

3. 年功性津贴

年功性津贴指的是组织为了进一步鼓励职工的忠诚度和稳定性而建立的津贴，如工龄津贴、教龄津贴（教师岗位）、护龄津贴（护士岗位）。此类津贴的作用与司龄工资作用重复，所以组织对于司龄工资和年功性津贴通常是择其一使用。

4. 地区性津贴

地区性津贴指的是组织为了补偿职工在某些特殊地点工作而产生的额外的生

活费用支出或长期背井离乡的情感而建立的津贴，如外派津贴、边远地区津贴、高寒山区津贴、海岛津贴等。

5. 生活保障性津贴

生活保障性津贴指的是组织为了保障职工的工资收入和补偿职工部分生活费用而建立的津贴，如服装津贴、伙食津贴、住房津贴、房租津贴、交通津贴、过节津贴、书报津贴、卫生津贴等。

2.5.2　岗位津贴的设计

岗位津贴的设计应体现该薪酬要素的初衷，用人单位要以正确的观念看待岗位津贴，要符合国家的相关政策，避免滥发、滥用和平均主义。在设计岗位津贴时，用人单位需要关注以下事项。

1. 明确岗位津贴领取人员的条件和范围

用人单位在设计岗位津贴时，应体现其补偿性的特点。岗位津贴不应是给所有人员平均发放，而应是让不同岗位、类别的人员根据不同的条件、环境或范围，享受不同的岗位津贴。岗位津贴应与岗位挂钩，而不应与从事该岗位的人员绑定。

 举例 ——————————————————————

某公司规定，当作业环境的温度为 30℃ ≤ X < 32℃ 时，每出勤一小时发放 10 元的高温补贴；当作业环境的温度为 32℃ ≤ X < 34℃ 时，每出勤一小时发放 20 元的高温补贴；当作业温度 X < 30℃ 时，不发放高温补贴。

2. 明确岗位津贴发放标准

岗位津贴应有明确的发放标准，也就是当某岗位满足某个具体条件时，应当发放什么数量标准的津贴。当岗位不再满足该条件时，则不能发放该津贴。岗位津贴的发放与某岗位是否满足该条件相关。

 案例 ——————————————————————

某公司规定，对于某有高空作业要求的岗位，每当有高空作业的工作日，发放 200 元的高空作业岗位津贴，没有高空作业的工作日则不发放。该岗位某员工在某月有 5 天从事高空作业，则该员工该月应发的高空作业岗位津贴 =200×5=1 000（元）。

3.明确岗位津贴支付方式

岗位津贴支付方式一般是每月随工资一起发放，但是由于某些岗位的特殊性，某些岗位津贴的发放方式具有特殊性，有时可以单独发放，有时可以是完成某项特殊任务后集中发放。用人单位在设计时需要注意岗位津贴的发放方式。

 案例

某公司规定，所有驻外岗位驻外时间每满30天（包含所有的工作日和休息日）发放 20 000 元的驻外生活津贴。发放方式有两种，一种是在驻外国家随每月工资发放美元，另一种是在驻外任期结束回国后的当年随年终奖金一起发放人民币。员工可以在两种方式中择一。

4.严格执行法律法规对岗位津贴的规定

国家法律以及地方法规、政策对于一些津贴有明确的要求，用人单位在设计岗位津贴时，应至少满足相关规定的最低要求。

另外，在设计岗位津贴之前，应明确制订岗位津贴的发起、审批、测算、发放等各流程的运行权限。在运行岗位津贴制度的过程中，应加强监督审查工作。

2.6　员工福利的设计和应用

员工福利是劳动报酬的间接组成部分，它是在工资和奖金收入之外，向员工本人或家属提供的货币、某类实物、某个机会、某项服务或某种权利等各类形式的付出。公司通过为员工提供各类福利，能够更好地吸引和留住优秀人才、增强员工的凝聚力、归属感和满足感，从而提高公司绩效。

2.6.1　员工福利的设计

员工福利通常可以分成两类：一类是法定福利；另一类是非法定福利，也叫作公司福利。

根据政策法规的覆盖范围不同，法定福利又可以分为国家性福利和地方性福利。国家性福利指的是全国范围内所有成员都享受的福利。地区性福利指的是以一定地区内的成员为对象的福利。一般来说，相同地区不同公司的法定福利具有一定的一致性。

公司福利是公司根据自身情况自行规定的福利。这类福利具有员工激励性，通常是公司用来激励员工的一种方式，例如为员工购买商业补充保险、提供带薪培训学习的机会、节假日发放的钱或物、加强员工休闲娱乐的设施建设等。不同公司由于经营状况、运营特点和管理方式等实际情况不同，所采取的公司福利通常具有较强的差异性。

公司福利按照受众对象的不同可以分成全员性福利和特殊群体福利。全员性福利是公司中不分职位和岗位的差别，全员都享受的福利。特殊群体福利是公司内只有某类特殊群体才享受的福利，如高管人员、技术团队、残疾人等。

公司福利的设置体现了公司管理的艺术性和创新性，是公司吸引人才、留住人才和激励人才的重要方式。公司福利的差异性，将影响人才在求职时的选择、工作投入的积极性或者当有想离开公司的念头时是否愿意继续留在公司的判断。

法定福利的设计主要需要参考国家的政策法规。公司福利的设计需要考虑的因素则较多，除国家法律法规外，还需要考虑市场上的竞争对手、公司的战略、公司人员结构、公司人员需求、福利的层次和导向，以及福利的成本控制等。

根据不同公司的情况、年人均福利费预算以及公司福利设计的目的，可选的公司福利项目可以参考表 2-10。

表 2-10　公司福利设计参考

公司	年人均福利费预算	公司福利设计目的	可选的公司福利项目
初创期或衰退期公司	5 000 元（不含）以下	保障基本用人避免人才流失	班车、基础培训、岗位轮换、购书学习补助、师徒奖励、补充商业保险、节日礼品、生日礼品、灵活假期、书报费、员工体检、灵活工作时间和地点等
成长期公司	5 000 ～ 10 000 元（不含）	吸引人才留住人才	除可选初创期或衰退期公司福利项目外，还可选技能培训、拓展训练、补充医疗保险、团队建设费用、防暑降温福利、取暖福利、带薪旅游、婚丧嫁娶病慰问金、员工奖学金等

续表

公司	年人均福利费预算	公司福利设计目的	可选的公司福利项目
成熟期或盈利良好的公司	10 000 元（含）以上	稳定人才传播企业文化	除可选初创期、衰退期和成长期公司福利项目外，还可选在职教育、出国学习、考证奖励、补充养老保险、低息贷款、健身活动特别奖励、子女托管或教育、家属附带医疗疗养、家属慰问金、咨询服务（理财、心理、健康、婚姻等）、员工茶点、文化娱乐活动、其他现金补贴等

2.6.2　弹性福利的设计

弹性福利又叫菜单式福利，它的基本思路是让员工对自己的福利进行有选择、有计划的组合。它的核心思想是倾听和满足员工的诉求，并以此来设计和实施员工福利。弹性福利的种类其实很多，常见的可以包括以下几类。

1. 补充保险

补充保险是指公司可以为员工提供社会保险之外的附加保险，用于解决员工在发生大病后医疗支出较多时的后顾之忧，并且可以帮助员工找到更好的医疗资源，所面向的对象除了员工本人以外，也可以包括员工的父母、配偶或子女等。

2. 弹性节假日福利及活动

弹性节假日福利及活动包括季节性福利，如端午节、中秋节、春节等节假日公司所发放的福利可以由员工选择，还包括公司举办的活动，如体育赛事、健身运动、亲子活动、相亲活动等员工可以有选择地参加的活动。

3. 健康管理

健康管理是指对可能存在职业病风险的岗位或健康状况较差的群体，公司可以为员工提供诸如体检、健身、健康状况分析、疾病预防讲座、健康咨询和指导等方式的福利，为员工提供有针对性的科学健康信息，并在公司范围内创造条件或采取行动来改善员工的健康状况。

4. 绩效奖励

绩效奖励是对绩效的灵活兑现，即绩效奖励不一定要发奖金，员工可以自主选择。公司采用科学的方法，通过对员工个人或群体的行为表现、劳动态度和工作业绩以及综合素质的全面检测考核、分析和评价，以更加灵活的福利形式表彰那些优秀的员工个人或群体。

5.其他各类福利

除上述几大类常见福利外，还有许多种可放入"菜单"的福利，如弹性的工作时间、养老服务计划、定制化的年金、额外的带薪休假、冬季的取暖费、妇女卫生补贴、生日的福利、劳动安全卫生保护福利、外出培训学习深造的机会等。

弹性福利可以解决公司为员工提供福利又无法获得员工认同的窘境。这种方式能够在强化激励效果、强化外部效应的同时，减少财务费用。要提高员工的满意度、忠诚度和敬业度，公司可以根据自身的情况，灵活地为员工提供更多"可选择的菜单"。

2.6.3　如何发放福利

 案例

年终，某公司为员工提供两种备选的福利方案：方案一是每人发放600元的过节费，随工资一起汇入员工的工资卡；方案二是每人可以在6种价值300元的不同物品中选择其一，这6种物品都是耐用品，如豆浆机、微波炉、蚕丝被、炒锅、茶具等。那么，选择哪种福利发放方案更优呢？

答案是方案二，从价值上看，方案一的财务成本虽然是方案二的两倍，但方案一给员工的感受太弱，很容易忘记公司曾发过这600元的年终福利。到了年底，员工置办年货、走亲访友，有大量的消费需求，在一波购置之后，很少有员工会想到这里面哪一件是用公司的600元年终福利购置的。尤其是在网络购物和电子支付已经如此发达的时代，消费时越来越少动用现金，使用银行卡里的钱对于人们来说更多感受到的只是数字的变化。

而方案二，对于员工来说，感受会更深刻，具体原因如下。

1.面临选择

有选择就意味着员工可以选择对个体来说最缺的或者最有价值的选项。有选择同样意味着有纠结，而这种纠结并不是坏事。因为纠结，员工就想得更多，想得越多，印象就越深刻，感受也越深刻。

个体的选择同样意味着家庭的选择，这个纠结的选择过程，落到家庭的层面就会产生大量的话题和交流。员工很可能会找自己的父母、伴侣、子女商量到底哪一个是家里最缺的，哪一个对家庭来说是最有价值的。如果家里不缺，可能想到某位亲戚、朋友家里还缺什么，正好走亲访友可以用得上。

选择同样意味着遗憾，选择了这一个就意味着放弃了另一个。只要员工有两个或两个以上想选择的福利时，这种感受就会出现。都想要？抱歉，不可以。只能选一个，放弃其他的吧。这会给员工一个强烈而持久的感受。

当然，这种放弃的感受并不意味着负面情绪，因为可以等明年再选另一个。而这正是这种福利机制想要达到的效果，未来的一年，员工都会有一个话题和盼头——不着急用的话，家里先别买，年终的时候公司可以发这些东西了！

2. 时刻被提醒

可选的都是耐用品，这类商品的使用期限一般至少 5 年，如果平时用得少，则使用期限更长。这类物品摆在家里，员工用到的时候会想到这是公司曾经发的福利；不用的时候，无意中瞥见了，也会想起这是自己曾经经过一番思考和沟通之后选择的公司福利，这可进一步增强员工的感受。

3. 可以被传播

在经历上述一系列的心路历程之后，这将会成为一个与亲戚、朋友、同事之间茶余饭后闲聊的话题。例如，我选得很成功，家里正好用上了；哎，我没选好，当初选那个就好了，算了，不然就等明年再选吧。

4. 感觉被尊重

通过这种选择的过程，员工会感受到公司是理解自己的，同时给了自己选择的机会。与方案一的被动接受不同，员工在整个过程中是积极主动参与的，会感受到自己的决定能够换来一个感官上的直接反馈。

方案二比方案一节省了一半的费用，达到的效果却比方案一好很多倍，这正是公司在发放福利时需要考虑的方式。

2.7 如何应用非经济性薪酬

非经济性薪酬是组织为员工提供的、不能直接用金钱衡量的报酬的总称。非经济性薪酬也是员工的一种收入，只不过这种收入不是一种实体收入，而是心理收入。通过这种心理收入，员工能够获得成就感、满足感、安全感、责任感及荣誉感等积极的、有助于达成绩效的情感。然而在实务中，非经济性薪酬却很容易被组织中的管理者忽略。

2.7.1　非经济性薪酬的要素

随着我国经济的迅速发展和物质生活水平的不断提高，实体收入能够给人们带来的满足感越来越低，相反，人们对精神世界的需求越来越高。非经济性薪酬恰好是设法满足人们的精神需求的薪酬。

尤其是对于公司的中高端人才和高新技术人才，经济和物质上的刺激对他们的激励作用已经十分有限。对于这类人才，非经济性薪酬比经济性薪酬更加具有吸引力，对他们的激励作用更大。要较好地选拔、任用和留住这些人才，非经济性薪酬更有效。

非经济性薪酬一般可以分成工作特征和工作环境两个大类。

工作特征指的是工作职责本身能够为员工带来的价值，如工作中的趣味性、挑战性、重要性、自主性、可学习性，工作带来的责任感、成就感、发展机会、褒奖机会、技能多样性，以及工作能够带来的反馈等。

工作环境指的是与工作相关的软件、硬件环境和条件的优劣情况，如员工对公司文化的适应性、人际关系的融洽度、工作条件的舒适性、工作场所的便利性、工作方式的弹性、公司制度的公正性和规范性等。

实务中的非经济性薪酬分类非常广泛，大到组织机构变革层面的顶层设计，小到管理者对员工的一言一行，无不存在着非经济性薪酬的身影。

非经济性薪酬就是要本着人本管理的理念，怀着尊重、理解和关心人的态度，提高员工的心理收入。一般公司常用的非经济性薪酬要素分类及内涵如表2-11所示。

表 2-11　常用非经济性薪酬要素分类及内涵

主要对应情感	要素	内涵
安全感	就业保障	员工的工作有基本的人身、财产、安全保障。工作有一定的稳定性和连续性，不需要担心随时会被辞掉或调岗
	家庭平衡	公司为员工提供生活上的便利和支持，帮助员工实现工作和家庭的兼顾和平衡

续表

主要对应情感	要素	内涵
满足感	工作趣味	公司通过为员工提供工作的丰富化、扩大化、岗位轮换等来增加工作的吸引力与趣味性
	人际关系	公司内部的上下级之间、同事之间关系和睦、融洽，员工能够在一个良好的工作氛围中愉快地工作
	领导关怀	领导的素质高、能力强、信誉好、领导力强，能够给予员工生活上的关怀、工作上的关心和指导
成就感	学习机会	公司有良好的培训和学习机制，员工能够享受到必要的学习机会，能够学到必要的知识
	晋升机会	公司有明确的晋升通道和晋升规则，能够为员工提供较多的工作和晋升机会，让员工得到较好的职业生涯规划和指导
责任感	得到授权	领导敢于放权、善于放权，让员工参与决策，给员工决策的机会，并让员工享有一定的自主权，承担一定的责任
荣誉感	组织认可	公司能够发现和表彰员工的行为和结果，给予员工荣誉，让员工感觉到组织的认可

2.7.2　非经济性薪酬的应用

非经济性薪酬的本质是一种精神激励，这种激励对员工的积极性、满意度、行为和绩效的影响十分明显。有时候，管理者日常的一些细小的行为、温柔的话语，都能够向员工传达一种非经济性薪酬。

组织在日常的管理工作中，能给予员工的经济性薪酬是有限的，但是非经济性薪酬却可以是无限的。一个肯定的点头、一次明确的表扬、一抹灿烂的微笑、一句真诚的谢谢、一条关心的短信、一句鼓励的话语，都是一份非经济性薪酬。

HR 千万不要小看这些微小行为的力量，千万不要吝惜这一丝一毫温暖的给予。表面上的点点滴滴，有时候就能汇成一条小溪，持续地滋润着员工们的心田，让员工在经济性薪酬方面无法被完全满足时，也愿意全身心地投入。

 案例

某部门经理王某早晨上班一进办公室就遇到了气冲冲的下属小张，小张进门见了王经理立即说：“王经理，我要辞职！”

王经理一脸诧异，问道："为什么啊？"一边问，一边倒了一杯水双手递给小张，并示意小张和自己一起坐下来。

小张说："昨天晚上我和几个同学聚会，发现其他企业和我岗位相同的人的月工资都比我高。我在咱们公司已经工作 4 年了，还比不过其他公司新人的工资。我同学说他公司正好要人，月工资比我现在高 800 元！我准备过去。"

王经理拍拍小张的肩膀，语重心长地说："是啊，你是个非常优秀的员工，不论是工作态度、积极性还是绩效都很好。这也是从你来这儿 4 年公司一直重点培养你的原因。你也不负公司的期望，能力提高得很快。我相信你去了别的公司确实会比现在的工资要高，也理解你现在的这种想法。

"不过，公司近期要上一个新项目，会有一批专家过来，教我们目前最新的技术成果。我想让你和我一起参与这个项目，一起学习。等项目结束后，总经理已经承诺会提拔我做副总经理，那时候我想提拔你坐我的位置。有了新项目的锻炼，掌握了新的能力，做到了管理岗位，你未来的职业发展，也许不是现在这一个月多 800 元的工作机会能比的，你说是不是？"

小张红着脸地点了点头。

王经理接着说："别灰心，我支持你！你考虑一下，如果还是执意要走，我也尊重你的选择。而且我会帮你写推荐信，告诉那个公司你有多优秀，让他们也珍惜你。如果你愿意留下来，那么咱们接下来一起努力，把那个项目漂亮地做完，你说好不好？"

小张备受鼓舞，当场对王经理说："经理，是我错了！其实这些年跟着您一起工作，虽然比别的部门累，但是我真的成长了很多，一直不知道该怎么谢您呢！我昨晚是喝多了，一时糊涂！我不走！我一定全力把项目做好！"

王经理说："好！咱们一起好好干！拿下这个项目！小张啊，你以后生活上要是有什么困难别一个人闷着，尽管说出来，把我当成家人。能帮上忙的，我一定帮你解决！就算帮不上忙，我也可以帮你出出主意不是？"

小张笑呵呵地答应道："嗯！好的，经理！"

这就是非经济性薪酬的魔力，王经理对小张的培养、关心、鼓舞以及为他着想的态度，让小张深受感动。在经济性薪酬方面与其他公司相比不具备竞争力、人才情绪异常的情况下，这股力量可以力挽狂澜。虽然这家公司在物质上没有达到市场水平，但是员工在精神上却是富足和快乐的。

想象一下，如果小张向王经理提出辞职后，王经理对小张是这么说的："你嫌工资低？我还嫌工资低呢！愿意干就干，不愿意干就走人！"那么小张恐怕会选择离职。

【疑难问题】如何区分福利和津贴

常常有 HR 把员工福利和岗位津贴混为一谈。实际上，这两者的含义和形式是有本质不同的，其不同点主要体现在以下 3 个方面。

1. 目的作用不同

岗位津贴是企业补偿员工在某种工作环境、工作条件下的身体、物质或生活费用的消耗而额外增加的一种现金工资的补充形式。

员工福利是企业对员工的一种照顾和激励，提供了除基本工资、岗位津贴、绩效工资、提成奖金之外的待遇，是一种对劳动者的间接回报。

2. 实施方式不同

岗位津贴和员工福利都有法律和法规规定的强制性部分，也有企业自主规定的个性化部分。

岗位津贴通常以现金形式发放，发放的规则具有一定的固定性，而且最终必然体现在财务成本中。例如，薪酬专员每月将岗位津贴加总在工资中，随工资一起发放。

员工福利除了现金形式之外，更多是以非现金的形式出现的，具有一定的灵活性。员工福利并不一定体现在财务成本中。例如，企业为员工提供的弹性工作时间、弹性工作地点，并不直接体现在企业的财务成本上。

3. 法律意义不同

岗位津贴和员工福利，在计算最低工资时的法律意义有所不同。根据一些国家法律或地方性法规的规定，有一些岗位津贴和员工福利不得计入最低工资标准，除规定之外的岗位津贴可以计入最低工资标准，员工福利的金钱部分可以计入最低工资标准，非金钱的部分不得计入最低工资标准。

《最低工资规定》（劳动保障部令第 21 号）有如下规定。

第三条

本规定所称最低工资标准，是指劳动者在法定工作时间或依法签订的劳动合同约定的工作时间内提供了正常劳动的前提下，用人单位依法应支付的最低劳动报酬。

第十二条

在劳动者提供正常劳动的情况下，用人单位应支付给劳动者的工资在剔除下列各项以后，不得低于当地最低工资标准：

（一）延长工作时间工资；

（二）中班、夜班、高温、低温、井下、有毒有害等特殊工作环境、条件下的津贴；

（三）法律、法规和国家规定的劳动者福利待遇等。

同样，《北京市最低工资规定》（北京市人民政府第 25 号令发布，北京市人民政府第 142 号令 2003 年 12 月 2 日第二次修订）也有如下规定。

第六条

最低工资标准包括按国家统计局规定应列入工资总额统计的工资、奖金、补贴等各项收入。下列各项不计入最低工资标准收入：

（一）劳动者在国家规定的高温、低温、井下、有毒有害等特殊环境条件下工作领取的津贴；

（二）劳动者在节假日或者超过法定工作时间从事劳动所得的加班、加点工资；

（三）劳动者依法享受的保险福利待遇；

（四）根据国家和本市规定不计入最低工资标准的其他收入。

如果某劳动者在北京工作，在国家规定的高温、低温、井下、有毒有害等特殊工作环境条件下，应当领取一部分特殊工作环境的岗位津贴。这部分岗位津贴不能被纳入北京市的最低工资标准的计算范围。也就是说，如果没有其他收入，不计算这部分岗位津贴的工资不得低于最低工资标准。除此之外的岗位津贴和现金福利补贴都可以属于最低工资的一部分。

对于津贴和福利是否能够算在最低工资标准中的总结，如表 2-12 所示。

表 2-12　津贴和福利与最低工资标准的关系

类型	津贴	福利
不得纳入最低工资标准计算范围的	国家或地区法律法规规定条件的岗位津贴	国家或地区法律法规规定的所有非现金福利
可以纳入最低工资标准计算范围的	其他的津贴	现金福利或补贴

【疑难问题】如何区分绩效工资和奖金

许多 HR 搞不清楚绩效工资、提成奖金和年终奖金之间的差别。有人认为，绩效工资就是奖金，奖金也是绩效工资，二者之间似乎没什么差别。这种观点是不正确的，绩效工资与提成奖金或年终奖金之间有着本质的不同。

绩效工资存在的目的是在日常运营中约束和规范员工的行为，让员工达成公司希望看到的结果。它就像一种"押金"，是员工承诺自己能够达成岗位绩效的质押。HR 操作绩效工资时，其实是把员工本来的固定工资拆分成了两部分，一部分仍然作为固定工资每月固定发放，另外一部分作为绩效工资，根据员工的绩效表现调整发放。

奖金存在的目的是对员工进行奖励，是公司为了鼓励员工，同时为了激励员工为公司创造更好的业绩，基于业绩给予员工的金钱奖励。奖金是与固定工资无关的一部分薪酬，它是根据公司业绩的完成情况，提取一部分奖金，根据员工对业绩的贡献情况，有差别地分配给员工。

绩效工资和奖金两者之间的具体不同如表 2-13 所示。

表 2-13　绩效工资和奖金的区别

区别	绩效工资	奖金
常规性	绩效工资通常是薪酬的常规项目	奖金通常是薪酬的非常规项目
挂钩项目	主要与个人的绩效评定结果挂钩，绩效工资的高低主要受个人绩效表现的影响	主要与公司业绩结果挂钩，奖金的高低主要受公司业绩表现的影响
存在性	在设置了绩效工资的公司内，绩效工资的发放通常不是"有没有"的问题，而是"多与少"的问题	奖金不仅是"多与少"的问题，还是"有没有"的问题。当公司或者个人业绩达不到发放奖金的条件时，奖金也有可能不发
权重比例	公司的绩效工资是从固定工资中分出去的一部分，所以与分出后的固定工资之间存在一定的比例关系。例如，有的公司将绩效工资的比例设置为固定工资的20%	因为奖金是额外增加的奖励性薪酬，其金额不需要与其他的薪酬项目做比较，通常也不会有比例的限制。例如，许多公司的奖金都采取开放式，上不封顶

【实战案例】某知名互联网公司的福利体系

某公司是一家世界闻名的大型互联网公司，为员工提供的福利在业内闻名。福布斯网站曾经报道过该公司副总裁的一段话："在较大的组织中，人们会有意识地形成一种层级观念，所以我们做出了很多努力去抵消这种层级制度，让雇员之间的关系更加平等亲密。"为此，该公司采取了如下高标准的员工福利策略。

1. 环境

该公司的办公室呈现出多元化的办公风格，拥有以开放、健康、自由为主题风格的办公环境。办公区内的交流区错落有致，风格迥异，既保证了员工办公空间的通透性，又保证了私密性。员工可以根据自己的身高、喜好等个性需求选择自己的办公桌，甚至可以选择站着办公。

2. 食宿

该公司为员工提供的餐饮不仅是免费的，而且都是由高薪聘请的专业大厨制作的，餐饮的水平堪比五星级酒店的自助餐。餐饮中有时候甚至包括三文鱼、大闸蟹这类高端菜品。由于员工来自世界不同地区，在餐饮的风格方面该公司也考虑到了不同国家和民族的特色。

在该公司总部的咖啡厅里，有一位全职的咖啡师，他可以免费为员工做出任何他们想要的饮品。

在解决员工住宅问题方面，该公司的母公司计划投资约 3 000 万美元，为其在硅谷的 300 名员工提供临时的预制住房。

3. 运动

为了支持和鼓励员工进行户外运动，该公司为员工开设了一座大型的户外体育中心，其中设有足球场、篮球场、网球场、室外地滚球场、掷马蹄游戏的马蹄坑、高尔夫球场以及曲棍球场等。

4. 休闲

该公司室内休闲娱乐场所的建设也同样丰富多彩，有健身房、桌球台、游戏室、阅览室、母婴室、保龄球室、舞蹈工作室等，有专业的教练授课，也有经验丰富的员工自愿授课。除此之外，该公司有烹饪课程、吉他课程等休闲类课程，还有内部编码课程、学位攻读计划等技能提升类课程。

5. 医疗

该公司为员工提供了非常专业的医疗保健服务和健康服务，除了相关的体检项目之外，还关注员工日常的生活保养。例如，该公司为员工提供健康小贴士、专业医师问诊、按摩服务和理疗服务等，同时为员工提供与健康和养生相关的课程。

6. 家属

该公司还有一项"死亡福利"，这项福利于 2011 年开始实施。员工去世后的 10 年内，其配偶可以继续领取去世员工生前 50% 的薪水。除了这 10 年的 50% 的薪水外，其配偶还可以领到去世员工的股票奖金。去世员工子女未上大学的在 19 岁之前、上了大学的在 23 岁之前，可以领到每月 1 000 美元的补助。

7. 育儿

该公司为员工提供宽裕的产假假期，生育第一胎的女性员工可享受 18 周的带薪假期，生育第一胎的男性员工可享受 6 ～ 12 周的带薪假期，该假期周期远超当地政府的规定。该公司为新生儿的父母提供奖金、礼品以及各类育儿服务。

8. 其他

除了上述福利外，该公司还会为员工提供免费的高科技产品、折扣商品、员工公益活动支持等各类丰富多彩的个性化福利。有的分公司甚至允许员工带宠物上班，提供了专门的宠物休息区和宠物食品。

在该公司，员工可以得到许多与名人见面的机会，如音乐人、作家等。员工有机会与名人零距离接触。另外，能够与世界上精选出的一群智慧、精干的人一起工作，本身就是一种福利。

第 **3** 章

考勤管理方法与工作程序

考勤是计算薪酬的重要依据。通过考勤记录，用人单位可以随时了解员工的上下班、加班、请假等出勤情况，便于用人单位根据生产经营情况调整劳动力的分配。考勤管理是用人单位劳动纪律管理和维护最基本的工作之一，是薪酬管理的前端保障。

3.1 考勤管理的主要流程

考勤管理的主要流程如图 3-1 所示。

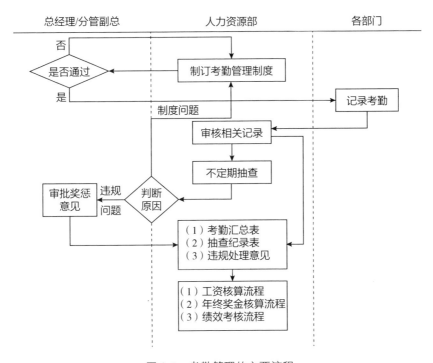

图 3-1 考勤管理的主要流程

在考勤管理全过程中，职责分工及输出内容如下。

1. 总经理 / 分管副总的职责

（1）审核审批考勤管理制度。

（2）审批人力资源部对与核查考勤异常情况相关的奖惩意见。

2. 人力资源部的职责

（1）制订考勤管理制度，报总经理 / 分管副总审批。

（2）汇总、审核各部门上报的考勤记录。

（3）不定期抽查各部门的考勤记录情况及与考勤相关的问题。

（4）针对考勤核查中发现的违规情况查明原因、形成奖惩意见报总经理 / 分管副总审批，追究相关责任。

（5）根据考勤运行情况和检查情况修改考勤管理制度，报总经理 / 分管副总审批。

3. 各部门的职责

（1）记录日常考勤。

（2）上报考勤记录。

3.2　与考勤管理相关的规定

考勤管理规定中关键的内容包括对满勤天数的规定，对考勤打卡的规定、对加班补休操作方式的规定，对各类请假时间和操作方式的规定，对迟到、早退、旷工等异常考勤的相关规定和处理方法，以及对员工外出和出差的相关规定。

3.2.1　与满勤天数相关的规定

月度满勤天数用于计算每月的工资。采取标准工时制的用人单位，月度满勤天数的计算公式如下。

每月满勤天数 = 本月总天数 - 周六周日休假天数 - 法定休假日休假天数。

 举例

某自然月为 31 天，周六周日共 8 天，法定休假日为 3 天。

本月满勤天数 =31-8-3=20（天）。

全年满勤天数通常用于计算年终奖金、绩效考核分数。采取标准工时制的用人单位，全年满勤天数的计算公式如下。

全年满勤天数 = $\sum$（每月满勤天数）。

 举例

某公司某年度全年的满勤天数如表 3-1 所示。

表 3-1　某公司某年度全年的满勤天数

	1月	2月	3月	4月	5月	6月	7月	8月	9月	10月	11月	12月
满勤天数（天）	19	19	22	19	20	22	21	23	22	17	22	21

该公司该年度全年的满勤天数 =19+19+22+19+20+22+21+23+22+17+22+21= 247（天）。

有时候，用人单位考虑到员工生活和工作的平衡，为了给员工一定的出勤弹性，允许员工一年内的事假有一定天数。例如，上例中该公司某年度正常的满勤天数为 247 天，该公司实际规定的满勤天数为 230 天。

采取综合工时制或不定时工时制的用人单位，其满勤时间在一定周期范围内可以根据标准工时制推算得出。

3.2.2　与考勤打卡相关的规定

对于实施人工手写考勤的公司，考勤的原始记录采用考勤表的形式，必须使用碳素笔记录，如出现笔误，不允许涂改，只允许画改，并在画改处由记录人员签字。下级的考勤表，必须由直接上级或直接上级指派的专人进行记录。

对于安装考勤机、实行打卡考勤制的公司，公司所有人员的上下班应全部打卡。除公休日和法定休假日外，未按时打卡且无有效未打卡事项说明者，可视为缺勤。未打卡事项说明的格式模板如表 3-2 所示。

表 3-2　未打卡事项说明模板

姓名		工号	
未打卡时间		年　月　日	
未打卡原因			
审批意见	直属领导	部门负责人	人力资源部

将上午班和下午班分开管理的公司，可以规定一天打卡 4 次（上午上班、上午下班、下午上班、下午下班）。规定一天打卡 4 次的公司，上下班 2 次打卡之间为一个时间段，任意一次未打卡且无有效未打卡事项说明者，可视为该时间段未出勤。

举例

某公司上午工作时间为 8:00～12:00，下午工作时间为 13:30～17:00。张三上午 7:45 打卡上班，上午下班没有打卡记录，且无任何说明单据或请假条，下午 13:20 打卡上班，17:05 打卡下班，按照考勤管理规定，可视张三为上午未出勤。

确实因各类原因不能按时打卡的员工，必须填写未打卡事项说明，并详细注明未打卡原因及未打卡时间，由相关领导逐级签批。所有的未打卡事项说明与考勤表于每月固定时间前汇总至考勤管理员处。

凡无确凿证据证明是工作原因导致未打卡或未打卡事项说明描述原因不符合工作原因的要求或含糊不清的，一律视为缺勤，此时的未打卡事项说明即使有领导签批也应视为无效。同时，对签批此类未打卡事项说明的领导也应给予批评。

如果考勤机损坏造成无法打卡，应第一时间通知考勤机管理者。考勤机维修期间，所有考勤采用人工手写考勤的形式。

3.2.3　与加班补休相关的规定

员工加班前，必须提前填写加班申请单，注明加班的原因、内容、工作量、加班时长等，由本部门负责人次日审核工作完成情况、工作量和加班时间是否属实。加班申请单的格式模板如表 3-3 所示。

表 3-3　加班申请单模板

姓名		工号	
加班时间			
加班原因			
加班费用需求			
审批意见			
直属领导	部门负责人	人力资源部	分管副总

加班申请单应汇总至考勤管理员处，按月报送至人力资源部。加班申请单是人力资源部门唯一承认的加班凭证，当天的加班申请单当天填写。法定休假日加班的，或因特殊情况加班过程出现人员变动的，后补的申请必须在法定休假日结

束后的几个工作日内交人力资源部，逾期则申请无效。

　　加班可采用补休的方式补偿员工。员工补休前应提前填写补休申请单，并经直属上级批准签字后，由各部门负责人根据部门实际情况安排补休。补休申请单模板如表 3-4 所示。

表 3-4　补休申请单模板

姓名		工号	
补休加班时间段			
补休时间			
审批意见			
直属领导	部门负责人	人力资源部	分管副总

　　补休后，可由考勤管理员在加班申请单上标明"已补休"。

3.2.4　与员工请假相关的规定

　　公司的休假类型分为公休假、法定假日休假、年休假、探亲假、婚假、丧假、事假、病假、产假、流产假、工伤假。除公休假、法定假日休假外，在其余时间休假的员工必须填写请假单。

　　请假单原则上须在休假前填写，如遇特殊情况，必须在上班前以电话或短信的形式通知部门负责人。部门负责人明确表示同意后，由部门负责人指派人员代办请假手续。无请假单又无出勤的，视为旷工。请假单的格式模板如表 3-5 所示。

表 3-5　请假单模板

请假人		工号		
请假类型	□事假	□婚假	□年休假	□探亲假
	□丧假	□病假	□产假	□流产假
请假时间				
请假理由				
审批意见				
直属领导	部门负责人	分管副总	总经理	

年休假、探亲假、病假、婚假、产假、丧假等按照国家相关的法律法规执行。在国家相关法律法规规定范围内的病假、婚假、产假、丧假等休假天数视同出勤。正常的婚假、病假、产假等假满结束后需要继续休假的，视为事假管理。

员工履行病假、婚假等请假手续前，必须及时提交相关的请假证明。例如，在请婚假前，必须向人力资源部提供结婚证；员工请病假，必须提供正规医院开具的病历和诊断证明。无相关证据者，按事假处理。

对事假天数的审批应遵循公司的权限指引。

 举例

某公司规定：主管级有权审批 7 天以内的事假；经理级有权审批 14 天以内的事假；总监级有权审批 30 天以内的事假；副总经理级有权审批 60 天以内的事假；60 天以上的事假，必须由总经理审批。

需注意，对于为避免审批权限的限制连续多次走请假单程序的事件应严肃处理。或者在制订考勤管理制度时，直接规定当出现一段时期内的连续请假时，必须根据公司的权限指引履行请假手续。

3.2.5　与迟到早退相关的规定

迟到和早退是违反公司劳动纪律的较轻行为，属于员工不履行劳动义务和基本职责的行为，公司应给予员工适当的负激励。

有人认为公司应该对员工实施正激励，不应有负激励。这种观点对于不履行基本职责的行为并不适用。

 案例

某公司员工上班迟到问题严重，因此公司领导出台了一项制度，规定如果员工每天上班不迟到，公司就奖励 1 元钱；到了月底，一天都不迟到的员工，奖励一个小纪念品。这个制度开始的时候非常有效，许多平时经常迟到的员工为了得到奖金和纪念品开始准时上班。

可是，随后公司经营出现问题，缩减开支，把这项奖金和纪念品取消了，结果公司迟到现象一下多了起来。不仅那些原本就经常迟到的员工继续迟到，那些原来习惯准时上班的员工也开始迟到。

出现这种情况，是因为公司这种奖励不迟到的"激励"行为把按时上班的义务和发放奖金联系起来，让本来再普通不过的按时上班义务变得有"价值"。一旦停发奖金，员工就开始想："我凭什么要按时来呢？"就好比如果没有加班费，员工会质疑自己凭什么要在公司加班的道理一样。

想要引导员工完成职责或义务范围内的事情，就不能用奖励的方式，而应该在员工不正常履行职责或义务的时候给予相应的惩罚。

当然，对于迟到和早退，单纯用罚款的方式也不合适。

对待迟到、早退，公司有以下几种对策可以参考。

（1）公司内通报批评并公示。

（2）扣减绩效考核分或者日常行为分。

（3）和年终奖金直接挂钩。

（4）和优秀员工评选直接挂钩。

（5）和员工的福利待遇挂钩。

（6）和员工的晋升或降职挂钩。

3.2.6　与员工旷工相关的规定

如果迟到和早退超出了一定的时间范围，比如迟到超过 2 个小时，可以视为旷工。对于员工请假、调休、出差、补休等未获得直属领导同意而直接不到公司上班的行为，或上班时间无正当理由（没有外出登记或口头向部门负责人或公司管理者说明）擅自离岗的行为，同样可视为旷工。

如果发现有员工旷工，部门负责人必须第一时间通知人力资源部，人力资源部应根据公司的劳动纪律或相关制度在员工旷工达一定天数后，依次发放恢复上班通知函和解除劳动关系通知函。

恢复上班通知函的格式模板如下。

同志：

您自××××年××月××日起一直未正常出勤，现通知您务必于收到本通知后三日内到××公司人力资源部办理恢复工作手续。

若在规定时间内您未恢复工作，公司将根据《规章制度》第×章第×节第×条规定：连续旷工 7 日者，按自动离职处理，公司有权直接解除劳动关系，由此导致的一切不利后果，将由您自行承担。同时，公司保留通过法律途径追究您因未正常履行工作职责给公司造成经济损失的权利。

特此书面通知。

×× 公司

人力资源部

×××× 年 ×× 月 ×× 日

解除劳动关系通知函的格式模板如下。

同志：

因您严重违反《劳动合同》的约定和公司相关规定，现经研究决定，自即日起解除双方劳动合同关系。

请您务必于收到本通知后三日内到 ×× 公司人力资源部办理完毕离职手续，并领取解除劳动关系证明，若在规定时间内未履行上述手续，由此导致的一切不利后果将由您自行承担。

特此书面告知。

×× 公司

人力资源部

×××× 年 ×× 月 ×× 日

3.2.7　与员工外出相关的规定

员工短期外出办事，应填写外出人员登记表，记录外出的日期、外出的事由、外出的具体时间段，由直属领导签字同意后方可执行。外出返回后，需由考勤管理者确认。外出人员登记表如表 3-6 所示。

表 3-6　外出人员登记表

日期	工号	姓名	外出事由	外出时间	预计返回时间	实际返回时间	直属领导签批	考勤管理员核准

员工外出办事须妥善安排时间，事毕即回公司。因公务不能按登记返回时间回公司打卡者，须向直属领导请示，并通知考勤管理员或人力资源部；否则以其登记的应返回时间为准，超出一定的时间分别按早退或旷工处理。

3.2.8　与员工出差相关的规定

员工因工作需要出差的，必须提前填写出差申请单，填写清楚出差事由、出差期限、途经城市、预计费用等，并遵循公司的权限指引逐级审批。例如，总监级以下人员出差，需上级领导审批；总监及总监以上级别人员出差，除需上级领导审批外，还需要总经理审批；到国外出差的人员，全部由总经理审批。出差申请单格式模板如表 3-7 所示。

表 3-7　出差申请单模板

出差人			
出差事由			
出差地点			
行程安排			
起止日期			
预计费用			
交通费	住宿费	伙食费	其他费用
审批意见			
直属领导	部门负责人	分管副总	总经理

出差申请单是核对考勤的要件，也可以作为出差报销结算的必备附件。若出现紧急状况，未能提前履行出差审批手续的，员工出差前可以电话或短信的方式向相关领导请示，请他人代办手续。出差人员无法在预定期限返回的，必须向相关领导申请，请他人代办手续。

出差审批程序的规范性直接关系到员工考勤。所以，对待出差的审批流程一定要严肃认真。没有履行出差必备的相关程序，不能算出差，若某员工未履行出差审批程序私自出差，应按旷工处理。

3.3 考勤管理的工作程序

人力资源部实施考勤管理工作的关键内容包括考勤管理前的准备工作、考勤记录与汇总方法、考勤核算与发薪时间以及对考勤管理者的监督等。

3.3.1 考勤记录与汇总方法

对于没有条件实施打卡考勤的企业，需要有专人对员工上下班的时间进行真实的记录。同时，要保留原始记录的凭证。

对于实施打卡考勤的企业，应保证每位员工拥有唯一的 ID。在员工打卡考勤的过程中，考勤管理者需要注意以下事项。

（1）是否存在员工迟到后故意不打卡的情况。

（2）考勤机是否出现错误，存在员工实际打卡但不记录数据的情况。

（3）对于采用卡片或芯片打卡的考勤机，是否存在代打卡的现象。

（4）对于实行人脸识别打卡的考勤机，是否存在人脸误判的情况。

（5）是否存在员工本人正常打卡但打完卡后实际缺岗的情况。

每月月底，考勤管理者将考勤机中的数据导出，合并、统计、校对核准后打印，找员工签字确认。每月经员工核准后的考勤资料等原始记录凭证是计算工资的重要依据。对员工一段时期内的出勤情况统计样表如表 3-8 所示。

表 3-8　员工出勤情况统计样表

工号	姓名	应出勤天数	加班天数	迟到早退次数	事假天数	婚丧假天数	探亲假天数	病假天数	工伤假天数	产假天数	旷工天数

其中，应出勤天数一般为某段时期的总天数减法定休假日和公休日的天数。对于有特殊经营需求的企业，应出勤天数为在合法合规的前提下，本企业与劳动者约定的某段时期内应当出勤的天数。

加班天数为该段时期除应出勤天数外加班时间换算成天数的总和。

迟到和早退次数为该段时期内，员工单次迟到和早退情况的累计。对迟到和早退有不同处置的企业，可分列。

人力资源部每月应将考勤记录以部门为单位整理归档，并妥善保存。有档案室的企业建议放到档案室统一保存。一般情况下，考勤材料的保存年限应至少达到 3 年。有条件的企业应保存更久的时间，以防范劳动纠纷风险。

3.3.2　考勤核算与发薪时间

考勤核算和发薪时间可以参考表 3-9 的时间安排。

表 3-9　考勤核算和发薪时间参考

时间段	工作内容
每月底最后一天	各部门开始统计汇总出勤情况，核查考勤问题
次月 3 日前	各部门将经核准后员工签字的考勤原始记录报人力资源部
次月 5 日前	人力资源部实施考勤的核查或抽查工作
次月 8 日前	人力资源部完成薪酬核算并报财务部审查
次月 10 日前	财务部完成薪酬审查工作后发放工资
次月 12 日前	人力资源部将所有的考勤和薪酬文件存档

在不同的考勤和发薪时间节点需要注意以下事项。

（1）考勤表一定要员工本人签字确认，不可以不签字，不可以由他人代签。

（2）各部门统计出勤情况时，应做到真实、全面。

（3）发现考勤的异常问题应随时上报，不需要等到月底。

（4）考勤管理者对考勤的核对应放到平时的日常工作中，月底做最终的核准。

（5）人力资源部对考勤的核准是检查和抽查，而不是核对。

3.3.3　对考勤管理者的监督

考勤统计和管理者对每月考勤的整理汇总要满足及时性和有效性。人力资源部要严格把关，按照考勤管理制度对员工考勤进行复核，严格按照上月考勤情况核算工资，确保薪酬核算的严肃性、真实性、准确性。

考勤管理者的主要职责包括以下几项。

（1）认真学习、严格遵守并执行公司的考勤管理制度。

（2）考勤管理者应以身作则，首先自己要遵守规则。

（3）应在上班之前和过程中对所负责员工的出勤情况进行检查。

（4）对考勤内容本着实事求是的原则，如实反映员工的考勤状况。

（5）每月、每季度、每年定期汇总部门的出勤情况，报人力资源部存档。

（6）认真做好日常加班、值班情况的统计和上报工作。

（7）有违反规定的情况及时上报，并落实惩罚规则。

考勤管理者因病或因事的休假除经分管领导审批外，还需要人力资源部负责人审批，考勤管理者休假前要做好考勤管理的移交工作。

分公司的考勤管理者由分公司人力资源部经理、分公司负责人以及总部考勤管理者共同监督。如果发现弄虚作假、谎报瞒报的情况，应立即上报并严肃处理。

有考勤统计和管理者不遵守考勤管理制度、不客观真实反映考勤情况的，属于违反公司劳动纪律的严重违规行为，公司有权解除劳动关系并不支付任何经济补偿，给公司造成的经济损失，公司保留追究相应法律责任的权利。

【疑难问题】考勤管理中的疑难问题

有效的考勤管理，能够严肃公司的劳动纪律、维护正常工作秩序、优化公司的管理体系、提高管理效率。在实施考勤管理的过程中，HR 常常会遇到以下疑难问题。

1. 上班前提前打卡或下班后推迟打卡是否算加班？

员工的加班行为应由员工和公司协商、共同认可后的行为。如果员工的早来或晚走并不是公司要求的，那上班前的提前打卡或下班后的推迟打卡的时间段不算员工加班。一般情况下，员工是否加班的依据，应是相关领导是否审批加班申请单。

2. 如何区分值班与加班

加班是指员工在工作日正常上班时间以外、公休日或法定休假日继续从事本职工作，一般可以以小时或天作为计算单位。值班是指公司根据消防、安全、环保等需要安排的与员工本职工作没有关联的、非生产性的工作（如巡逻、看门、接电话），或者是虽然与员工的本职工作有一定关联性但员工在此期间可以休息的工作。

值班与加班之间最本质的区别，是员工是否继续在原来的岗位上从事本职工作，或是否有具体的生产或经营任务。对于值班费的计算，法律并未做出明确规定，一般根据公司的规章制度执行。

3. 手工考勤和电子考勤的比较

手工考勤与电子考勤相比，虽然短期来看能够节省购买电子考勤机的成本，但长期看，手工考勤耗费人工时间核对与考勤相关事项的成本其实更高。如果公司人数较少，管理要求较低，可以采用手工考勤的方式。员工超过 10 人的公司，建议采用电子化的考勤管理方式。

电子考勤方式，前端日常数据采集的全过程全部交给电子化考勤设备和软件处理，考勤管理者的工作主要是对电子信息系统导出的结果做核查。为保证考勤的准确性和严谨性，至少应设置两个核查环节。

4. 员工如何表达对考勤结果的异议

在每月的考勤结果确认之前，人力资源部应对考勤结果进行公示。有异议的员工可以找人力资源部申诉，提供相关证据，核销考勤核对结果的错误。HR 切不可只按照考勤机的数据"一刀切"，要核查和核实相关事实，确认员工的申诉，而不是死守教条。

5. 员工不在考勤表上签字怎么办

员工对考勤原始记录表中的数据有异议时，可以提出，由人力资源部核实。如果员工既没异议又拒绝签字的，HR 可以向员工发送正式的考勤确认通知书。当员工收到考勤确认通知书后既无异议又拒绝签字的，可视为其同意考勤原始记录表中的数据。

6. 领导不打卡怎么办

这类问题的解决办法是请更高层的领导出面，让高层领导在公开的会议中向人力资源部强调考勤管理制度必须严格执行，不论是谁的考勤出问题，一律一视同仁。只有这么做，人力资源部在执行中的一视同仁才能得到有效的支持。

7. 如何形成良好的考勤管理文化

要形成良好的考勤管理文化，首先，公司的管理者尤其是高层管理者要以身作则，自身要做好表率。没有特权的执行，是最好的执行力和文化体现。其次，公司的考勤管理者要公正严格，要勇于担当，要敢查、敢罚。最后，公司要做到考勤公平、透明。

第 **4** 章

工资、奖金的计算方法

　　工资计算是根据法律法规和劳动合同的约定，在一定时期内对劳动者劳动成果对应的劳动报酬货币金额的计算过程。日常工作中常用到的工资核算方法包括计时工资的计算、计件工资的计算、各类假期工资的计算、加班工资的计算、年终奖金的计算以及个人所得税的计算。

4.1　工资表的规范格式

通用的工资计算公式如下。

月实发工资金额 = 月应发工资金额 − 月应减工资金额。

其中：

月应发工资金额 = 岗位工资 + 绩效工资 + 提成工资 + 全勤奖金 + 加班工资 + 夜班补助 + 岗位津贴 + 保密津贴 + 其他工资加项；

月应减工资金额 = 应缴社会保险个人部分 + 应缴住房公积金个人部分 + 应缴个人所得税 + 其他工资扣项。

工资计算的过程应形成工资表，一份完整的工资表至少应由两部分组成。通过对这两部分信息的计算和统计，能够清晰地看出工资计算的全过程。

1. 应发工资金额

对员工一段时期内应发工资金额的计算如表 4-1 所示。

表 4-1　员工应发工资统计表

工号	姓名	岗位工资	绩效工资	提成工资	全勤奖金	加班工资	夜班补助	岗位津贴	保密津贴	其他加项

对不同职级、不同岗位有不同的通信、住房、用餐等各类补助标准的单位，为使计算过程清晰明了，可将不同的补助标准分别列出。

2. 应减工资金额

对员工一段时期内应减工资金额的计算如表 4-2 所示。

表 4-2　员工应减工资统计表

工号	姓名	代缴费用					迟到早退处置	旷工处置	其他减项
		社会保险			住房公积金	个人所得税			
		养老金	医保金	失业金					

表4-2中的"其他减项"项可以分拆为对各类假期对应工资的处置。

4.2 计时工资的计算方法

计时工资指的是组织按照员工技术的熟练程度、劳动的繁重程度和工作时间的长短3个要素支付工资的形式，其数额由员工岗位工资标准和工作时间决定。因为所有的劳动都可以用劳动时间来计量，所以计时工资的适用范围最广，适用于任何组织、任何岗位。

采用计时工资的优点：工资形式较为简单，易于计算和管理；员工的工资水平相对较为稳定，收入有一定保障性；强调员工本人技能水平的高低，有助于员工不断学习、不断提升自己的业务能力。

采用计时工资的缺点：不能全面反映同岗位、同等级、同类型的员工在同一工作时间内劳动成果的差异，容易造成"平均主义"，可能会在一定程度上影响高绩效员工的积极性。

计时工资制又可以分为月薪制、周薪制、日薪制、时薪制。

当采用月薪制的计时工资时，其计算公式如下。

（1）应发工资＝月标准工资－月标准工资换算的日工资额×缺勤天数＋其他工资加项。

（2）应发工资＝月标准工资换算的日工资额×出勤天数＋其他工资加项。

 举例

某公司对张三采用月薪制发放工资，每月标准工资是6 300元，全勤奖为200元，用餐、住房等所有岗位津贴为500元（月出勤15天以上全额发放）。张三某月的应出勤天数为21天，实际出勤天数为18天，无加班和夜班情况。

（1）张三在该月的应发工资＝6 300－（6 300÷21）×（21-18）+500=5 900（元）。

（2）张三在该月的应发工资＝（6 300÷21）×18+500=5 900（元）。

当采用周薪制的计时工资时，其计算公式如下。

（1）应发工资 = 周标准工资 - 周标准工资换算的日工资额 × 缺勤天数 + 其他工资加项。

（2）应发工资 = 周标准工资换算的日工资额 × 出勤天数 + 其他工资加项。

 举例

某公司对张三采用周薪制发放工资，每周标准工资是 2 000 元，每周的应出勤天数为 5 天，无其他工资加项。某周，张三的实际出勤天数为 4 天。

（1）张三在该周的应发工资 =2 000 -（2 000÷5）×（5-4）=1 600（元）。

（2）张三在该周的应发工资 =（2 000÷5）×4=1 600（元）。

当采用日薪制的计时工资时，其计算公式如下。

应发工资 = 日标准工资 × 出勤天数。

当采用时薪制的计时工资时，其计算公式如下。

应发工资 = 每小时标准工资 × 出勤小时数。

4.3　计件工资的计算方法

计件工资指的是组织根据预先规定的每件产品单价和职工生产的合格品件数来确定支付工资的形式。计件工资通常适用于产品的数量和质量与职工的主观努力直接相关，并能够量化职工的劳动成果对应具体价值数字的岗位。

采用计件工资的优点：工资分配透明度高，物质激励作用更强；能够很好地体现按劳分配的原则；能够促进职工不断提高效率，提升自身的劳动熟练程度和技术水平。

采用计件工资的缺点：适用范围较窄，对许多岗位不适用；不利于职工的相互协作；不利于初学者能力的培养。

4.3.1　个人计件工资的计算方法

当产品的生产工艺较为简单、员工能力水平的提升对产品品质和产量无较大影响、产品的整个生产过程都是由单人完成时，可采用个人计件工资法计算工资。个人计件工资法是一种工资总额与个人劳动成果直接相关的计件工资计算方法，体现的是个人的多劳多得。

利用个人计件工资法计算个人应发工资的公式如下。

应发工资=（个人生产的合格品数量+因原材料导致的不合格品数量）×计件单价+其他工资加项。

注意，生产过程中会产生不合格品，不合格品如果是由原材料造成的，则通常应按照相应的计件单价支付员工工资，如果是员工的生产加工失误造成的，则不支付不合格品的计件工资。

 举例

张三某年 5 月分别参与完成了 A、B、C 3 种产品的生产任务，其中 A 产品的计件单价为 30 元 / 件、B 产品的计件单价为 40 元 / 件、C 产品的计件单价为 50 元 / 件。张三完成 A、B、C 3 种产品的合格品数量分别为 44 个、52 个、18 个，由于原材料导致的不合格品数量分别为 6 个、8 个、2 个，因张三操作不当产生的不合格品数量分别是 3 个、5 个、2 个，无其他工资加项。

张三该月的应发计件工资 =30×（44+6）+40×（52+8）+50×（18+2）=4 900（元）。

4.3.2　团队计件工资的计算方法

当产品的生产工艺较为复杂、产品需要由多人组成的工作组分工协作共同完成时，可采用团队计件工资法计算工资。团队计件工资法是一种与个人劳动成果和团队劳动成果都相关的工资计算方法，体现个人多劳多得的同时，也体现团队的多劳多得。

在团队计件工资法中，个人应发工资的计算公式如下。

应发工资=个人日工资标准×实际出勤天数×工资分配系数+其他工资加项。

其中：

工资分配系数=团队实得计件工资总额÷团队应得标准工资总额；

团队实得计件工资总额=（团队生产的合格产品数量+因原材料导致的不合格品数量）×计件单价；

团队应得标准工资总额 $=\sum$（个人日工资标准 $\times$ 实际出勤天数）。

 举例

某种产品的生产工艺过程需要 5 人团队协作。某班组生产该产品，有张三、李四、王五、赵六、徐七 5 名工人。某月，该班组共生产了 5 000 件合格的该产品，产品的计件单价为 5 元，该班组成员的日工资标准和实际出勤天数如表 4-3 所示。

表 4-3 某班组成员日工资标准及某月实际出勤天数

姓名	日工资标准 / 元	实际出勤天数 / 天
张三	200	18
李四	180	19
王五	170	21
赵六	160	20
徐七	150	19

每名工人的月应发工资总额如下。

团队实得计件工资总额 =5 000×5=25 000（元）。

团队应得标准工资总额 =200×18+180×19+170×21+160×20+150×19=16 640（元）。

工资分配系数 =25 000÷16 640=1.502 4。

张三的应发工资 =200×18×1.502 4=5 408.6（元）。

李四的应发工资 =180×19×1.502 4=5 138.2（元）。

王五的应发工资 =170×21×1.502 4=5 363.6（元）。

赵六的应发工资 =160×20×1.502 4=4 807.7（元）。

徐七的应发工资 =150×19×1.502 4=4 281.8（元）。

4.3.3 集体计件工资的计算方法

在团队计件工资计算过程中，因员工的知识储量、技能水平、熟练程度、经验层次等不同，造成员工的分工、劳动效率、对产品的贡献程度各不相同，其日工资的标准理应各有不同。

然而，对于部分产业或产品，同样需要多名员工协作完成，如果员工达到一定能力水平后，能力的提升与产品产量的增加的相关程度不高，如某些产品的生产活动只是简单的重复性劳动，或者团队中员工的能力水平相差不大，就可以采用集体计件工资法计算工资。

在集体计件工资法中，默认每名员工的日工资标准是相同的。个人应发工资的计算公式如下。

应发工资 = 个人实际出勤天数 × 工资分配系数 + 其他工资加项。

其中：

工资分配系数 = 集体实得计件工资总额 ÷ 集体实际出勤天数；

集体实得计件工资总额 =（集体生产的合格产品数量 + 因原材料导致的不合格品数量）× 计件单价；

集体实际出勤天数 = ∑（个人实际出勤天数）。

 举例

某种产品生产班组有张三、李四、王五、赵六、徐七 5 名工人，采用集体计件工资法计算工资。某月，该班组生产了 8 000 件合格的该产品，产品的计件单价为 4 元，该班组成员的实际出勤天数如表 4-4 所示。

表 4-4　某班组成员某月实际出勤天数

姓名	实际出勤天数 / 天
张三	20
李四	18
王五	17
赵六	19
徐七	21

每名工人的月应发工资总额如下。

集体实际出勤天数 =20+18+17+19+21=95（天）。

集体实得计件工资总额 =8 000×4=32 000（元）。

工资分配系数 =32 000÷95=336.842 1。

张三的应发工资 =20×336.842 1=6 736.8（元）。

李四的应发工资 =18×336.842 1=6 063.2（元）。

王五的应发工资 =17×336.842 1=5 726.3（元）。

赵六的应发工资 =19×336.842 1=6 400.0（元）。

徐七的应发工资 =21×336.842 1=7 073.7（元）。

4.3.4 混合计件工资的计算方法

对于某些需要多人协作完成的产业或产品，当产量在某个额度范围内时，产量与员工的能力和付出都相关，超过这个范围之后，产量的增加与员工能力的相关性较小，与员工间的平等合作和付出的劳动时间的相关性较大。当计算这种产业或产品的员工工资时，可以采用混合计件工资法。

混合计件工资法是对团队计件工资法和集体计件工资法的合并与延伸。在混合计件工资法中，个人应发工资的计算公式如下。

个人应发工资 = 定额部分应发工资 + 超额部分应发工资 + 其他工资加项。

其中：

定额部分应发工资 = 个人日工资标准 × 个人实际出勤天数；

超额部分应发工资 = 个人实际出勤天数 × 超额部分工资分配系数；

超额部分工资分配系数 =（集体实得计件工资总额 − 集体应得标准工资总额）÷集体实际出勤天数。

 举例

某种产品生产班组有张三、李四、王五、赵六、徐七 5 名工人，采用混合计件工资法计算工资。该班组每月定额生产 4 000 件产品。某月，该班组生产了 5 000 件合格的该产品，产品的计件单价为 5 元，该班组成员的日工资标准和实际出勤天数如表 4-5 所示。

表 4-5　某班组成员日工资标准及某月实际出勤天数

姓名	日工资标准 / 元	实际出勤天数 / 天
张三	200	18
李四	180	19
王五	170	21
赵六	160	20
徐七	150	19

每名工人的月应发工资总额如下。

超额部分工资分配系数 =（5 000×5-200×18-180×19-170×21-160×20-150×19）÷（18+19+21+20+19）=86.185 6。

张三的应发工资 =200×18+86.185 6×18=5 151.3（元）。

李四的应发工资 =180×19+86.185 6×19=5 057.5（元）。

王五的应发工资 =170×21+86.185 6×21=5 379.9（元）。

赵六的应发工资 =160×20+86.185 6×20=4 923.7（元）。

徐七的应发工资 =150×19+86.185 6×19=4 487.5（元）。

4.4　假期工资的计算方法

假期是员工不需要从事正常劳动的时间。假期按照是否是员工本人主观意愿可以分为主动请假和被动休假；按照是否带薪可以分为带薪休假和不带薪休假；按照请假类型的不同可以分为事假、婚丧假、探亲假、病假、工伤假、产假等。不同假期的工资算法各有不同，具体内容如下。

4.4.1　事假工资的计算方法

事假不属于法定的带薪休假。事假的周期一般是以小时或天为计算单位。关于事假期间员工的待遇，法律和法规没有明确规定，通常是企业和员工签订劳动合同时在合同中约定，或者在企业的规章制度中做出明确规定。

对于实行标准工时制的企业来说，当月事假应减工资的计算公式如下。

当月事假应减工资 =（月标准工资 ÷ 当月应出勤天数）× 事假天数。

 举例

张三是某公司的行政文员，该公司对行政文员岗位采取标准工时制。公司规章制度规定，员工休事假时公司不需支付员工工资。张三的月标准工资为5 000元，无其他的补助或工资。某月，该公司行政文员的应出勤天数为20天，张三请事假 3 天。

张三该月的应发工资 = 月应发工资 - 当月事假应减工资 =5 000 -（5 000÷20）× 3= 4 250（元）。

员工请事假需注意以下事项。

（1）如果员工请事假时间较长，企业发放的工资可以低于最低工资标准。最低工资标准是指员工提供了正常劳动、企业支付的工资不得低于的工资标准。但是员工在事假期间没有提供劳动，所以工资可以低于最低工资标准。

（2）对于员工任何类型的事假，企业并不是都要批。员工的事假企业批不批准、批准多少天，关键看企业内部合法合规的规章制度或与员工签订的劳动合同是否有关于事假的相关规定。若企业已明确规定事假的最长期限和频率，员工应当遵守。

（3）员工请事假必须按照企业的规定。企业的规章制度应当对员工如何请事假有清晰明确的规定。员工请事假必须按照企业规定的流程，不按照企业规定流程请假的，可视该事假无效，可以按照旷工处置。

4.4.2　病假工资的计算方法

《企业职工患病或非因工负伤医疗期规定》（劳部发〔1994〕479 号）有如下规定。

第三条　企业职工因患病或非因工负伤，需要停止工作医疗时，根据本人实际参加工作年限和在本单位工作年限，给予三个月到二十四个月的医疗期：

（一）实际工作年限十年以下的，在本单位工作年限五年以下的为三个月；五年以上的为六个月。

（二）实际工作年限十年以上的，在本单位工作年限五年以下的为六个月；五年以上十年以下的为九个月；十年以上十五年以下的为十二个月；十五年以上二十年以下的为十八个月；二十年以上的为二十四个月。

《劳动部关于贯彻执行〈中华人民共和国劳动法〉若干问题的意见》（劳部发〔1995〕309 号）第 59 条的规定如下。

职工患病或非因工负伤治疗期间，在规定的医疗期间内由企业按有关规定支付其病假工资或疾病救济费，病假工资或疾病救济费可以低于当地最低工资标准支付，但不能低于最低工资标准的 80%。

关于病假工资的具体计算方法，不同省市有单独规定的，按照省市具体规定执行。

 举例

张三在上海的一家公司的财务岗位工作，月标准工资为8 000元，除此之外再无奖金、津贴、补贴等其他收入。该公司对员工病假期间的工资无明确规定，执行上海市当地的规定。某月，张三因身体不适请了10天的病假。该月的应出勤天数为20天。

根据《上海市企业工资支付办法》（沪人社综发〔2016〕29号）的规定，用人单位与劳动者无约定的，假期工资的计算基数统一按劳动者本人所在岗位（职位）正常出勤月工资的70%确定。

张三该月的应发工资=（8 000÷20）×10+（8 000÷20）×70%×10=6 800（元）。

4.4.3 产假工资的计算方法

《女职工劳动保护特别规定》（国务院令第619号）第五条、第七条和第八条的规定如下。

第五条 用人单位不得因女职工怀孕、生育、哺乳降低其工资、予以辞退、与其解除劳动或者聘用合同。

第七条 女职工生育享受98天产假，其中产前可以休假15天；难产的，增加产假15天；生育多胞胎的，每多生育1个婴儿，增加产假15天。

女职工怀孕未满4个月流产的，享受15天产假；怀孕满4个月流产的，享受42天产假。

第八条 女职工产假期间的生育津贴，对已经参加生育保险的，按照用人单位上年度职工月平均工资的标准由生育保险基金支付；对未参加生育保险的，按照女职工产假前工资的标准由用人单位支付。

女职工生育或者流产的医疗费用，按照生育保险规定的项目和标准，对已经参加生育保险的，由生育保险基金支付；对未参加生育保险的，由用人单位支付。

所以，产假是带薪休假。在不违反《女职工劳动保护特别规定》的前提下，各企业可以根据所在地区的规定和本企业的制度给女职工发放相应的产假工资。

举例

　　李红是某公司信息部的正式员工，正常缴纳生育保险已 5 年多，月标准工资为 10 000 元，除此之外再无奖金、津贴、补贴等其他收入。某月该公司应出勤天数为 20 天，前 5 天李红正常出勤，后 15 天开始休产假。

　　李红该月企业部分的应付工资 =10 000÷20×5=2 500（元）。

　　李红 15 天产假期间的工资按照该公司上年度职工月平均工资的标准由生育保险基金支付。

4.4.4　工伤假工资的计算方法

　　《工伤保险条例（2010 年修订）》（国务院令第 586 号）的相关规定如下。

　　第三十二条　工伤职工因日常生活或者就业需要，经劳动能力鉴定委员会确认，可以安装假肢、矫形器、假眼、假牙和配置轮椅等辅助器具，所需费用按照国家规定的标准从工伤保险基金支付。

　　第三十三条　职工因工作遭受事故伤害或者患职业病需要暂停工作接受工伤医疗的，在停工留薪期内，原工资福利待遇不变，由所在单位按月支付。

　　停工留薪期一般不超过 12 个月。伤情严重或者情况特殊，经设区的市级劳动能力鉴定委员会确认，可以适当延长，但延长不得超过 12 个月。工伤职工评定伤残等级后，停发原待遇，按照本章的有关规定享受伤残待遇。工伤职工在停工留薪期满后仍需治疗的，继续享受工伤医疗待遇。

　　生活不能自理的工伤职工在停工留薪期需要护理的，由所在单位负责。

　　第三十四条　工伤职工已经评定伤残等级并经劳动能力鉴定委员会确认需要生活护理的，从工伤保险基金按月支付生活护理费。

　　生活护理费按照生活完全不能自理、生活大部分不能自理或者生活部分不能自理 3 个不同等级支付，其标准分别为统筹地区上年度职工月平均工资的 50%、40% 或者 30%。

　　《工伤保险条例（2010 年修订）》（国务院令第 586 号）中，不同伤残等级对应的待遇如表 4-6 所示。

表4-6　不同伤残等级对应的待遇

伤残等级	操作方式	工伤保险基金支付一次性伤残补助金标准	伤残津贴标准	备注
一级	保留劳动关系，退出工作岗位	27个月的本人工资	从工伤保险基金按月支付伤残津贴，标准为本人工资的90%	伤残津贴实际金额低于当地最低工资标准的，由工伤保险基金补足差额
二级	保留劳动关系，退出工作岗位	25个月的本人工资	从工伤保险基金按月支付伤残津贴，标准为本人工资的85%	工伤职工达到退休年龄并办理退休手续后，停发伤残津贴，按国家规定享受基本养老保险待遇，基本养老保险待遇低于伤残津贴的由工伤保险基金补足差额
三级	保留劳动关系，退出工作岗位	23个月的本人工资	从工伤保险基金按月支付伤残津贴，标准为本人工资的80%	
四级	保留劳动关系，退出工作岗位	21个月的本人工资	从工伤保险基金按月支付伤残津贴，标准为本人工资的75%	用人单位和职工个人以伤残津贴为基数，缴纳基本医疗保险费
五级	保留与用人单位的劳动关系，由用人单位安排适当工作	18个月的本人工资	难以安排工作的，由用人单位按月发给伤残津贴，标准为本人工资的70%	用人单位按规定为其缴纳应缴纳的各项社会保险费。伤残津贴实际金额低于当地最低工资标准的，由用人单位补足差额。
六级	保留与用人单位的劳动关系，由用人单位安排适当工作	16个月的本人工资	难以安排工作的，由用人单位按月发给伤残津贴，标准为本人工资的60%	经工伤职工本人提出，该职工可以与用人单位解除或终止劳动关系，由工伤保险基金支付一次性工伤医疗补助金，由用人单位支付一次性伤残就业补助金。一次性工伤医疗补助金和一次性伤残就业补助金的具体标准由省、自治区、直辖市人民政府规定
七级	无明确规定	13个月的本人工资	劳动、聘用合同期满终止，或者职工本人提出解除劳动、聘用合同的，由工伤保险基金支付一次性工伤医疗补助金，由用人单位支付一次性伤残就业补助金 一次性工伤医疗补助金和一次性伤残就业补助金的具体标准由省、自治区、直辖市人民政府规定
八级	无明确规定	11个月的本人工资	
九级	无明确规定	9个月的本人工资	
十级	无明确规定	7个月的本人工资	

《工伤保险条例（2010 年修订）》（国务院令第 586 号）的相关规定如下。

第三十八条　工伤职工工伤复发，确认需要治疗的，享受本条例第三十条、第三十二条和第三十三条规定的工伤待遇。

第三十九条　职工因工死亡，其近亲属按照下列规定从工伤保险基金领取丧葬补助金、供养亲属抚恤金和一次性工亡补助金：

（一）丧葬补助金为 6 个月的统筹地区上年度职工月平均工资；

（二）供养亲属抚恤金按照职工本人工资的一定比例发给由因工死亡职工生前提供主要生活来源、无劳动能力的亲属。标准为：配偶每月 40%，其他亲属每人每月 30%，孤寡老人或者孤儿每人每月在上述标准的基础上增加 10%。核定的各供养亲属的抚恤金之和不应高于因工死亡职工生前的工资。供养亲属的具体范围由国务院社会保险行政部门规定；

（三）一次性工亡补助金标准为上一年度全国城镇居民人均可支配收入的 20 倍。

伤残职工在停工留薪期内因工伤导致死亡的，其近亲属享受本条第一款规定的待遇。

一级至四级伤残职工在停工留薪期满后死亡的，其近亲属可以享受本条第一款第（一）项、第（二）项规定的待遇。

 举例

张三已在某公司工作并正常缴纳工伤保险有 7 年多的时间，月工资标准为 8 000 元，除此之外再无奖金、津贴、补贴等其他收入。某月 5 号，张三在工作过程中发生工伤，住院接受治疗。20 天后，张三出院，休了 5 个月工伤假。张三回到公司工作 1 年后，觉得不适应，提出离职。

张三发生工伤当月的工资 =8 000（元）。

张三发生工伤休假期间的每月工资 =8 000（元）。

张三离职后，由工伤保险基金支付一次性工伤医疗补助金，由该公司支付一次性伤残就业补助金。

4.4.5　婚丧假、探亲假工资的计算方法

《中华人民共和国劳动法》（2018 年 12 月 29 日第二次修正）第五十一条规

定如下。

劳动者在法定休假日和婚丧假期间以及依法参加社会活动期间，用人单位应当依法支付工资。

所以，在职工正常休婚丧假期间，单位应将其视同出勤，正常计算工资。对于超出法定婚丧假时间标准的假期，单位一般应按照事假计算工资。

《国务院关于职工探亲待遇的规定》（国务院国发〔1981〕36号）第五条规定如下。

职工在规定的探亲假期和路程假期内，按照本人的标准工资发给工资。

所以，职工正常休探亲假和路程假期间，单位应将其视同出勤，正常计算工资。对于超出法定探亲假时间标准的假期，单位一般应按照事假计算工资。

 举例

张三的月工资标准为8 000元，除此之外再无奖金、津贴、补贴等其他收入。某月张三请了3天婚假、2天探亲假，其他时间正常出勤。该月的应出勤天数为20天。因其在婚假和探亲假期间视为正常出勤，该月张三的应发工资仍为月工资标准8 000元。

4.5　加班工资的计算方法

加班工资算法需参照《中华人民共和国劳动法》（2018年12月29日第二次修正）第四十四条的内容。

有下列情形之一的，用人单位应当按照下列标准支付高于劳动者正常工作时间工资的工资报酬：

（一）安排劳动者延长工作时间的，支付不低于工资的百分之一百五十的工资报酬；

（二）休息日安排劳动者工作又不能安排补休的，支付不低于工资的百分之二百的工资报酬；

（三）法定休假日安排劳动者工作的，支付不低于工资的百分之三百的工资报酬。

4.5.1　标准工时制加班工资的计算方法

实行标准工时制的组织计算加班工资的公式如下。

工作日加班工资＝月工资基数÷21.75 天÷8×150%×加班小时数。

双休日加班工资＝月工资基数÷21.75 天÷8×200%×加班小时数。

法定休假日加班工资＝月工资基数÷21.75 天÷8×300%×加班小时数。

 举例

张三所在的企业实行标准工时制，月标准工资为 4 350 元，除此之外再无奖金、津贴、补贴等其他收入。张三在某年 5 月的工作日晚上加班 2 次，共计加班 5 小时，某个双休日加班半天（4 小时），5 月 1 日法定休假日加班 1 天。

张三该月的加班工资＝（4 350÷21.75÷8×150%×5）＋（4 350÷21.75÷8×200%×4）＋（4 350÷21.75÷8×300%×8）=987.5（元）。

张三该月的应付工资总额 =4 350+987.5=5 337.5（元）。

4.5.2　计件工资制加班工资的计算方法

实行计件工资制时劳动者在完成计件定额任务后，由企业安排延长工作时间的，同样应享受加班工资。如根据《上海市企业工资支付办法》（沪人社综发〔2016〕29 号）的规定，企业依法安排实行计件工资制的劳动者完成计件定额任务后，在法定标准工作时间以外工作的，应当根据工作日 150%、休息日 200%、法定休假日 300% 的原则相应调整计件单价。

实行计件工资制的企业计算加班计件单价的公式如下。

工作日加班计件单价＝标准单价 ×150%。

休息日加班计件单价＝标准单价 ×200%。

法定休假日加班计件单价＝标准单价 ×300%。

也就是说，如果在法定工作时间内完成一个合格品的计件单价为 10 元，那么，在工作日的加班时间完成一个合格品的计件单价应为 15 元，在休息日的加班时间完成一个合格品的计件单价应为 20 元，在法定休假日加班完成一个合格品的计件单价应为 30 元。

举例

张三所在的企业生产某产品，实行个人计件工资制。该产品的计件单价为50元，在标准工作时间内，每月定额生产100件合格产品。由于某订单的交期提前，生产任务增加，需要每名员工每月至少生产120件合格品该企业才能完成订单。

该年10月，为了完成企业下达的生产任务，张三当月除了完成定额的100件合格品外，经车间主任安排，利用工作日加班多生产了10件合格品，利用双休日加班多生产了5件合格品，利用法定休假日加班多生产了5件合格品。

张三10月的加班计件工资 =10×50×150%+5×50×200%+5×50×300%= 2 000（元）。

张三10月的应发工资总额 =100×50+2 000=7 000（元）。

4.5.3　综合工时制加班工资的计算方法

按照原劳动部《关于企业实行不定时工作制和综合计算工时工作制的审批办法》（劳部发〔1994〕503号）和《劳动部关于职工工作时间有关问题的复函》（劳部发〔1997〕271号）规定，经批准实行综合工时制的企业，在综合计算周期内的总实际工作时间不应超过总法定标准工作时间，超过部分应视为延长工作时间并按《中华人民共和国劳动法》第四十四条第一款的规定支付工资报酬，其中法定休假日安排劳动者工作的，按《中华人民共和国劳动法》第四十四条第三款的规定支付工资报酬。而且，延长工作时间的小时数平均每月不得超过36小时。

实行综合工时制的企业计算加班工资的公式如下。

加班工资=月工资基数÷21.75天÷8×150%×超过标准工作时间的小时数+月工资基数÷21.75天÷8×300%×法定休假日的加班小时数。

 举例

某企业某类岗位实行综合工时制，张三是该岗位的一员，该岗位月标准工资为4 350元，除此之外无奖金、津贴、补贴等其他收入。某年5月，张三除了正常出勤外，在工作日加班合计20小时，双休日加班合计8小时，法定休假日加班合计4小时。

张三 5 月的加班工资 =4 350÷21.75÷8×150%×（20+8）+4 350÷21.75÷8×300%×4=1 350（元）。

张三 5 月的应付工资总额 =4 350+1 350=5 700（元）。

4.5.4　不定时工时制加班工资的计算方法

一般情况下，对于经过中华人民共和国人力资源和社会保障部批准，实行不定时工作制的企业，可以在明确工作量的前提下自主安排工作、休息时间的"不定时工作制"岗位，不需要支付加班费。但需注意，如果企业在法定休假日安排职工工作的，仍然应当按照不低于职工本人工资标准的 300% 支付加班费。

实行不定时工时制的企业计算加班工资的公式如下。

加班工资 = 月工资基数 ÷21.75 天 ÷8×300%× 法定休假日的加班小时数。

 举例

某企业某特殊岗位实行不定时工时制，张三是该岗位的一员。张三的上班时间为每天的 18:00 ～ 22:00，周六日和法定休假日照常上班。张三的月标准工资为 4 350 元，除此之外无奖金、津贴、补贴等其他收入。

某年 10 月包含 3 天法定休假日（国庆节），这 3 天张三按照该岗位每天的工作时间正常出勤。

张三 10 月的加班工资 =4 350÷21.75÷8×300%×4×3=900（元）。

张三 10 月的应付工资总额 =4 350+900=5 250（元）。

4.6　年终奖金的计算方法

许多企业年底会给员工发放年终奖金。员工的年终奖金应该怎么测算？季度奖金或者半年度奖金应该怎么测算？不同的企业和环境，年终奖金的计算方法不同，但方法逻辑基本相同，本书介绍其中的一种方法。这种方法可以分成以下 5 步。

（1）确定奖金发放基数原则。

（2）确定奖金池的金额标准。

（3）测算部门奖金分配系数。

（4）测算部门奖金分配总额。

（5）落实岗位和个人奖金额。

每一步的具体操作方式见以下各节内容。

4.6.1　奖金发放基数

根据公司整体经济效益确定可以发放的奖金数量，奖金发放基数的计算方法可以有3种。

（1）以公司的净利润作为基数，提取一定比例作为奖金基数。

 举例 ————————————————————

某公司年终净利润额为2 000万元，按照董事会决议设定好的规则，提取10%的比例用来给员工发放奖金。

奖金基数 =2 000×10%=200（万元）。

（2）采用累进利润法来确定提取比例。

累进利润法即规定若干个利润段，在不同的利润段采用不同的提取比例，利润越高，提取的比例也相应越高。

 举例 ————————————————————

某公司规定利润额的达标值是200万元。当利润在200万元以内时，提取比例为0，也就是无奖金；当利润为200万～500万元时，提取比例为5%；当利润为500万～1 000万元时，提取比例为10%；当利润为1 000万～2 000万元时，提取比例为15%；当利润达到2 000万元以上时，提取比例为20%。累进利润法的奖金基数提取比例如表4-7所示。

表 4-7 累进利润法奖金基数提取比例

利润额 / 万元	奖金基数提取比例
200（不含）以下	0
200 ～ 500（不含）	5%
500 ～ 1 000（不含）	10%
1 000 ～ 2 000（不含）	15%
2 000（含）以上	20%

（3）采用利润率分段法来确定提取比例。

利润率分段法即规定若干利润率分段，利润率越高，表明公司盈利能力越强，相应地，利润率分段越高则提取的奖金比例也越高。

 举例

某公司规定利润率的达标值为 2%。当公司利润率在 2% 以下时，提取比例为 0，也就是无奖金；当公司的利润率为 2% ～ 4% 时，则提取比例为 5%；当公司的利润率为 4% ～ 8% 时，提取比例为 10%；当利润率超过 8% 时，提取比例为 15%。利润率分段法的奖金基数提取比例如表 4-8 所示。

表 4-8 利润率分段法奖金基数提取比例

利润率	奖金基数提取比例
小于 2%（不含）	0
2% ～ 4%（不含）	5%
4% ～ 8%（不含）	10%
大于 8%（含）	15%

4.6.2 奖金池的金额标准

考虑到公司经营业绩的风险，为了保证员工收入的长期稳定性，比较稳妥的做法是根据第一步计算的奖金基数设定一个奖金池，把一定数量的奖金保留在奖金池中，以降低因公司业绩波动而产生的奖金骤降的风险。奖金池方法的运用逻辑如表 4-9 所示。

表 4-9　奖金池方法的运用逻辑

关系	项目	第 1 年	第 2 年	第 3 年	第 4 年
	当期奖金基数额度 / 万元	100	120	15	50
+	期初奖金池余额 / 万元	0	50	85	50
=	可付的奖金池余额 / 万元	100	170	100	100
×	支付奖金的比例 / %	50%	50%	50%	50%
=	支付奖金额度 / 万元	50	85	50	50
	期末奖金池余额 / 万元	50	85	50	50

从表4-9可以看出，采取这种方法后，公司即使在第3年和第4年因业绩问题，奖金基数明显减少，依然可以平滑待发放的奖金总额。员工不会感受到奖金的大起大落，这可稳定员工队伍的心理预期。而如果业绩持续提高，奖金基数持续增长，发放的奖金数量依然可以持续健康增长。

4.6.3　部门奖金分配系数

奖金分配系数的确定过程可以分成以下3步。

（1）确定各部门的战略贡献系数。

战略贡献系数是指各部门对公司战略贡献的差异，需要公司对各部门的战略贡献能力进行评价。考虑到部门之间的协作与团结，稳妥的方法是不要让各部门之间的战略贡献系数差别太大。

 举例

公司可通过对各部门的战略贡献能力进行评价，把各部门的战略贡献系数界定在 0.8 ～ 1.2，战略贡献系数变动单位为 0.1。战略贡献系数的举例如表 4-10 所示。

表 4-10　战略贡献系数举例

战略贡献程度	战略贡献系数
非常相关（A）	1.2
比较相关（B）	1.1
一般相关（C）	1
比较不相关（D）	0.9
基本不相关（E）	0.8

各部门的战略贡献系数可以根据公司所处的商业周期、公司战略、公司经营重点、公司文化、公司所处的行业、公司的营销模式、公司的核心人力资本构成等因素综合考虑，由最高领导层讨论并最终确认。

（2）设定各部门的绩效等级。

根据各部门的年终绩效考核结果，将各部门的绩效等级对应不同的绩效系数。

 举例

把各部门的部门绩效系数界定为 0.5 ～ 1.5，部门绩效系数的变动单位为 0.1。部门绩效系数的举例，如表 4-11 所示。

表 4-11　部门绩效系数举例

部门绩效等级	部门绩效系数
超出期望（A）	1.4 或 1.5
完成期望（B）	1.1 ～ 1.3
基本完成（C）	1
需努力（D）	0.7 ～ 0.9
需改进（E）	0.5 或 0.6

（3）确定战略贡献系数和部门绩效系数之间的权重。

这个权重可以由公司最高领导层商讨决定。常见的权重分配有 3 种：战略贡献系数权重为 40%，部门绩效系数权重为 60%；战略贡献系数权重为 50%，部门绩效系数权重为 50%；战略贡献系数权重为 60%，部门绩效系数权重为 40%。

4.6.4　部门奖金分配总额

根据确定好的部门奖金分配系数，能够计算出部门奖金分配总额。

 举例

采购部对公司战略贡献度系数为 1.1，部门的绩效系数为 1，战略贡献系数的权重为 50%，部门绩效系数的权重为 50%，可以计算出采购部的奖金分配系数为：1.1（战略贡献系数）×50%（战略贡献系数权重）+1（部门绩效系数）×50%（部门绩效系数权重）= 0.55+ 0.5=1.05。

将部门所有员工的月基本工资之和乘以部门的奖金分配系数，就可以得到部门的奖金标准基数。

部门实发奖金额的计算公式如下。

部门实发奖金额 = 公司奖金池的额度 × 部门奖金标准基数占比。

其中：

部门奖金标准基数占比 =[（该部门所有员工基本工资之和 × 该部门奖金分配系数）÷ Σ（部门所有员工基本工资之和 × 部门奖金分配系数）]×100%。

 举例

某公司分 A、B、C、D、E 5 个部门，某年底可付奖金池的总额为 500 万元。该公司每个部门的人数、部门奖金分配系数和所有员工基本工资之和如表 4-12 所示。

表 4-12　某公司部门人数、部门奖金分配系数和所有员工基本工资之和情况

部门	部门人数	部门奖金分配系数	部门所有员工基本工资之和 / 元
A	10	2.0	100 000
B	20	1.8	180 000
C	30	1.5	240 000
D	50	1.2	350 000
E	100	1.0	600 000

A 部门的奖金标准基数占比 =[（100 000 × 2.0）÷（100 000 × 2.0+180 000 × 1.8+240 000 × 1.5+350 000 × 1.2+600 000 × 1.0）]×100%=10.504 2%。

B 部门的奖金标准基数占比 =[（180 000 × 1.8）÷（100 000 × 2.0+180 000 × 1.8+240 000 × 1.5+350 000 × 1.2+600 000 × 1.0）]×100%=17.016 8%。

C 部门的奖金标准基数占比 =[（240 000 × 1.5）÷（100 000 × 2.0+180 000 × 1.8+240 000 × 1.5+350 000 × 1.2+600 000 × 1.0）]×100%=18.907 6%。

D 部门的奖金标准基数占比 =[（350 000 × 1.2）÷（100 000 × 2.0+180 000 × 1.8+240 000 × 1.5+350 000 × 1.2+600 000 × 1.0）]×100%=22.058 8%。

E 部门的奖金标准基数占比 =[（600 000 × 1.0）÷（100 000 × 2.0+180 000 × 1.8+240 000 × 1.5+350 000 × 1.2+600 000 × 1.0）]×100%=31.512 6%。

A 部门的奖金总额 =5 000 000×10.504 2%=525 210（元）。

B 部门的奖金总额 =5 000 000×17.016 8%=850 840（元）。

C 部门的奖金总额 =5 000 000×18.907 6%=945 380（元）。

D 部门的奖金总额 =5 000 000×22.058 8%=1 102 940（元）。

E 部门的奖金总额 =5 000 000×31.512 6%=1 575 630（元）。

4.6.5　岗位和个人奖金的分配

公司基于绩效管理体系，得出员工个人的绩效考核结果。一般来说，可以按照 20%、70%、10% 的比例来界定员工的绩效等级比例。根据情况，将员工个人的绩效考核结果与员工个人绩效系数之间形成对应关系。

各岗位考核结果等级与绩效系数及绩效等级比例的关系示例，如表 4-13 所示。

表 4-13　岗位考核结果等级与绩效系数及绩效等级的关系示例

岗位考核等级	岗位绩效系数	绩效等级比例
超出期望（A）	1.4 或 1.5	20%
完成期望（B）	1.1 ~ 1.3	
基本完成（C）	1	70%
需努力（D）	0.7 ~ 0.9	10%
需改进（E）	0.5 或 0.6	

将员工岗位绩效系数与员工月基本工资和部门奖金额关联，就可以得出员工的个人奖金。

员工个人奖金的计算公式如下。

员工个人奖金 = 部门奖金总额 × 员工个人奖金标准基数占比。

其中：

员工个人奖金标准基数占比 =[（该员工基本工资 × 该员工岗位绩效系数）÷ Σ（员工基本工资 × 岗位绩效系数）]×100%。

 举例

某部门有张三、李四、王五、赵六 4 名员工，该部门奖金总额为 50 万元，4 名员工的岗位绩效系数和基本工资额如表 4-14 所示。

表 4-14　某部门员工岗位绩效系数和员工基本工资

员工	岗位绩效系数	员工基本工资 / 元
张三	1.5	10 000
李四	1.2	9 000
王五	1.2	8 000
赵六	1.0	8 000

张三的奖金标准基数占比 =[（10 000×1.5）÷（10 000×1.5+9 000×1.2+8 000×1.2+8 000×1.0）]×100%=34.562 2%。

李四的奖金标准基数占比 =[（9 000×1.2）÷（10 000×1.5+9 000×1.2+8 000×1.2+8 000×1.0）]×100%=24.884 8%。

王五的奖金标准基数占比 =[（8 000×1.2）÷（10 000×1.5+9 000×1.2+8 000×1.2+8 000×1.0）]×100%=22.119 8%。

赵六的奖金标准基数占比 =[（8 000×1.0）÷（1 0000×1.5+9 000×1.2+8 000×1.2+8 000×1.0）]×100%=18.433 2%。

张三的个人奖金 =500 000×34.562 2%=172 811（元）。

李四的个人奖金 =500 000×24.884 8%=124 424（元）。

王五的个人奖金 =500 000×22.119 8%=110 599（元）。

赵六的个人奖金 =500 000×18.433 2%=92 166（元）。

4.6.6　出勤影响奖金

除了上述测算员工奖金的方法外，员工的出勤情况对实际能够拿到的奖金有较大的影响。具体的影响因素和情况可由公司在合法合规的前提下，在薪酬制度中具体规定，可选的方式一般为以下两种。

1. 根据实际出勤占比计算

这种方式首先需要公司确定该年的应出勤天数。如果员工实际出勤天数大于或等于应出勤天数，则向员工发放全额的奖金；如果员工实际出勤天数小于应出勤天数，则按照如下公式计算员工的奖金。

员工应发奖金 = 员工应分配的奖金 ×[（员工实际出勤天数 ÷ 员工应出勤天数）×100%]。

举例

某公司规定员工每年的最低出勤天数为 220 天。员工实际出勤超过该天数发放全额奖金；不足该天数的，按比例折算。张三该年度实际出勤天数为 100 天，根据绩效计算出员工年终应分配的奖金为 10 万元。

张三该年应发奖金 =100 000×[（100÷220）×100%]=45 454.5（元）。

2. 根据缺勤情况计算

这种方式是规定员工缺勤情况与奖金折扣的比例关系，从而计算员工应发奖金。

 举例

某公司规定员工缺勤（不包含旷工）在 80 小时以内全额发放奖金，缺勤 80 小时以上，按照表 4-15 的比例折扣奖金。

表 4-15　某公司缺勤情况与奖金折扣比例关系

缺勤时间 / 小时	80 ～ 160	161 ～ 400	401 ～ 800	≥ 801
折扣比例	20%	50%	80%	100%

张三某年度缺勤 15 天（120 小时），根据绩效计算出员工年终应分配的奖金为 10 万元。

张三该年应发奖金 =100 000×（1-20%）=80 000（元）。

出勤对奖金影响的规定有以下注意事项。

（1）不论是根据实际出勤占比还是根据缺勤情况，都需要明确规定产假、工伤假、婚丧假、年休假、探亲假等各类假期，分别算作出勤还是算作缺勤。

（2）为强化员工考勤的管理，员工旷工对奖金影响的规定宜严不宜松。如可以规定旷工 1 天奖金减 20%，旷工 2 天奖金减 50%，旷工达到 3 天不发放奖金。

4.6.7　奖金发放的注意事项

奖金发放过程中还需明确并注意以下事项。

1. 发放时间

奖金发放一般应以公司当年的绩效情况为依据，用到的数据需要是经审计后的财务数据，公司一般应在年终总结完成后的 30 日内完成全部的奖金发放工作。

奖金发放时间的参考如表 4-16 所示。

表 4-16　奖金发放时间参考

	年终总结日（S）	S+10 日前	S+20 日前	S+30 日前
进程	公司整体及各部门上年度绩效完成情况总结。高层形成奖金发放基数和公司整体奖金池范围	根据各部门绩效算出各部门的奖金分配系数和具体金额	根据各岗位员工的绩效评定结果、出勤、奖罚等情况，算出公司所有人员的奖金分配方法	处理绩效评定结果申诉期。核准奖金并发放

2. 员工异动

奖金发放前要明确规定员工如果出现异动，奖金如何发放。员工异动分为两种：一种是内部异动，主要包括晋升、降职、调岗等带来的公司调整、部门调整或岗位调整的情况；另一种是外部异动，主要包括员工辞职、辞退等离开公司的情况。

一般而言，发生内部异动时奖金可以根据员工在不同岗位期间的绩效和出勤情况分别计算后加和算出。如果员工在某个岗位的在岗时间较短，如两个月以内，则也可以规定在岗时间少于一定时间段的，统一按照在岗时间较长的岗位计算。

有的公司规定对于发生外部异动的员工一律不发放奖金，这种做法并不合法合规。发放奖金是为了奖励员工上年度的劳动成果，如果员工在上年度有正常出勤，无违规情况，公司对同岗位的其他人员有发放奖金，则同样应根据员工上年度在岗期间绩效和出勤情况计算并发放奖金。

3. 员工申诉

鉴于绩效考核或者奖金的计算可能出错，公司应留出 10 ～ 20 天的时间给员工申诉。如果是绩效考核相关的问题，员工应按照绩效管理相关制度向有关部门（如绩效管理委员会）申诉；如果是奖金计算问题，员工应向人力资源部提出申诉。

4. 内容公开

为让奖金发挥应有的效果，避免员工间的猜疑，对于奖金发放整个方案的决策、计算过程和依据，公司应本着公开透明的原则向全体员工公布。

4.7　有关最低工资的注意事项

最低工资，是指劳动者在法定的工作时间或依法签订的劳动合同约定的工作时间内提供了正常劳动的前提下，用人单位依法应支付的最低劳动报酬。在实操中，在最低工资方面需注意以下事项。

1. 最低工资包括薪酬类目

《最低工资规定》（2004 年 1 月 20 日劳动保障部令第 21 号）第十二条的规定如下。

在劳动者提供正常劳动的情况下，用人单位应支付给劳动者的工资在剔除下列各项以后，不得低于当地最低工资标准：

（一）延长工作时间工资；

（二）中班、夜班、高温、低温、井下、有毒有害等特殊工作环境、条件下的津贴；

（三）法律、法规和国家规定的劳动者福利待遇等。

《最低工资规定》（2004 年 1 月 20 日劳动保障部令第 21 号）第六条的规定如下。

确定和调整月最低工资标准，应参考当地就业者及其赡养人口的最低生活费用、城镇居民消费价格指数、职工个人缴纳的社会保险费和住房公积金、职工平均工资、经济发展水平、就业状况等因素。

从上述内容可以判断最低工资标准里已经包括了个人缴纳社会保险费和住房公积金的个人应缴部分。实务中，用人单位在为劳动者依法缴纳社会保险费和住房公积金后，劳动者实际获得的工资可能低于当地的最低工资标准。

如果个别地区从保护劳动者的角度出发，明确规定了最低工资标准不包括社会保险费和住房公积金的个人应缴部分，用人单位应当遵从当地政府的法规。

2. 试用期的最低工资标准

《中华人民共和国劳动合同法》（2012 年 12 月 28 日修订）第二十条的规定如下。

劳动者在试用期的工资不得低于本单位相同岗位最低档工资或者劳动合同约定工资的百分之八十，并不得低于用人单位所在地的最低工资标准。

原劳动部《关于贯彻执行〈中华人民共和国劳动法〉若干问题的意见》（劳部发〔1995〕309 号）第 57 条的规定如下。

劳动者与用人单位形成或建立劳动关系后，试用、熟练、见习期间，在法定工作时间内提供了正常劳动，其所在单位应当支付其不低于最低工资标准的工资。

所以在员工的试用期内也应执行最低工资标准。

【疑难问题】如何设计计件工资的单价

根据《中华人民共和国劳动法》（2018年12月29日第二次修正）的规定，对实行计件工资的劳动者，用人单位应当根据标准工时制的原则合理确定其劳动定额和计件报酬标准。根据《中华人民共和国劳动合同法》（2012年12月28日修订）的规定，用人单位在制订劳动报酬相关的事项时，应当经职工代表大会或者全体职工讨论，提出方案和意见，与工会或者职工代表平等协商确定。

1. 个人计件单价

个人计件单价的计算公式有以下两种。

（1）计件单价＝同类产品单位时间工资标准 ÷ 单位时间的产量定额。

（2）计件单价＝同类产品单位时间工资标准 × 单位产品的工时定额。

 举例

某车间生产某类产品，原本实行标准工时制，工人每天的日工资为240元。经过劳动定额测算，正常员工平均每小时能生产10件合格产品。计算个人计件单价的方式有以下两种。

（1）计件单价＝（240÷8）÷10=3（元/件）。

（2）计件单价＝（240÷8）×（1÷10）=3（元/件）。

2. 团队计件单价

团队计件单价的计算公式有以下两种。

（1）团队计件单价＝定员内全体人员单位时间的工资标准之和 ÷ 单位时间的产量定额。

（2）团队计件单价＝定员内全体人员单位时间的工资标准之和 × 单位产品的工时定额。

 举例

某班组生产的某类产品需要由4名员工分工艺共同完成，原本实行标准工时制。4名员工的日工资如表4-17所示。

表 4-17　某班组 4 名员工的日工资标准

姓名	日工资标准 / 元
张三	320
李四	280
王五	260
赵六	240

经过劳动定额测算，该班组平均每天能够生产 50 件合格产品。团队计件单价的方式有以下两种。

（1）团队计件单价 =（320+280+260+240）÷50=22（元 / 件）。

（2）团队计件单价 =（320+280+260+240）×（1÷50）=22（元 / 件）。

3. 注意事项

（1）工资标准的单位时间和劳动定额的单位时间应当一致。

（2）劳动定额应当有 80% 以上劳动者能够在法定工作时间内达成才是合理的。

（3）为对内体现公平性，充分调动劳动者的积极性，用人单位内部同类产品的工资等级、职工的技术等级应遵循统一规范的标准。

【实战案例】某公司年终奖金的分配方案

以下的年终奖金分配方案通用性很强，按照此方案逻辑稍做修改就可应用于大部分公司。

1. 操作程序

（1）年终考核周期为每年一次。

（2）春节前 20 日，人力资源部将绩效考核结果和年终奖金测算结果提交各部门核对。

（3）春节前 10 日，人力资源部整理各部门回复意见后报总经理审批。

（4）春节前 7 日，总经理审批完毕，将意见返回人力资源部。

（5）春节前 5 日，人力资源部将年终奖金测算结果发各部门知悉确认。

（6）春节前 3 日，发放应发年终奖金的 40%。

（7）节后正式上班后 15 日，发放剩余的 60% 应发年终奖金。

2.年终奖金计算公式

年终奖金的计算公式如下。

年终奖金＝年终奖金标准基数 × 职级职等系数 × 绩效考核系数 × 司龄对应系数。

（1）年终奖金标准基数。

年终奖金标准基数的计算公式如下。

年终奖金标准基数＝员工基本工资 × 效益系数。

其中：

效益系数＝实际净利润 ÷ 预算净利润。

如有岗位异动的员工，按照转正后上年度工作时间最长的部门计算效益系数。如果异动前后在职时间相同，按照最高的部门效益系数计算。

（2）职级职等系数。

公司职级职等对应的系数如表 4-18 所示。

表 4-18　职级职等系数

职级	职等	系数
副总经理	18	9.5
	17	9
	16	8.5
总监	15	8
	14	7.5
	13	7
高级经理	12	6.5
	11	6
	10	5.5
经理	9	5
	8	4.5
	7	4
主管	6	3.5
	5	3
	4	2.5
员工	3	2
	2	1.5
	1	1

对于年内有晋升或降级的员工，按其在不同职级职等系数的实际出勤天数计算职级职等系数。若职级职等的变化同时对应了岗位或职务的变化而产生见习期，则新的职级职等对应的出勤天数按转正后的时间计算。

对于年内有晋升或降级的员工，其职级职等系数的计算公式如下。

职级职等系数 = $\sum$（异动后职级职等系数 × 该职级职等的出勤天数）÷ 年内总出勤天数。

注意，如果由于加班，实际出勤天数大于应出勤天数，则按照应出勤天数计算。

 举例

张三某年度应出勤天数为 240 天，在职等 5 上的出勤天数为 80 天。后由于工作表现优异，张三职等提升为 6，但岗位和职级未发生变化。张三在职等 6 上出勤 30 天后岗位调整，成为某部门经理，职等成为 7。张三在该岗位见习 90 天后顺利转正，直到年终保持职等 7 不变。

张三该年度的职级职等系数 =[80×3+（30+90）×3.5+（240-80-30-90）×4]÷240=3.4。

（3）绩效考核系数。

绩效考核系数的计算公式如下。

绩效考核系数 = 考核等级系数 + 出勤系数。

考核等级和对应系数如表 4-19 所示。

表 4-19　考核等级和对应系数

考核等级	系数
A	1.2
B	1
C	0.8
D	0.4

注意，A、B、C、D 考核为月度考核，年度的考核等级系数是每月度考核结果的加总。

出勤情况与对应系数如表 4-20 所示。

表4-20　出勤情况与对应系数

迟到	早退	事假	旷工
-0.03/次	-0.05/次	-0.2/天	-1/天

注意，如果考核等级系数与出勤系数相加后结果小于零，则按零算。

 举例

张三某年12个月的考核等级及对应系数如表4-21所示。

表4-21　张三月度考核等级和对应系数对照情况

	1月	2月	3月	4月	5月	6月	7月	8月	9月	10月	11月	12月
考核等级	A	B	A	C	B	B	B	C	B	A	B	A
对应系数	1.2	1	1.2	0.8	1	1	1	0.8	1	1.2	1	1.2

张三该年度一共迟到10次，请事假10天，无早退和旷工现象。

张三该年度绩效考核系数=（1.2+1+1.2+0.8+1+1+1+0.8+1+1.2+1+1.2）+（-0.03×10）+（-0.2×10）=12.4-0.3-2=10.1。

（4）司龄对应系数。

司龄情况与对应系数如表4-22所示。

表4-22　司龄情况与对应系数

司龄情况	司龄系数
入职15年（含）以上	1.4
入职7～15年（不含）	1.2
入职3～7年（不含）	1.1
入职1～3年（不含）	1
入职不满1年（不含）	0.3

第 **5** 章

岗位分析与岗位价值评估

岗位价值评估是在岗位分析的基础上，对岗位的责任大小、工作强度、所需资格条件等特性进行评价，以确定岗位相对价值的过程。它的意义在于建立企业内部的公平性，并让这种公平性通过薪酬待遇、福利水平等一系列手段得到保证。

5.1　岗位分析方法

岗位分析是指通过观察和研究，掌握岗位的性质、责任、任务、目标、组织内部相互关系等，同时确定从事该岗位人员需要具有的素质、知识、技能、经验。岗位分析的流程相对比较简单，但工作烦琐，需要不断重复，工作量也较大，作业时需要耐心和细心。岗位分析的具体流程如图5-1所示。

图 5-1　岗位分析的流程

5.1.1　岗位分析的准备工作

在进行岗位分析前，需要做好充分的准备工作，主要包括以下内容。

1. 确立岗位分析的目的

岗位分析的目的通常是全面了解岗位设置的意义和可能为企业创造的价值。具体需要了解的内容包括员工每天实际的工作是什么、管理者认为员工应该做什么、员工认为自己应该做什么或计划做什么。

2. 建立岗位分析项目小组

建立岗位分析项目小组，分配进行分析活动时的责任和权限，明确分析活动的流程、方法及安排，以保证分析活动的协调和顺利完成。分析人员应具有一定的经验，同时要保证他们进行活动的独立性。

3. 了解企业战略、组织、流程

岗位分析源于企业战略、业务流程、管理流程及组织设计，最终把实施战略的责任分解落实到员工个人。这需要参与岗位分析的人员对这些情况有很好的理解。

4. 选择被分析部门及岗位

为了保证分析结果，应选择有代表性、典型性的部门及岗位。在进行分析之前，应向从事这一岗位的员工介绍岗位分析的意义、目的及过程，说明希望他们提供怎样的配合。

5. 选择信息来源

可能的信息来源包括组织设计、业务流程说明书、管理流程等书面文件，岗位任职者、管理监督者、内外部客户、岗位分析人员等的反馈，外部成熟企业或者咨询机构提供的岗位分析汇编、职业名称辞典等资料。

5.1.2　岗位资料的收集方法

收集资料是岗位分析工作中重要的一环。在收集整理资料时应注意：通过不同的来源和手段获得的资料有一定的差别；应从不同角度收集，不要事先抱有偏见；应结合实际，不可照抄照搬。需要收集的资料包括岗位名称、工作内容、工作职责、工作环境、任职资格等。

判断收集的资料是否齐全，可以看这些资料是否能够回答下列问题。

- 岗位的名称、职级、职等是什么？
- 岗位上下级的汇报途径是什么？
- 岗位存在的基本目的是什么？存在的意义和价值是什么？
- 为达到这一目的，该岗位的主要职责是什么？为什么？
- 什么是该岗位独有的职责？（该问题使分析者能够从更宏观的角度看待该岗位）
- 什么是该岗位最关键的职责和负责的核心领域？（该问题能帮分析者搞清楚公司对该岗位的核心定位是什么）
- 该岗位任职者需要负责并被考核的具体工作成果是什么？
- 该岗位的工作如何与公司的其他工作协调？
- 公司的内部和外部需要有哪些接触？何时接触？怎样接触？为什么？
- 怎样把工作分配给该岗位员工，如何检查和审批工作？
- 该岗位有怎样的决策权？
- 该岗位工作有没有其他特点？如出差、非社交时间、灵活性要求、特殊的工作环境等。
- 要获得所期望的工作成果，该岗位任职人员需要有什么行为、技能、知识和经验？（该问题能帮分析者找出能胜任该岗位的人员所必备的能力

和个人素质）

资料收集可以从组织和流程层面着手（自上而下），也可以从现有的岗位层面着手（自下而上）。从岗位层面收集资料的方法包括以下几个。

1. 工作实践法

工作实践法是指岗位分析人员实际从事该项工作一段时间，在工作过程中掌握第一手资料的方法。采用这种方法，岗位分析人员可以了解岗位的实际任务，及其在体力、环境、社会方面的要求。这种方法适用于短期内可以掌握的岗位，但是对那些需要进行大量训练才能掌握或有危险的岗位，不适宜采用此法。

2. 观察法

观察法是通过对特定对象的观察，把有关岗位各部分的内容、原因、方法、程序、目的等信息记录下来，最后把取得的职务信息归纳整理为合适的文字资料的方法。这种方法取得的信息比较广泛、客观、准确，但要求岗位分析人员有足够的实际操作经验且要使用结构性问题清单。这种方法不适宜于循环周期长的岗位和主要为脑力劳动的岗位。

3. 问卷法

问卷法是通过结构化的调研问卷来收集并整理信息的方法。问卷法还可以细分为问卷调查表法和核对法。该类方法要求公司有较好的人力资源管理基础。问卷调查表法即根据职务分析的目的、内容等编写结构性问卷调查表，在岗位任职者填写后回收整理，提取岗位信息。核对法是根据事先拟定的工作清单对实际岗位活动的情况进行核对，从而获得有关岗位信息的方法。

4. 访谈法

访谈法是岗位分析人员通过与任职人员面对面的谈话来收集信息资料的方法，包括单独面谈和团体面谈。这种方法适用于行政管理、专业技术等难以从外部直接观察到的岗位。这种方法需要岗位分析人员掌握较好的面谈技巧。

5. 记录法

记录法是岗位任职者根据按时间顺序记录的日记、记录、周报、月报等工作内容和过程，经过归纳提炼，取得所需工作信息的方法。

通用的岗位资料收集步骤可以分成以下4步。

（1）职务信息的初步调查。

浏览公司已有的管理制度文件，并和公司主要管理者进行交谈，了解公司涉及岗位的主要任务、职责及流程；准备提纲，确定几个关键岗位和时间，作为深入访谈和重点观察分析的参考和指南；列出各岗位的主要任务、特点、职责、要求等。

（2）工作现场的初步观察。

对工作岗位、现场进行初步观察，了解工作人员的工作内容、工作条件，以及该岗位对工作人员的要求和工作职责。注意，和熟悉相关工作岗位的任职人员的上级一同进行现场观察，便于岗位分析人员快速了解该岗位，并可得到及时、有效的咨询回答。

（3）工作岗位的深入访谈。

确定深入访谈的对象后，根据初步的调查、了解和收集到的岗位分析资料，制订较为详细的结构化访谈提纲。注意，第一次访谈的对象可以是具体从事该工作的人员或者该岗位的基层管理者，谈话过程中要有较为详细的记录，便于分析。

（4）工作现场的深入观察。

深入观察工作现场，进一步充实和验证前面调查和访谈获得的资料。注意，在深入观察前，应提前拟订需要明确的有关问题、信息，与最初做初步观察的人员及基层管理者一同做深入观察。

5.1.3　岗位资料分析

对获得的资料和信息进行汇总、整理、分类、总结，并进行必要的判断，从而得出对岗位全面、准确和有条理的认识。资料分析主要包括以下内容。

（1）工作职责分析，包括工作职责、工作内容、工作关系等分析。

（2）工作环境分析，包括物理环境、安全环境、健康环境、社会环境等分析。

（3）任职资格分析，包括素质、知识、技能、经验、体能等分析。

注意，在分析资料的过程中，对于记录或记忆等有疑问的部分，岗位分析人员不可做主观判断，要随时与该岗位的工作人员或该岗位的直接上级沟通。

5.2　岗位价值评估方法

实施岗位价值评估的意义在于通过科学的方法、统一的标准和合理的程序，建立并保证公司内部的公平性。对岗位价值评估的认识如下。

1. 岗位价值评估是一种相对的评估，而不是绝对的评估

如某家公司用岗位价值评估的方法，测评出采购助理岗位的价值分数是 500 分，财务专员岗位的价值分数是 450 分。这说明，在这家公司中，采购助理岗位比财务专员岗位对公司来说更有价值。

可是，这仅代表这一家公司的具体情况，并不一定适用于别的公司。如果不是这家特定的公司，不可以直接采用这个结论。所以这个结论只是相对于一个特定公司的具体情况而言，离开这个特定的具体情况，就不适用了。

2. 岗位价值评估是一种"定性 + 定量"的判断，而不是一种绝对的定量判断

岗位价值评估的全过程中，多多少少都会有人的主观判断。即使实施过程中采用成立测评小组、引入专家等方法降低这种主观因素的影响，不论怎么操作，岗位价值评估过程也还是会有很多主观判断的成分，不可能做到绝对的定量。

岗位价值评估里的量值，如某公司采购助理岗位的价值分数是 500 分，是怎么算出来的呢？其实这也是一种人为设定的量，并不来自绝对的客观环境。

3. 岗位价值评估是一种层次分明的工具，而不是没有层次的

岗位价值评估最终区分的是相对价值的大小，一定会伴随着从上到下、从高到低的排序。实际操作时可以根据需要对这些排序再归类分层，但归类要有一定的层次，不能结论都一样，都在一个水平线上。

4. 岗位价值评估是以岗位为中心，而不是以人为中心

一个岗位对公司所做出的贡献大小，是根据这个岗位在公司中的位置和它所承担的职责来确定的，与这个岗位实际的任职者曾经为公司做出的贡献无关。评估一个岗位所需要的知识和技能水平的高低也是从这个岗位的客观需要出发的，而不是根据实际从事这个岗位的人的知识和技能水平来评估的。

5. 岗位价值评估要使用一个统一的尺度，而不能是不同的标准

对于同一个公司，对所有岗位的价值评估要采取同一个标准。不能对这个岗位用的是一套标准，对另一个岗位用的是另一套标准。当然，如果是对于不同的公司，因为所在行业、公司的文化、管理层的认识等各种具体的情况不同，选择的评估标准可能都不同，这时候可以使用不同的标准。

什么叫同一个公司？一个集团公司下面有很多的子公司，这些子公司算不算同一个公司？其实，对同一个公司更确切的说法是使用同一套薪酬体系的公司。

只要是准备执行同一套薪酬体系标准的公司，不论是一个实体公司，还是好多个实体公司组成的集团公司，就应当使用同一套岗位价值评估标准；如果一个集团公司下设的事业部或者子公司之间所用的薪酬体系不同，那么其岗位价值评估的标准也可以是不一样的。

常用的岗位价值评估方法有 4 种，分别是岗位排序法、岗位分类法、因素比较法、要素计点法。

5.2.1　岗位排序法的应用

岗位排序法是根据一些特定的标准，如工作的复杂程度、对公司的贡献大小等，对各个岗位的相对价值进行整体的比较，进而将岗位按照相对价值的高低排列出一个次序的岗位评估方法。排序时可以采用两种做法，直接排序法或交替排序法。

岗位排序法的方式较为简单，通常适用于规模较小、生产结构单一、岗位数量较少、岗位设置较稳定的公司。

岗位排序法的实施步骤如下。

（1）成立岗位排序评定小组。了解情况，收集岗位有关方面的资料、数据。

（2）评定人员事先确定评判标准，对本公司所有岗位的重要性做出评判，最重要的排列到第一位，最次要的排列到最后一位。有其他岗位与已经排序的岗位进行对比，确定其他岗位的所在位置。

（3）将经过所有评定人员评定的每个岗位的排序结果加以汇总，得到序号和，然后将序号和除以评定人数，得到每一岗位的平均序数。最后，按照平均序数值的大小，由小到大评定出各岗位的相对价值的次序。

 举例

某中小企业设置有常务副总经理、销售经理、财务经理、人力资源经理、技术经理、产品设计经理、生产经理、采购经理等岗位。现采用岗位排序法对岗位价值进行评估，人力资源部具体的实施步骤如下。

（1）由企业总经理、部分股东、外部专家等组成 5 人评定小组，这 5 人分别是张三、李四、王五、赵六、徐七。由他们收集各岗位的岗位说明书、述职报告、周报等岗位信息。

（2）评定小组根据岗位信息中责任要求、技能要求、知识要求等维度，对岗位进行排序，结果如表 5-1 所示（数字越小，代表排序越靠前，岗位价值相对越高。数字非岗位等级概念）。

表 5-1　岗位价值排序结果

评定人	常务副总经理	销售经理	财务经理	人力资源经理	技术经理	产品设计经理	生产经理	采购经理
张三	1	2	8	7	4	3	5	6
李四	1	4	7	6	3	2	5	8
王五	1	2	8	6	3	4	5	7
赵六	1	4	8	7	2	3	6	5
徐七	1	2	8	6	4	3	5	7

（3）将评定小组所有成员评定的每个岗位的结果加以汇总得到平均序数，如表 5-2 所示。

表 5-2　岗位价值排序平均序数

	常务副总经理	销售经理	财务经理	人力资源经理	技术经理	产品设计经理	生产经理	采购经理
平均序数	1	2.8	7.8	6.4	3.2	3	5.2	6.6

根据表 5-2，得出该企业岗位价值由高到低的排序分别为常务副总经理、销售经理、产品设计经理、技术经理、生产经理、人力资源经理、采购经理、财务经理。

岗位排序法的局限性包括以下内容。

（1）主观性强。特别是当某一类岗位受特殊因素的影响（如在高空、高温、高寒或在有害、有毒环境下工作时），评估人员常会将该岗位的相对价值估计过高。

（2）岗位平均序数的差值并不能反映出岗位相对价值的差距，不能将其作为岗位价值的量化依据。

5.2.2　岗位分类法的应用

岗位分类法是通过制订一套岗位级别标准，将企业的所有岗位根据工作内容、工作职责、任职资格等方面的不同要求，划分出不同的类别，与标准进行比较，并归到各个级别中去的方法。

岗位分类法的分类一般可以分为行政管理类、技术类、营销类等。评估人员给每一类确定一个岗位价值的范围，并且对同一类的岗位进行排序，从而确定每个岗位不同的岗位价值。

岗位分类法仅适合于小型的、结构简单的企业。

岗位分类法的实施步骤如下。

（1）收集并分析岗位的相关信息。建立岗位等级体系，确定岗位等级数量。对各岗位等级进行定义和描述。

（2）建立评估小组。将待评岗位工作与确定的标准进行对比，从而将其定位在合适工作类别中的合适级别上。

（3）对数据进行统计计算，求等级的平均值，得出结果。

 举例

某中小企业设置有销售经理、销售专员、人力资源经理、人力资源专员、产品设计经理、产品设计专员、采购经理、采购专员等岗位。现采用岗位分类法对岗位价值进行评估，人力资源部具体的实施步骤如下。

（1）收集各岗位的岗位说明书等相关信息并分析，设立 4 级岗位体系，具体的等级和描述如表 5-3 所示。

表 5-3　岗位等级和描述

等级	定义描述
4	● 较复杂的职位 ● 需要独立决策 ● 需要监督他人工作 ● 需要接受高级专业技术训练和具有较丰富的经验
3	● 中等复杂程度的职位 ● 能根据既定政策、程序、技术独立思考 ● 需要较强的专业知识及一定经验 ● 既要受到他人监督，又要监督他人
2	● 需要一定判断能力的职位 ● 具有初级技术水平 ● 具有一定经验 ● 受主管人员监督

续表

等级	定义描述
1	● 从事例行工作事务 ● 按照既定程序工作 ● 处在直接主管的监督下 ● 不含技术色彩

（2）由企业总经理、部分股东、外部专家等组成5人评定小组，这5人分别是张三、李四、王五、赵六、徐七。他们根据岗位等级和描述标准对不同岗位进行评级，如表5-4所示。

表5-4　岗位评级结果

评定人	销售经理	销售专员	人力资源经理	人力资源专员	产品设计经理	产品设计专员	采购经理	采购专员
张三	4	2	3	1	4	2	3	2
李四	4	1	4	1	3	2	3	1
王五	4	1	3	1	3	1	4	1
赵六	4	2	3	2	4	2	3	1
徐七	4	2	4	2	4	2	3	1

（3）人力资源部统计岗位评级结果后，计算岗位评级的平均值，如表5-5所示。

表5-5　岗位评级平均值

	销售经理	销售专员	人力资源经理	人力资源专员	产品设计经理	产品设计专员	采购经理	采购专员
评级均值	4	1.6	3.4	1.4	3.6	1.8	3.2	1.2

根据表5-5，得出该企业岗位价值由高到低的排序分别为销售经理、产品设计经理、人力资源经理、采购经理、产品设计专员、销售专员、人力资源专员、采购专员。

岗位分类法的局限性包括以下内容。

（1）只能用作整体评价，难以进行精确的评比。

（2）虽然已经设置标准，但评价的主观成分仍然较多。

（3）岗位分类法的平均评级同样只能用来判断岗位相对价值大小，不能用来反映各等级间差距的具体大小。

5.2.3　因素比较法的应用

因素比较法是一种相对量化的岗位评价方法，它实际上是对岗位排序法的一种改进和升级。它不关注具体的岗位职责和任职资格，而是将所有岗位的内容抽象为若干薪酬因素，一般抽象为智力条件、技能、责任等薪酬因素，并将各薪酬因素区分成多个不同的等级，然后再根据岗位的内容将不同薪酬因素和不同的等级对应起来，最后把每个岗位在各个薪酬因素上的得分通过加权得出总分，得到一个总体岗位价值分。

因素比较法与岗位排序法的主要区别：岗位排序法是从整体的角度对岗位进行比较和排序，而因素比较法则是选择多种薪酬因素，对各种因素分别进行排序。因素比较法的一个突出优点是可以根据在各个薪酬因素上得到的评价结果计算出一个具体的薪酬金额，这样可以更加精确地反映出岗位之间的相对价值关系。在应用因素比较法时，应该注意以下两个问题。

（1）薪酬因素的确定要比较慎重，一定要选择最能代表岗位间差异的因素。

（2）由于市场上的工资水平经常发生变化，所以要及时调整基准岗位的工资水平。

因素比较法通常适用于特殊岗位较多的企业。

因素比较法的实施步骤如下。

（1）选择适当的薪酬因素，包括智力条件、技能、责任、身体条件、工作环境和劳动条件等几项因素。一般选择 5 项因素作为基准因素。

（2）从全部岗位中选出若干个关键岗位，其所得到的劳动报酬应是被大多数人认为公平合理的。将每一个关键岗位的每个薪酬因素分别加以比较，按程度的高低进行排序。

（3）组成评定小组，对每一个岗位的工资总额进行分析，按上述 5 种薪酬因素分解，找出对应的工资份额。将待评定的岗位与现有的已评定完毕的重要岗位对比，得出待评定岗位的薪酬标准。

举例

某公司新增特殊岗位——客户服务员，该岗位负责了解客户的需求、在产品出现质量问题时维护客户关系、发现技术工艺或生产过程中的问题、改进产品的客户体验、提高客户满意度等工作。现需要采用因素比较法确定该岗位的薪酬水平，人力资源部的实施步骤如下。

（1）选择精神需要、技能需要、责任需要、体能需要和工作环境5项因素作为基准因素。

（2）选择公认薪酬水平较为合理的技术研发员、产品设计员、工艺改进员、质量监控员和生产操作员5个关键岗位，其薪酬标准如表5-6所示。

表5-6   5个关键岗位的薪酬标准   单位：元／天

岗位名称	技术研发员	产品设计员	工艺改进员	质量监控员	生产操作员
薪酬标准	310	300	290	280	260

（3）组成评定小组，将5个关键岗位的薪酬价值按照基准因素拆分后如表5-7所示。

表5-7   5个关键岗位的薪酬价值按基准因素分解情况   单位：元／天

基准因素	技术研发员	产品设计员	工艺改进员	质量监控员	生产操作员
精神需要	100	100	80	70	60
技能需要	100	90	70	50	30
责任需要	70	70	80	90	80
体能需要	30	30	40	50	60
工作环境	10	10	20	20	30

（4）以10元／天为基准因素的价值差值，设置0～100元／天的变化范围。基准因素与关键岗位薪酬分解后的对应关系如表5-8所示。

表5-8   基准因素与关键岗位薪酬的关系   单位：元／天

价值	精神需要	技能需要	责任需要	体能需要	工作环境
100	技术研发员 产品设计员	技术研发员			

续表

价值	精神需要	技能需要	责任需要	体能需要	工作环境
90		产品设计员	质量监控员		
80	工艺改进员		生产操作员 工艺改进员		
70	质量监控员	工艺改进员	技术研发员 产品设计员		
60	生产操作员			生产操作员	
50		质量监控员		质量监控员	
40				工艺改进员	
30		生产操作员		技术研发员 产品设计员	生产操作员
20					质量监控员 工艺改进员
10					技术研发员 产品设计员
0					

（5）将新增的特殊岗位——客户服务员，按照 5 项基准因素分类后放入表 5-8 比较，得出该岗位的薪酬标准如表 5-9 所示。

表 5-9　客户服务员薪酬标准　　　　　　　单位：元／天

	精神需要	技能需要	责任需要	体能需要	工作环境	合计
价值	70	90	80	40	20	300

因素比较法的局限性包括以下内容。

（1）开发初期非常复杂，难度较大。

（2）操作和管理成本较高。

（3）同样存在许多主观因素，且此法不易被员工理解，容易让员工怀疑其准确性和公平性。

5.2.4　要素计点法的应用

要素计点法是选取若干关键性的薪酬因素，并对每个因素的不同水平进行界定，同时给各个水平赋予一定的分值，这个分值也称作"点数"，然后按照这些关键的薪酬因素对岗位进行评价，得到每个岗位的总点数，以此决定岗位的薪酬水平的一种价值评估方法。

它是薪酬设计中目前运用最广泛的一种岗位价值评估方法，也是一种量化的岗位价值评估方法。它的优点是比较精确、系统、量化，有助于评估人员做出正确的判断，而且也比较容易被员工理解；缺点是评价的整个过程工作量大、比较复杂。

要素计点法适用于岗位数量和类别都较多的企业。

要素计点法的实施步骤如下。

（1）选取通用薪酬因素并加以定义。

（2）对每一种薪酬因素进行等级界定和权重划分。

（3）运用这些薪酬因素来分析和评价每一个岗位。

（4）根据点数高低对所有被评价岗位进行排序。

需要注意：在确定因素时，只需从那些广泛地被别的企业使用的因素中选出适合于本企业的因素；因素一般选择 5 ～ 8 种，过多和过少都不适宜；对本企业内的所有岗位必须应用同一套评价因素。

 举例

某公司设置有销售经理、销售专员、人力资源经理、人力资源专员、产品设计经理、产品设计专员、车间主任、操作工人等岗位。现采用要素计点法对岗位价值进行评价，人力资源部具体的实施步骤如下。

（1）选取并评价岗位要素。

① 知识：完成工作所需要的学历。

② 责任：公司对员工按照预期要求完成工作的依赖程序，强调岗位上的员工所承担的职责的重要性。

③ 技能：完成某种岗位的工作所必备的技术、培训经历、能力、经验以及职称等。

④ 努力：为完成某种岗位上的工作所发挥的体力或脑力。

⑤ 工作条件：岗位上的员工所从事工作的伤害性以及工作物理环境。

（2）成立岗位评价小组，将公司各岗位的薪酬要素定义为 5 个等级并按照权重划分，如表 5-10 所示。

表 5-10　要素划分情况

薪酬因素	等级				
	5	4	3	2	1
知识 25%	博士	硕士	本科	专科	专科以下
责任 30%	战略决策权；决策风险大；控制全公司	战术决策权；决策风险较强；控制子公司	行动和计划决策权；决策风险一般	建议性决策权；决策风险较弱	无决策权
技能 30%	专业知识技术运用得很好；工作年限 18 年以上	可运用专业知识技术；工作年限 13～17 年	掌握专业知识技术；工作年限 8～12 年	学过专业知识技术；工作年限 3～7 年	了解专业知识技术；工作年限 2 年以下
努力 10%	任务很复杂；创造性很强；需要独立分析解决问题	任务较复杂；创造性较强；需要协作分析解决问题	任务复杂性一般；创造性一般；需协助解决问题	任务复杂性较弱；创造性较弱；不需分析解决问题	任务很容易；创造性弱；不需分析解决问题
工作条件 5%	工作环境很差，具有极大的危险性	工作环境比较差，具有较大的危险性	工作环境一般，具有潜在的危险性	工作环境比较好，一般无危险	工作环境很好

确定每一种薪酬因素的不同等级所对应的点数，设置总点数最高为 1 000，运用算术法分配点数，如表 5-11 所示。

表 5-11　每种薪酬因素点数分配情况

薪酬因素	等级				
	5	4	3	2	1
知识 25%	250	200	150	100	50
责任 30%	300	240	180	120	60
技能 30%	300	240	180	120	60
努力 10%	100	80	60	40	20

薪酬因素	等级				
	5	4	3	2	1
工作条件 5%	50	40	30	20	10

（3）运用这些评价要素来分析、评价每个岗位。被评价岗位的评价结果如表 5-12 所示。

表 5-12 各岗位要素计点法计算结果

职位名称		知识	责任	技能	努力	工作条件	点数总计
销售经理	等级	4	5	5	5	1	910
	点值	200	300	300	100	10	
销售专员	等级	3	3	3	4	2	610
	点值	150	180	180	80	20	
人力资源经理	等级	4	3	2	3	2	580
	点值	200	180	120	60	20	
人力资源专员	等级	3	2	2	2	2	450
	点值	150	120	120	40	20	
产品设计经理	等级	3	3	2	3	3	540
	点值	150	180	120	60	30	
产品设计专员	等级	2	3	2	2	2	460
	点值	100	180	120	40	20	
车间主任	等级	2	2	3	3	2	480
	点值	100	120	180	60	20	
操作工人	等级	1	1	1	1	1	200
	点值	50	60	60	20	10	

根据要素计点法的计算结果，得出该公司岗位价值由高到低的排序分别为销售经理、销售专员、人力资源经理、产品设计经理、车间主任、产品设计专员、人力资源专员、操作工人。

5.2.5 4 种方法的比较

4 种岗位价值评估方法各有特点，没有绝对的哪一种更优。

下面将 4 种方法的适用企业、量化程度、评估对象、比较方法及优缺点进行比较，如表 5-13 所示。

表 5-13 4 种岗位价值评估方法比较情况（1）

方法	适用企业	是否量化	评估对象	比较方法	优点	缺点
岗位排序法	岗位数量不多的企业	否	评估岗位整体	在岗位与岗位之间比较	简单，操作容易	主观性强，无法准确确定相对价值
岗位分类法	小型的、结构简单的企业	否	评估岗位整体	将岗位与特定的级别标准进行比较	灵活性高，可以用于小型企业	对岗位等级的划分界定存在一定难度，无法确定相对价值
因素比较法	适合特殊岗位多的企业	是	评估岗位因素	在岗位与岗位之间比较	可以较准确地确定相对价值	因素的选择较困难、市场工资随时在变化
要素计点法	岗位数量和类别较多的企业	是	评估岗位因素	将岗位与特定的级别标准进行比较	可以较准确地确定相对价值，适用于多类型的岗位	工作量大、费时费力

如果 5 代表程度最高，1 代表程度最低，由 5 到 1 的整数代表程度由高到低。则采用这 4 种岗位价值评估方法的管理成本、复杂程度、客观性、灵活性的比较如表 5-14 所示。

表 5-14 4 种岗位价值评估方法比较情况（2）

方法	管理成本	复杂程度	客观性	灵活性
岗位排序法	2	1	1	1
岗位分类法	1	1	1	3
因素比较法	5	5	3	4
要素计点法	4	5	5	2

【疑难问题】岗位价值评估的常见问题

HR小刘协助某咨询公司工作人员小周一起做本公司的岗位评估，可是到了评估某子公司某个产品销售经理岗的时候，小刘犯难了。按理说这类基础管理岗的评估并不是难事，可这个岗位今年新上任的销售经理原来是一位能力很强的副总。

这位副总是公司创业时期的元老，本来已经退休一年多了，但由于该子公司该产品的销量一直上不去，公司董事长和总经理一起邀请这位副总回来协助。

这位副总不愿意继续占据中高层位置，想把机会留给年轻人，主动要求做一个销售经理就可以了，计划自己带一个8人左右的小团队把业绩做上去，人才培养出来后，就安心回归退休生活。

小刘觉得，在这个岗位上的是这位副总，而且公司董事长和总经理也对这位副总很重视，那么对这个岗位评估后的分值应该很高才对，甚至应不亚于集团公司分管销售的副总。可是小周却认为小刘的想法不对，小周认为这个岗位的价值应该与其他同类销售经理岗位量化后的价值相当。

究竟是小刘的想法正确还是小周的观点正确？

答案是小周的观点正确。

评估一个岗位对组织所做出的贡献大小，是根据这个岗位在组织中的地位和它所承担的职责来确定的，与实际从事这个岗位的人曾经为组织做出的贡献无关。评估一个岗位所需要的知识和技能水平的高低也是从这个岗位的客观需要出发，而不是根据实际从事这个岗位的人的知识和技能水平来评估。

岗位价值评估在实务操作过程中常会遇到各类问题，比较常见的有以下几项。

（1）工作职责不明确，导致评分基础可靠性差。

（2）评估委员会成员不了解评估方法，导致打分标准不统一。

（3）评估委员会成员可能对某类岗位有主观上的偏好。

（4）评估委员会成员如果选择组织内部人选，可能会出现为了本部门利益有意压低其他部门岗位的得分、抬高本部门岗位的得分的情况。

（5）有时因为环境或个人的原因，导致评估委员会成员的变动，造成评分结果不一致。

（6）有时因为评分时段上的差异，导致前后的评分结果不一致。

针对以上问题，可实施的解决策略如下。

（1）清楚地划分组织机构和岗位设置。

（2）清晰地划分岗位职责，认真仔细完善全套的岗位说明书。

（3）做好评估前的培训工作，使评估委员会成员理解和掌握评估方法，并高度重视。

（4）提高外部专家在评估小组中的比重，减少主观判断。

（5）提高高层人员在评估小组中的比重，减少部门间可能的局部利益冲突。

（6）要使用统一的评估标准和模型作为尺度，而不能使用不同的尺度。

（7）评估小组成员之间评分时应保持一定的独立性，切忌互相商量。

在实施岗位价值评估的过程中，还需要注意以下问题。

（1）只能针对单个岗位，不能针对一岗多职的情况。

（2）应结合工作分析的结果进行，应以工作分析中所呈现的职责为判断标准。

（3）价值评估是相对的，而非绝对的，每个岗位离开了所在组织这一特定环境后，其价值评估将毫无意义。

【实战案例】某公司岗位价值评估实例

某大型生产制造型上市公司将所有岗位按照岗位知识和技能要求、岗位贡献和影响力、岗位责任和独立性、岗位监督职责和管理幅度、岗位沟通需要、岗位解决问题的复杂性和创新性、岗位工作环境 7 个要素对岗位价值进行评估。具体评估方式如下。

1. 岗位知识和技能要求

岗位知识和技能要求是衡量任职者能够胜任该岗位需要具备的知识、技能和经验的水平，同时包含任职者获得这些知识、技能所需的教育水平，对应数据如表 5-15 所示。

表 5-15   岗位知识和技能要求对照情况

教育水平	初学者	能够掌握并应用	掌握基本知识	熟练掌握知识	掌握原理	熟悉原理并能指导他人	解决问题的专家
	无经验常人 1 周内可掌握岗位工作要求	需要 1 周到 3 个月的培训或工作经验可掌握工作要求	需要掌握并能够简单应用单一专业领域的知识	需要应用几个专业领域的知识并能够熟练应用某一个专业领域的知识	除应用外，还掌握该专业领域的原理，能够完成复杂、多样的工作，具备一定开发能力	熟练掌握一个或几个专业领域更深层的原理和方法，能解决问题并传授指导他人	拥有某一个或几个专业领域最前沿的知识技能、策略或方法，在国内或国际有一定声誉
高中以下	10	20	30	50	60	80	100
中专	20	30	50	60	80	100	120
专科	30	40	60	80	100	120	140
本科	50	60	80	100	120	140	160
硕士研究生	60	80	100	120	140	160	180
博士研究生	80	100	120	140	160	180	200

注：任职者的情况不等于岗位需要，评估时应考虑岗位的需要而不是任职者个人的实际情况。

2. 岗位贡献和影响力

岗位贡献和影响力是评估该岗位的工作对公司的贡献度和影响力的水平，从岗位对公司的影响程度和贡献程度 2 个维度来确定评分，对应数据如表 5-16 所示。

表 5-16   岗位贡献和影响力对照情况

贡献	对公司整体运行只有很小的影响	能够影响 3 项以内工作的正常运转	能够影响部门整体绩效	能够影响其他部门绩效	能够影响公司整体绩效
支持型作用	10	20	40	60	80
间接影响公司绩效	20	40	60	80	100
直接影响公司绩效	40	60	80	100	120
对公司绩效有直接深远的影响	60	80	100	120	150

3. 岗位责任和独立性

岗位责任和独立性是考察岗位需要承担工作的受控程度和承担责任的水平，

从岗位承担责任和完成工作的独立性 2 个维度来确定评分，具体数据如表 5-17 所示。

表 5-17　岗位责任和独立性对照情况

独立性	简单重复性劳动	承担某项工作的责任	承担整个部门的责任	承担某个职能或业务领域的责任	承担多个职能或业务领域的责任	承担一个业务单元或战略机构的责任	承担多个业务单元或战略机构的责任
任务明确，随时受上级指挥	10	20	40	60	80	100	120
在一定职责范围内开展工作，受程序监控	20	40	60	80	100	120	140
在职能或制度框架下工作，独立分析和判断	40	60	80	100	120	140	160
在公司战略目标指导下开展工作，受总裁控制	60	80	100	120	140	160	180
根据董事会的决议和目标开展工作，由集团董事会控制	80	100	120	140	160	180	200

注：工作中接触到某类职能，不等于从事该职能；从事某类职能，也不等于需要为这类职能负责。

4. 岗位监督职责和管理幅度

岗位监督职责和管理幅度是衡量岗位对于监督和管理下属员工需要付出的责任，从岗位的监督职责和管理幅度 2 个维度来确定评分，具体数据如表 5-18 所示。

表 5-18　岗位监督职责和管理幅度对照情况

管理幅度（人）	不需要监督或管理他人	负责监督和检查别人的工作	需要计划、监控、检查和管理他人的工作	管理基层管理者，管理一个或多个职能	管理中层管理者，管理一个业务单元或战略机构	全面管理多个业务单元或战略机构
0	10	20	40	60	80	100
1～5	20	30	50	70	90	110
6～15	30	40	60	80	100	120
16～25	40	50	70	90	110	130

续表

管理幅度（人）	不需要监督或管理他人	负责监督和检查别人的工作	需要计划、监控、检查和管理他人的工作	管理基层管理者，管理一个或多个职能	管理中层管理者，管理一个业务单元或战略机构	全面管理多个业务单元或战略机构
26～50	50	60	80	100	120	140
51～100	60	80	100	120	140	160
101～300	80	100	120	140	160	180
300 以上	100	120	140	160	180	200

注：表中管理幅度包括所有的直接下级和间接下级。

5.岗位沟通需要

岗位沟通的需要是评估岗位任职者如果胜任工作，需要与他人沟通的方式、程度、层次。岗位沟通需要可以从岗位的沟通目的、沟通频率和沟通范围 3 个维度来确定评分，具体数据如表 5-19 所示。

表 5-19 岗位沟通需要对照情况

沟通频率	一般常规礼节性的要求，沟通的目的是传达或获取信息		沟通的目的是影响他人，寻求他人做出某类行为或寻求合作，如销售行为、采购谈判		对公司发展有深远影响的领导沟通过程以及谈判与决策	
	公司内部	公司外部	公司内部	公司外部	公司内部	公司外部
需要定期、少量、难度较低地沟通	10	30	40	60	80	100
需要定期或不定期地进行有一定难度的沟通	20	40	50	70	90	110
需要长期地、广泛地、深入地沟通	30	50	60	80	100	120

6.岗位解决问题的复杂性和创新性

岗位解决问题的复杂性和创新性是考察岗位任职者在开展工作时将会面临的问题的数量、多样性和复杂程度，以及分析和解决问题的困难程度和创新性的要求，具体数据如表 5-20 所示。

表 5-20 岗位解决问题的复杂性和创新性对照情况

创新性	工作内容单一，变化性很少	完成任务需要基于知识和经验做简单的判断，问题具备一定的规律性	完成任务需要做分析、推理或较复杂的判断，无直接现成做法可参考	问题较为复杂，需要广泛细致的数据和调查分析	问题独特而复杂，公司内外部都无先例，需要大量的信息和复杂的调研做决策
不需任何创新	10	20	30	60	100
需要一般改进	20	30	50	80	120
改进技术或流程	40	50	70	100	140
创立新的技术、流程、方法，影响公司局部	60	70	90	120	160
创立新的、复杂的技术、流程或方法，对公司产生广泛影响	80	90	110	140	180
创立前所未有的新发明、新流程、新方法，对公司乃至整个产业产生深远影响	100	110	130	160	200

注：复杂性问题通常会随着岗位负责的范围和规模的增大而增加，但创新性的问题却不一定。

7. 岗位工作环境

岗位工作环境是评估岗位的工作环境对任职者生理或心理所造成的影响程度，从环境危害、出差频率、加班频率 3 个维度来确定评分，具体数据如表 5-21 所示。

表 5-21 岗位工作环境对照情况

加班频率	每月出差不超过 3 天			每月出差 3～10 天			每月出差 10 天以上		
	无危害	中等危害	严重危害	无危害	中等危害	严重危害	无危害	中等危害	严重危害
平均每天不足 1 小时	10	20	30	20	30	40	30	40	50
平均每天大于 1 小时不足 2 小时	20	30	40	30	40	50	40	50	60
平均每天大于 2 小时	30	40	50	40	50	60	50	60	70

8. 岗位评估计分

对于某一岗位，岗位评估人员将上述 7 项要素评分整理后形成统计结果，记录在表 5-22 中。

表 5-22　岗位评估表

所属公司		所属部门	
岗位名称		岗位编号	

岗位评估结果

要素	子要素	对应情况描述	对应分值
岗位知识和技能要求	知识技能		
	教育水平		
岗位贡献和影响力	影响程度		
	贡献程度		
岗位责任和独立性	承担责任		
	独立性		
岗位监督职责和管理幅度	监督职责		
	管理幅度		
岗位沟通需要	沟通目的		
	沟通频率		
	沟通范围		
岗位解决问题的复杂性和创新性	复杂性		
	创新性		
岗位工作环境	出差频率		
	环境危害		
	加班频率		

将所有岗位的各项要素分数整理后，可以形成表 5-23。该表可用于各岗位之间及各要素之间的比较。

表 5-23　岗位评估汇总表

序号	岗位编号	岗位名称	岗位知识和技能要求得分	岗位贡献和影响力得分	岗位责任和独立性得分	岗位监督职责和管理幅度得分	岗位沟通需要得分	岗位解决问题的复杂性和创新性得分	岗位工作环境得分	总得分
1										
2										
3										
4										

通过横向和纵向的分数比较，审视和检查评估的过程和结果。

第**6**章

薪酬调查分析与薪酬定位

　　薪酬的调查分析与定位是企业通过一系列专业的方法，调查外部市场的薪酬水平和内部员工的薪酬满意度，经过汇总、统计、分析，形成反映外部市场状况和内部员工满意度情况的薪酬调查报告，从而对企业自身薪酬定位决策提供依据的系统过程。

　　《孙子兵法·谋攻篇》中说："知彼知己者，百战不殆；不知彼而知己，一胜一负；不知彼不知己，每战必殆。"薪酬调查的目的正是要达到"既知彼又知己"的效果，让企业在激烈的市场竞争中"百战不殆"。

6.1　薪酬调查的准备工作

薪酬调查进行前的准备阶段要进行以下准备工作：第一，要确定薪酬调查的目的和目标；第二，要选择薪酬调查的基准企业；第三，要选择薪酬调查的基准岗位；第四，要根据薪酬调查的目标确定需要的薪酬调查信息；第五，选择薪酬调查的方式，如果采取问卷调查的信息采集形式，要提前设计薪酬调查问卷；第六，形成薪酬调查方案。

6.1.1　确定调查的目的

薪酬调查的目的可以有以下几种。

（1）为企业建立整体的薪酬管理体系，建立薪酬标准、薪酬管理制度、薪酬层级制度和薪酬晋级制度等提供依据。

（2）为企业整体或局部薪酬水平、薪酬构成、薪酬结构、薪酬层次、薪酬支付等薪酬政策的调整和完善提供依据。

（3）为某类具体岗位的薪酬政策的确定或调整提供依据。

（4）查找企业在内部公平性和外部竞争性方面存在的问题，以便及时调整和改善。

（5）掌握同地区、同行业的薪酬水平和薪酬调整时间、范围和水平。

（6）学习和了解其他企业薪酬管理的创新方法和趋势。

（7）掌握全社会的劳动力价格和趋势。

（8）管理或控制企业的人力成本，制订人力成本或薪酬预算，提高人力费用的利用效率，增强企业竞争力。

虽然薪酬调查都需要通过了解劳动力市场上某些岗位的薪酬水平来实现，但是设计薪酬调查计划时要考虑薪酬调查目的，针对不同的目的，薪酬调查计划应该有所侧重和不同。由于目的不同，需要了解的岗位薪酬信息的类型、数量、质量都不一样。

如果薪酬调查的目的只是给企业某一类特殊岗位的薪酬调整提供依据，那么只需要对这一类岗位在劳动力市场上的薪酬水平进行调查就可以了；如果薪酬调查的目的是要制订企业整体的薪酬和人力成本预算，那么就需要调查企业所有岗位在劳动力市场上的水平。

明确调查目的后，需要对岗位进行功能、业务和层次上的划分，并由此确定调查对象。按照岗位职能划分，可以把岗位划分为职能岗位和业务岗位。职能岗位一般具备通用性，业务岗位则具有特殊性。

6.1.2　基准企业的选择

薪酬调查选择基准企业的流程如图 6-1 所示。

图 6-1　选择基准企业的流程

1. 选择地区

按照地区选择基准企业需要对选择企业所在地域与企业各岗位薪酬相关性都有所考量。根据企业自身的规模和企业自身岗位的性质，选择基准企业所在的地区范围时，可以有国家、省份、城市、区县、村镇等不同的地域范围。

例如，某跨国集团企业在海外多个国家和国内各个省份都设立有办事处和工厂，则该集团企业进行全面薪酬调查时，至少需要在对应的国家、省份和城市 3 个维度范围内选择基准企业；某规模较小的乡镇企业，且该乡镇规模属于中等水平，做薪酬调查时选择基准企业可以只考虑村镇。

对于通用职能类岗位，薪酬调查一般可以选择本地区相对小范围内的相似企业、相似岗位实施调查；对于业务类岗位，尤其是专有技术类岗位，要根据人才招募的范围扩大地区的选择范围，有的岗位往往需要在全国乃至全球范围内考虑同行业、同类岗位的薪酬情况。

对于职级较低的岗位，如技术员、行政助理、财务专员等，薪酬调查设定的地域范围可以相对较小；对于职级较高的岗位，如技术总监、行政总监、财务总监等，薪酬调查的设定范围应当更广。

2. 选择行业

按照行业选择基准企业，通常要考虑企业行业的相关性。一般来说，应该选择在人才、产品和市场方面与本企业存在竞争关系的企业。具体可以从以下角度考虑并选择。

（1）从经营范围的角度，可以选择与企业生产同类或相似产品的企业，也可以选择企业的直接竞争对手或与企业存在直接竞争关系的企业。如果待调查岗位的通用性特别强，可以缩小该维度内基准企业的选择范围；如果待调查岗位具备一定的产业特殊性，则需要扩大该维度基准企业的选择范围。

（2）从工艺技术的角度，可以选择与企业产品的生产技术工艺相同或相近的企业。如果待调查岗位需要具备的工艺或技术有一定的通用性时，一般通用性越强，选择基准企业时越需要考虑这个维度。

（3）从产业供应链的角度，可以选择企业产品的上游或者下游产品的生产企业。如果待调查岗位在产业的上下游企业之间具备一定的关联性或通用性，则选择基准企业时可以考虑这个维度。

3. 选择企业

当确定基准企业的地区和行业后，在选择具体企业时，还需要考虑企业规模和性质的匹配度和相关性，通常可以从以下维度综合考虑。

（1）从财务数据维度，可以选择与企业在总投资、总资产、销售额、利润额等方面相近的企业。如果企业所在产业的财务数据基本能够体现企业经营管理的复杂程度和层级，选择基准企业时可以考虑此维度。

（2）从占用空间维度，可以选择与企业在总经营面积、总占地面积等方面相近的企业。如果企业所在产业的占用空间能够直接体现企业规模，如连锁零售业，选择基准企业时可以考虑此维度。

（3）从人数维度，可以选择与企业总人数、一线岗位人员人数等方面相近的企业。在考虑人数维度时需注意，一般生产或运营的工艺、技术、流程具备相似性时，探讨人数维度的相似性才有意义。

（4）从组织机构维度，可以选择在汇报线、管理方式、组织机构、部门设置等方面相近或类似的企业。当然，要考虑组织机构的相近性，还需要在薪酬调查之前，充分了解相关地区内、相关行业内不同企业的基本信息。

确定调查企业的数量需要考虑三大因素：一要考虑企业采取的薪酬定位策略，

二要考虑调查的必要性，三要考虑薪酬调查需要付出的成本。

如采取薪酬领袖策略的岗位只需要调查同行业中规模较大、薪酬较高的企业即可，基准企业数量可以不超过 10 个；而采取市场追随策略的岗位则需要相对多一些的样本，建议基准企业数量不少于 10 个，不超过 50 个。

6.1.3　基准岗位的选择

基准岗位指的是与待调查岗位工作内容、职责、任职要求、上下级关系、岗位等级、管理幅度、开展工作难易程度、工作环境等维度相似且短期内在这些维度上变化不大的岗位。

要了解这些信息的匹配性，首先需要企业将自身每一个岗位的设置、管理、分析和价值评估做到位，其次需要全面了解对标企业基准岗位的这些信息。

在选择基准岗位时，这些信息缺一不可，不可只简单地看岗位名称是否相同。岗位名称不同不代表不该选择其为基准岗位，岗位名称相同也不代表应该选择其为基准岗位。

 举例

某公司调查办公室主任岗位的薪酬水平，某对标公司没有设置此岗位，但是有一个行政总监岗位在基准岗位判断维度方面与该公司办公室主任岗位的相似度达到 90%。虽然两个岗位的名称不同，但应该把该对标公司的行政总监岗位设置为基准岗位。

某公司调查总经理助理岗位的薪酬水平，该公司的总经理助理属于高层管理岗，当总经理不在公司时可以全权代表总经理做事项审批和管理决策。某对标公司也有一个总经理助理岗位，可是该岗位属于基层行政岗，日常只负责基本的行政文案整理工作。虽然两个岗位的名称相同，但不该把对标公司的总经理助理岗位设置为基准岗位。

某公司调查采购经理岗位的薪酬水平，某对标公司同样设置有采购经理岗位，两者的职责基本相同。但是该公司采购经理的直接和间接下属的人数有 50 人，而对标公司采购经理的直接和间接下属的人数只有 5 人。两岗位的管理幅度差异较大，显然不能把对标公司的采购经理岗位设置为基准岗位。

某公司调查销售业务员岗位的薪酬水平，某对标公司同样设置有销售业务员岗位，两者的职责基本相同。但是该公司的销售业务员岗位需要长期驻外开发和维护市场，每月至少要在外地工作20天的时间。对标公司的销售业务员岗位主要是通过电话或网络联络经销商，利用经销商资源在当地开发和维护市场，在本地办公室工作，平均每月出差不超过3天。两岗位工作环境差异较大，显然不能把对标公司的销售业务员岗位设置为基准岗位。

确定基准岗位的数量需要参考基准企业的选择数量。与选择基准企业类似，如果该岗位采取薪酬领袖策略，则选择较高薪的对标岗位进行调研即可；如果采取市场追随策略，则需要增加基准岗位的数量。

6.1.4　需求信息的确认

明确薪酬调查的目的、选择基准企业和基准岗位的范围后，接下来要明确薪酬调查的需求信息。薪酬调查的需求信息不是越多越好，也不是简化就好，而是要根据薪酬调查的目的、企业需求和成本综合考虑。

不同企业的相似岗位也许薪酬水平相近，但是可能企业所在的城市消费水平不同、该岗位开展工作的复杂程度不同、薪酬组成的结构比例不同、提供的长期激励不同、薪酬政策不同、提供的物质或非物质福利不同等。这些因素都会影响薪酬调查结果的分析。

因此，薪酬调查的维度不应仅限于薪酬水平，为了增加调查结果的有效性，还需要对对标企业信息、岗位信息以及包括薪酬水平在内的所有薪酬信息进行综合统计、汇总和分析。

1. 对标企业信息

对标企业信息的选择过程可以参考基准企业的选择过程，需要了解的信息包括对标企业的所属地域和行业、股权情况、财务状况、职工情况、经营面积、组织机构、部门设置、管理模式、运营流程、汇报层级等。了解企业员工情况时，除了员工人数，还可以了解员工的整体教育背景、平均工作年限、技术人员占比等。

2. 岗位信息

岗位信息的选择过程可以参考基准岗位的选择过程，需要了解的信息包括岗位名称、具体工作内容、工作职责、任职要求、上下级关系、岗位等级、管理幅度、开展工作的难易程度、工作环境等。获取对标企业的岗位说明书，有助于快速获得这些信息。

3. 薪酬信息

根据薪酬调查的目的，收集的薪酬信息可以包括以下内容。

（1）薪酬水平。

了解薪酬水平的信息是薪酬调查中最简单的数据收集形式之一，主要包括每月、每季度或每年的应发或实发工资。将根据数据计算出的不同分位值作为薪酬分析的依据。单纯以岗位薪酬水平为依据进行薪酬调整具有一定的局限性，还应考虑其他因素。

（2）薪酬结构。

如果想通过薪酬调查调整和优化薪酬结构，则需要进一步调查的薪酬信息包括不同岗位每月的薪酬组成，包括但不限于无责任底薪、岗位津贴、浮动工资、绩效工资、提成工资、季度或年度奖金等项目的具体数额以及各部分所占的比例。

有时候，两个企业某相似岗位的薪酬水平类似，但是 A 企业该岗位薪酬水平中无责任底薪占比为 30%，浮动工资占比为 70%，能不能拿完浮动工资和个人的绩效相关；B 企业该岗位薪酬水平中无责任底薪占比为 80%，浮动工资占比为 20%，绩效达标即可拿完浮动工资。两个相似的岗位拥有两种截然不同的薪酬结构，显然不能简单地通过薪酬水平做判断。

（3）长期激励。

对于中高层岗位和一些关键岗位，除了要调查短期的薪酬水平和薪酬结构外，还应调查是否存在长期的薪酬激励措施，如股票期权、虚拟股票、股票分红等长期激励计划。

有的企业为了留住关键岗位人才采取了股票激励计划，尽管这些岗位的年薪保持在行业 50 分位值的水平，但股票期权市值在行业中保持领先地位。这种情况一定要被纳入薪酬调查的考虑范围，否则调查结果和分析将不能反映实际情况。

（4）薪酬政策。

如果薪酬调查的成本允许，除了调查岗位薪酬的现状之外，还应从整体的薪酬政策角度了解对标企业的薪酬实际状况。获取对标企业的薪酬管理制度，有助于快速获得这类信息。

有的企业各岗位薪酬水平较低，但是企业薪酬政策规定，每年的经营状况达到某个标准时，薪酬至少普调 10%；绩效达到某个标准时，薪酬可调整 20%。

计算下来，该企业新员工入职时薪酬水平较低，但正常工作 5 年后，其薪酬水平至少比入职时增加 60%。

（5）福利体系。

福利体系同样是人力费用的重要组成部分，福利的组成和结构影响着对薪酬调查结果的分析。福利体系除了基本的休假日福利外，还有培训机会、福利分房、无息贷款、补充保险、弹性工作制、子女教育以及一些非货币性的福利相关计划。

为了留住人才，有的企业让薪酬水平保持在市场平均或较低水平，但是把福利体系保持在市场领先水平。如有的企业对部分岗位实行福利分房，员工工作满一定年限，就可以获得该房屋的所有权。

6.2　薪酬调查的渠道选择

薪酬调查的渠道按照成本划分可以分为两种：一种是无偿的薪酬信息获取渠道，另一种是有偿的薪酬信息获取渠道。无偿的薪酬信息获取渠道一般是来自政府、协会、机构定期公布的劳动力市场价格参考；有偿的薪酬信息获取渠道一般是指企业从专业的咨询服务机构处购买，或者企业利用自身的资源做薪酬调查。

不同的薪酬调查渠道有不同的适用范围，选择时企业应根据自身的特点、薪酬调查项目的难易程度、要求薪酬数据的数量、调研报告的质量、企业能够承受的成本、需要花费的周期等维度综合考虑、比较后选择。

6.2.1　信息公开渠道

一般来说，国家的有关部门、地方各级劳动保障行政部门以及相关的统计部门会每年定期对全国或本地区各行业、各企业的劳动力市场的价格情况进行调研，并将结果免费地公布在官方网站、论坛、报纸、杂志等各官方媒体上，以便于地方政府或企业根据此薪酬信息制订本地区或企业自身的分岗位劳动力工资标准。

另外，有的地方政府，会根据当地经济发展水平、城镇居民消费价格指数以及其他的经济指标确定地区劳动力市场的工资指导线，并形成规范或制度。这是政府调节劳动力市场价格，指导企业职工的工资水平、结构和分配的一种宏观调控形式。

政府机构提供的薪酬数据是比较权威的，通常可信度也比较高，是企业获取免费薪酬信息的重要渠道，具有重要的指导意义和参考价值。

通常在某行业中具备权威性的协会也会定期公布本行业的薪酬信息，如化工行业、零售行业的协会。行业协会本身就有资源交流、信息互通的作用。通过加入行业协会，企业有时候能够方便快速地了解到本行业的薪酬情况。

另外，一些学术机构、论坛、杂志等也会公布一些薪酬调研结果。这些数据虽然不像政府机构发布的薪酬信息那样具有权威性，但是同样可以作为企业免费获取薪酬信息的有效渠道，具有一定的参考价值。

信息公开渠道的优点包括以下几项。

（1）薪酬数据可以无偿获得，节省企业薪酬调查的成本。

（2）政府机构公布的数据具有较高的准确性、权威性和可信度。

（3）可参考的薪酬数据信息比较丰富全面，便于企业从多个层次和维度做数据参考，调整自身的薪酬制度。

信息公开渠道可能存在的问题包括以下几项。

（1）此类薪酬信息虽然是定期发布，但具体发布时间并不确定。如果企业需要在某个固定的时间段内快速获取想要的薪酬信息，则这种渠道可能不适合。

（2）虽然这种渠道的薪酬数据覆盖的行业较多、岗位较多，但有时候不能满足拥有较多特殊岗位企业的要求以及一些企业的个性化需求。

（3）对于非官方机构、非权威协会、论坛或媒体上发布的薪酬信息，企业虽然同样可以免费获取，但应当谨慎使用。

一般来说，综合薪酬信息的权威性、有效性和可行度，政府机构＞权威行业协会＞学术机构＞其他媒体。推荐企业采用政府机构和权威行业协会发布的薪酬信息作为薪酬调查的依据。

6.2.2　专业机构渠道

专业薪酬调查机构一般包括专业薪酬调查公司、咨询公司以及人才服务机构。

专业薪酬调查公司，一般运作比较规范，数据来源和数据分析模型比较成熟。有的咨询公司和人才服务机构，同样提供有偿薪酬调查服务，但其专业性和可信度，相比于专业薪酬调查公司来说差一些。

专业机构渠道的优点包括以下几项。

（1）企业可以根据所处行业和自身特点，提出针对性强、个性化程度高的薪酬调查要求，专业机构会根据企业特点量身定制，满足企业需求。

（2）专业机构在薪酬调查方面通常具备丰富的经验、专业的方法和有效的分析手段，不仅能满足企业薪酬调查方面的数据采集要求，而且能在薪酬分析后提出可实施、可落地的合理化建议。

（3）由于专业机构和待调研的对标企业之间不存在竞争关系和利益关系，因此专业机构更容易从对标企业处获得薪酬信息，能够保证信息具有一定的真实性和有效性。

（4）能够减少人力资源部门的基础工作量，避免企业之间可能因为薪酬调查而产生矛盾或误会。

（5）专业机构通常有大量的数据，能够有效拓展企业的数据信息量。

专业机构渠道可能存在的问题包括以下几项。

（1）薪酬调查成本较高，尤其是选择排名靠前的专业薪酬调查公司或咨询公司时。因此这种方式并不适用于中小企业或对管理成本控制要求较高的企业。

（2）有时候专业机构会以行业秘密为由，拒绝提供信息采集的方式、数据来源或数据分析的方法。企业难以判断其提供数据的真实性和有效性。

（3）并不是所有的薪酬调查公司或能够开展薪酬调查业务的咨询公司或人才服务机构都具备专业性。有的机构可能只是刚开展此项业务，从业人员的专业性和知识水平并不能满足业务需要。企业在选择合作机构时，同样面临着成本和风险。

选择专业薪酬调查机构时，企业需要注意以下几点。

（1）了解该机构曾服务的企业数量和规模，并要求该机构提供典型案例和样本。

（2）了解该机构薪酬调查实施人员的知识水平、从业经历和薪酬调研项目经验。

（3）要求该机构提供薪酬调查的过程证据文件及薪酬调查的方式供企业

监督检查。

（4）专业机构的费用并不是越低越好，也不是越高越好，适应企业需要才好。

（5）若其他条件基本相同，可以优先选择长期聚焦于某一行业领域的专业薪酬调查机构。

6.2.3　企业自身渠道

企业通过自身渠道实施薪酬调查的优点是企业能够根据自身的实际需要更有目的性、针对性和灵活性地收集、调整和改进薪酬调查方式。但是采取这种薪酬调查方式有一定的局限性，具体内容如下。

（1）需要企业付出大量的人力、物力和时间成本。

（2）需要从事该项目的人员具备一定的经验和数据挖掘能力。

（3）需要根据情况采取具体的、适宜的薪酬调查手段。

（4）需要薪酬管理者具备专业的数据处理能力和分析能力。

企业自身薪酬调查渠道可选的方式包括以下几种。

1. 招聘收集

企业自身渠道最直接、最有效的薪酬调查方式之一是通过招募人才的环节获取薪酬信息。这种方式尤其在企业需要招聘某岗位但是却不知道该岗位薪酬标准的时候比较适用。在岗位招聘的过程中，注明薪酬面议。企业通过与不同的求职者的面试，获取类似岗位对标企业的薪酬信息。这种方式还可以应用在对现有岗位薪酬信息的获取上。

通过招聘环节收集薪酬数据的优点是针对性强、费用较低、数据样本量大，可能存在的问题是在招聘面试中，人们趋向于夸大自己原岗位或原公司其他岗位的薪酬，薪酬专员难以判断其真实性和准确性。

2. 峰会论坛

企业通过论坛、座谈会、讲座等活动，提前和活动的策划和组织方联络，将薪酬调查作为活动期间的一个环节。当同行业或同地区的 HR 在同一时间聚在同一个空间里时，可向其发放纸质版或电子版的调查问卷。

这种薪酬调查方式的优点是在短时间内能够有针对性地获得大量企业想了解的信息。这种薪酬调查方式可能存在的问题是具有一定的时效性，要等到活动进行才能获取需要的信息；工作量较大，难以保证获取的信息的准确性和真实性；可能会引起他人的警觉或反感。

3. 定向获取

定向获取信息的特点是获取信息的目标性强，能够在一定程度上提高薪酬调查信息的真实性和有效性。具体可选的方式包括以下几项。

（1）通过电子邮件或其他传播手段向目标岗位人员定向发放调查问卷。这种方式的优点是薪酬调查的安全性较高。缺点有以下3项：一是需要提前了解目标岗位的准确信息，耗费的时间成本较高；二是问卷的回收率不高；三是调查邮件可能会被当作垃圾邮件。

（2）通过对目标岗位人员进行电话访谈的方式获取目标信息。这种方式的优点有以下3项：一是电话信息比邮箱信息更容易获取，二是不占用被调查人员的时间，三是反馈率高。其缺点是耗费的时间成本比发送电子邮件耗费的时间成本更高。

（3）通过与目标岗位约见面谈的方式获取目标信息。这种方式的优点有以下3项：一是薪酬信息获取方式直接，二是反馈率高，三是数据的真实性和准确性高。其缺点是耗费的时间成本最高，信息反馈的速度较慢。

（4）HR自身和领导层的社交关系网络同样是获取薪酬信息的有效方式。这种信息获取方式的优点有以下2项：一是真实性和准确性高，二是最方便快捷。其缺点有以下2项：一是获取的信息不系统；二是作为信息获取的回报，可能需要信息交换。所以运用这种方式要谨慎，一般是和其他方式结合在一起用。当其他渠道无法获取有效信息时，才采用这种方式。

（5）通过招聘网站的岗位发布模块、薪酬统计模块，微博、微信、社交群等各类社交网络媒体或软件获取信息。这种方式的优点有以下2项：一是费用较低；二是效率较高，信息获取较快。其缺点是获取信息的准确性低。

6.3 薪酬调查结果的分析方法

常用的对薪酬调查结果的分析方法有6种，根据复杂程度由低到高排列分别是集中趋势法、离散分析法、数据排列法、频率分析法、图表分析法、回归分析法。

6.3.1 集中趋势法的应用

集中趋势法是将薪酬调查得到的所有薪酬样本数据集中量化成一个具体数值的分析方法。它是薪酬调查结果分析法中最简单、最常用、最直观的方法，这种方法几乎适用于所有类型的薪酬调研结果分析。具体可以分为以下几种方法。

1. 平均值法

平均值法是根据对某岗位的不同对标企业的薪酬调研结果，直接算出平均值，并以之为该岗位市场薪酬的方法。具体公式如下。

某岗位市场薪酬 = ∑（对标企业薪酬数据）÷ 对标企业数。

 举例

某公司对 10 家同地区、同行业对标公司的行政助理岗位的薪酬调查结果如表 6-1 所示。

表 6-1 某公司行政助理岗位薪酬调查结果（1）

	公司 A	公司 B	公司 C	公司 D	公司 E	公司 F	公司 G	公司 H	公司 I	公司 J
每月薪酬/元	7 500	6 200	4 100	3 800	4 500	4 100	3 100	5 400	3 900	4 000

则该公司得出行政助理岗位的市场薪酬 =（7 500+6 200+4 100+3 800+4 500+4 100+3 100+5 400+3 900+4 000）÷10=4 660（元 / 月）。

平均值法的优点是计算比较简单，容易被薪酬管理的非专业人士理解和接受；缺点是采用平均值法时，有时候最大值和最小值会影响结果的准确性。所以有时候采用这种平均值法应先剔除最大值和最小值，再计算结果。

例如，上述案例中剔除薪酬最大值和最小值的影响后，行政助理岗位的市场薪酬 =（6 200+4 100+3 800+4 500+4 100+5 400+3 900+4 000）÷8=4 500（元 / 月）。

2. 加权平均值法

加权平均值法是对调查的不同对标企业的薪酬数据赋予不同的权重值后，再计算平均值的方法，权重的大小通常取决于该企业从事该岗位工作的人数。具体计算公式如下。

某岗位市场薪酬 = ∑（对标企业工资数 × 对标企业员工数）÷ ∑（对标企业

员工数）。

采用这种方法，该岗位人数越多的企业的薪酬数据，对薪酬平均值的最终结果影响越大。一般来说，某岗位人数越多的企业，同时也代表该企业的规模也越大。所以也可以理解为规模越大的企业，对薪酬平均值的最终计算结果影响越大。

 举例

某公司对10家同地区、同行业对标公司的行政助理岗位的薪酬调查结果如表6-2所示。

表6-2　某公司行政助理岗位薪酬调查结果（2）

	公司A	公司B	公司C	公司D	公司E	公司F	公司G	公司H	公司I	公司J
从事岗位人数	3	5	12	5	3	2	3	2	3	4
每月薪酬/元	7 500	6 200	4 100	3 800	4 500	4 100	3 100	5 400	3 900	4 000

则该公司得出行政助理岗位的市场薪酬＝（7 500×3+6 200×5+4 100×12+3 800×5+4 500×3+4 100×2+3 100×3+5 400×2+3 900×3+4 000×4）÷（3+5+12+5+3+2+3+2+3+4）=4 552.38（元／月）。

加权平均值法的优点是相对于简单的平均值法更具备科学性和准确性。在调查结果能够基本反映行业和产业总体状况的情况下，经过加权平均后的数据更加接近劳动力市场的真实状况。

当然，为了让计算更聚焦，加权平均值法同样可以剔除薪酬最大值和最小值的影响。

例如，上述案例中剔除薪酬最大值和最小值的影响后，行政助理岗位的市场薪酬＝（6 200×5+4 100×12+3 800×5+4 500×3+4 100×2+5 400×2+3 900×3+4 000×4）÷（5+12+5+3+2+2+3+4）=4 427.78（元／月）。

3.中位值法

中位值法是将薪酬调查数据的结果按照大小顺序排列之后，找出中间位置的数值，并将该数值作为该岗位市场薪酬的方法。如果数据个数是奇数，则取中间的数字，如果数据个数是偶数，则取中间两个数的平均数。

例如，按照中位值法，上述案例中行政助理岗位的市场薪酬 =（4 100+4 100）÷ 2=4 100（元 / 月）。

中位值法的优点是能够自然剔除最大值和最小值的影响，缺点是只能反映一种中值状况，准确度没有加权平均值法高。

6.3.2　离散分析法的应用

离散分析法是分析和衡量薪酬调查数据离散程度的方法，比较常用的有百分位法和四分位法。

1. 百分位法

百分位法是指把薪酬调查的所有样本数据由高到低排列后，把样本分成 100 份。用 N 分位值表示有 $N\%$ 的样本数值小于此数值。N 为从 0 到 100 的整数。

当 N 为 100 时，表示有 100% 的数据小于此数值，此数值也就是这组数据中的最大值。

当 N 为 95 时，表示有 95% 的数据小于此数值。

当 N 为 80 时，表示有 80% 的数据小于此数值。

依此类推。

当 N 为 0 时，表示有 0% 的数据小于此数值，此数值也就是这组数据中的最小值。

在百分位法中，最常用的是 90 分位值、75 分位值、50 分位值、25 分位值和 10 分位值。其中，90 分位值反映了市场中的高端水平，75 分位值反映了市场的较高端水平，50 分位值反映了市场的中等水平，25 分位值反映了市场的较低端水平，10 分位值反映了市场的低端水平。

 举例

某公司对 20 家同地区、同行业对标公司的行政助理岗位的薪酬调查结果按照百分位法计算分位值后如表 6-3 所示。

表6-3　某公司行政助理岗位薪酬调查结果（3）

	90 分位值	75 分位值	50 分位值	25 分位值	10 分位值
每月薪酬 / 元	6 500	5 800	4 500	4 000	3 200

该公司行政助理岗位的薪酬水平为 5 900 元 / 月，则表示市场中有超过 75% 的同类公司行政助理岗位的薪酬水平比该公司低，意味着该公司行政助理岗位的薪酬在市场中处于较高的水平。

百分位法主要应用于确定公司薪酬水平的战略定位，因为它能够直观地揭示本公司工资水平在劳动力市场中所处的地位。

2.四分位法

四分位法与百分位法的原理相似，不同之处在于四分位法是把薪酬调查的所有样本数据由高到低排列后，划分成 4 组数据，每组数据中包含数据样本总数的四分之一（25%）。

百分位法的 N 分位值可以是 0 ～ 100 的任意整数，所以百分位法分出的值理论上可以有 101 个。

四分位法也有分位值，此处用 Q 表示，Q 值可以是从 0 ～ 4 的任意整数，所以四分位法分出的值理论上可以有 5 个。

当 $Q=4$ 时，代表样本数据的最大值。

当 $Q=3$ 时，代表样本数据的 75 分位值。

当 $Q=2$ 时，代表样本数据的 50 分位值。

当 $Q=1$ 时，代表样本数据的 25 分位值。

当 $Q=0$ 时，代表样本数据的最小值。

6.3.3　数据排列法的应用

数据排列法是把薪酬调查样本数据按照从高到低的顺序排列后，进一步计算数据离散度的方法。数据排列法能够让薪酬调查的结果更直观。

 举例 ——————————————————

某公司对 12 家同地区、同行业对标公司的行政助理岗位的薪酬调查结果按照

数值从大到小的顺序排列后如表 6-4 所示。

表 6-4　行政助理岗位薪酬调查数值排列情况

排序	企业名称	平均每月薪酬 / 元
1	A	5 500
2	B	5 200
3	C	5 000
4	D	4 800
5	E	4 700
6	F	4 600
7	G	4 500
8	H	4 400
9	I	4 300
10	J	4 200
11	K	4 100
12	L	4 000

根据表 6-4 中的薪酬排列情况，计算出的行政助理岗位分位值的结果如表 6-5 所示。

表 6-5　行政助理岗位调查分位值计算结果

分位值	每月薪酬 / 元
90 分位值	5 180
75 分位值	4 850
50 分位值	4 550
25 分位值	4 275
10 分位值	4 110

6.3.4　频率分析法的应用

频率分析法是列出薪酬调查样本数据在某工资区间范围出现的次数，得出工资在不同区间出现的频率的方法。有时候企业选择市场的折中水平不一定要根据平均值或中位值，可以根据频率分析法选择出现频率最高的区间。

相比于集中趋势法中的加权平均值法，频率分析法的优点是更直观，缺点是数据结果不够集中。

举例

　　某公司对20家同地区、同行业对标公司的行政助理岗位的薪酬调查结果按照工资范围和出现频率排列，如表6-6所示。

表 6-6　行政助理岗位工资频率分析

工资范围 / 元	出现次数	出现频率
5 800 ～ 6 000	1	5%
5 600 ～ 5 799	2	10%
5 400 ～ 5 599	0	0%
5 200 ～ 5 399	2	10%
5 000 ～ 5 199	3	15%
4 800 ～ 4 999	5	25%
4 600 ～ 4 799	2	10%
4 400 ～ 4 599	1	5%
4 200 ～ 4 399	0	0%
4 000 ～ 4 199	1	5%
3 800 ～ 3 999	1	5%
3 600 ～ 3 799	0	0%
3 400 ～ 3 599	1	5%
3 200 ～ 3 399	1	5%
合计	20	100%

　　利用柱状图，能够更直观地看出出现次数最高的是哪个区间，如图6-2所示。

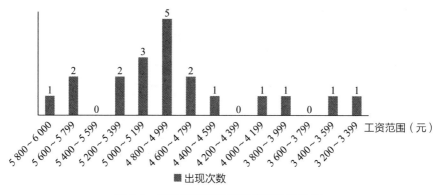

图 6-2　行政助理岗位工资出现次数分析

6.3.5　图表分析法的应用

图表分析法是将薪酬调查的样本数据汇总整理后，形成一定格式的统计报表，并根据报表将数据绘制成各类图形，如柱状图、饼状图、折线图等的方法。图表分析法能够让薪酬分析更直观、更形象，能够让薪酬分析者快速找到数据之间的关系。

 举例

某公司就对标公司的销售总监岗位薪酬组成类目占比调查结果与本公司比较结果如表 6-7 所示。

表 6-7　某公司销售总监岗位与对标公司同岗位薪酬类目对比

薪酬类目	本公司	对标公司
基本薪酬	50%	40%
岗位津贴	10%	5%
福利待遇	10%	15%
短期激励	15%	20%
长期激励	15%	20%

根据表 6-7 的数据，可以绘制柱状图，如图 6-3 所示。

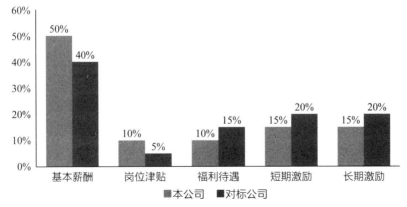

图 6-3　某公司销售总监岗位与对标公司同岗位薪酬类目对比

根据表 6-7 的数据，可以绘制饼状图，如图 6-4 和图 6-5 所示。

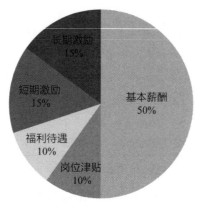

图 6-4　某公司销售总监岗位薪酬类目

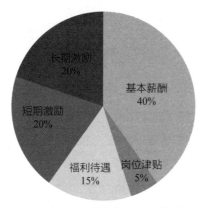

图 6-5　对标公司销售总监岗位薪酬类目

 举例

某公司对同行业公司做薪酬调查后，得到 5 个不同岗位的 20 分位值、50 分位值、75 分位值和 90 分位值数据，如表 6-8 所示。

表 6-8　某公司各岗位薪酬与市场薪酬比较情况　　　　单位：元

公司岗位	公司薪酬	市场薪酬 20 分位值	市场薪酬 50 分位值	市场薪酬 75 分位值	市场薪酬 90 分位值
岗位 1	4 000	3 500	3 800	4 200	5 200
岗位 2	4 500	4 000	4 600	5 000	6 000

公司 岗位	公司薪酬	市场薪酬 20 分位值	市场薪酬 50 分位值	市场薪酬 75 分位值	市场薪酬 90 分位值
岗位 3	5 000	4 500	4 800	5 200	5 800
岗位 4	5 500	5 400	5 800	6 000	7 200
岗位 5	6 000	5 800	6 500	7 000	8 500

根据表 6-8 的数据，绘制出折线图，如图 6-6 所示。

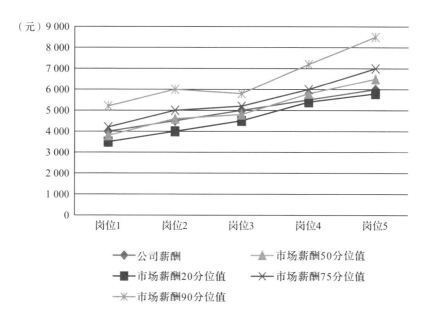

图 6-6　某公司各岗位薪酬与市场薪酬比较情况

根据图 6-6，能够直观地看出该公司 5 个不同岗位所处的分位值位置，能够清晰地进行横向和纵向对比。

6.3.6　回归分析法的应用

回归分析法是利用办公软件中的回归分析功能分析数据之间的关系的方法，用于对影响薪酬水平、结构和差距的因素或趋势进行预测分析。常用的回归分析软件有 Excel 和 SPSS。

举例

　　某公司现有30个岗位的薪酬水平与岗位价值评分的结果，如表6-9所示。

表6-9　某公司岗位月工资与岗位价值评分对照情况

岗位	月工资/元	岗位价值评分	岗位	月工资/元	岗位价值评分
1	3 000	200	16	4 520	350
2	3 090	210	17	4 610	360
3	3 190	220	18	4 680	370
4	3 310	230	19	4 810	380
5	3 410	240	20	4 890	390
6	3 490	250	21	4 990	400
7	3 610	260	22	5 110	410
8	3 710	270	23	5 200	420
9	3 820	280	24	5 290	430
10	3 910	290	25	5 400	440
11	4 010	300	26	5 510	450
12	4 090	310	27	5 590	460
13	4 200	320	28	5 700	470
14	4 320	330	29	5 810	480
15	4 410	340	30	5 920	490

　　通过回归分析，得出一元线性回归方程：$y=0.1x-100.16$。$R^2=0.999\,8$，趋于1，说明岗位的月工资标准与岗位价值评分的线性相关性很强，代表着该公司岗位的月工资能够被岗位价值评估解释，如图6-7所示。

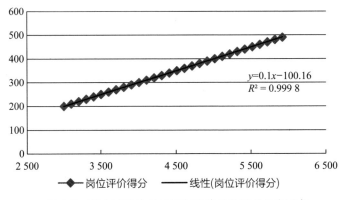

$$y=0.1x-100.16$$
$$R^2=0.999\,8$$

图6-7　某公司岗位月工资与岗位价值评分回归分析

6.4　内部薪酬调查

开展内部薪酬调查，能够迅速了解公司的薪酬管理体系现状，发现公司的管理漏洞，体现公司的人性化关怀。公司利用内部薪酬调查分析结果，能够不断优化员工的薪酬体系、管理模式、薪酬制度。

对内部薪酬的调研和改进是留住人才、稳定员工队伍、调动员工积极性、激发员工行动、优化人力资源配置的有效手段，是提升员工对薪酬的满意度、提高员工工作效率、实现公司战略目标的有力保障。

6.4.1　内部薪酬调查的方法

内部薪酬调查通常采取发放和回收调查问卷的形式。对于一般的内部薪酬调查，调查的范围越广泛越好，最好上到公司的最高领导层，下到基层的一线员工，覆盖公司全体人员。内部薪酬调查的实施步骤如图 6-8 所示。

图 6-8　内部薪酬调查的实施步骤

调查问卷通常可以是统一的结构式问卷。在设计问卷时，可以参照以下内容。

（1）先确定调查的目的和内容，想好调查问卷结果的分析逻辑和输出内容后，再开始设计调查问卷。保证调查问卷包括所有的待调查信息，调查的结果应体现调查目的。

（2）为便于统计和员工打分，选项最好采用勾选的方式。问卷的问题不宜设置过多，填写问卷的时间最好控制在 30 分钟以内。员工在回答问卷时应以主观第一感受为准。相关性的问题应放到一起。

（3）问卷每一题的选项不宜过多，以 3～5 个为宜。如采取 5 个选项，分别代表非常满意、满意、一般、不满意和非常不满意。将这些选项赋分后，可以计算出问卷每项的量化结果。例如，勾选非常满意计 5 分、满意计 4 分、一般计 3 分、不满意计 2 分、非常不满意计 1 分。

（4）问卷中使用的语言应规范标准，避免长篇大论。问卷中应设置主观问题和留出充足的空间以收集个人的主观意见。为了提高员工填写问卷的效率，可以在表头处增加填表须知，可以组织员工集中填写调查问卷，也可以通过召开专题会的方式讲解问卷填写注意事项。

（5）为了节省管理成本和材料成本，建议问卷的发放、回收和数据处理采取网络调查的方式。如果内网系统能够支持，最好采取内网调查；如果内网系统不支持，可以选用免费的外网调查工具。在选择外网调查网站时，应注意调查网站的正规性、保密性和便利性。

（6）问卷设计好后，在使用前应先找几位员工试填，并让员工在试填后提出问卷改进的反馈意见。根据试填的结果，模拟整个分析过程；根据反馈意见，讨论评估后，修改调查问卷。

6.4.2　内部薪酬调查的内容

内部薪酬调查的内容，可以包括以下维度。

1. 对薪酬水平的满意度

员工对薪酬水平的满意度有 3 层含义。

（1）员工认为目前的薪酬水平与自身所处的位置和阶段是否匹配。

（2）员工认为目前的薪酬水平能否满足自身或家庭日常生活的基本需要。

（3）员工认为公司薪酬水平与外部市场水平相比是否具备竞争力。

2. 对薪酬公平性的满意度

员工对薪酬公平性的满意度有 3 层含义。

（1）员工认为薪酬的内部分配是否公平，是否存在同岗位、同级别下多劳少得或少劳多得的情况，也就是是否存在同岗位、同级别的付出和回报不成比例，同岗不同酬的情况。

（2）员工认为岗位的薪酬设置是否公平，是否存在一个岗位对公司的贡献高、需求任职者能力强、创造的价值高，但是比另一个贡献低、需求任职者能力低、创造价值低的岗位的薪酬更低的情况。

（3）员工认为公司分配机制的运行是否公平公正，目前的薪酬是否能够匹配个人为公司创造的价值。

3. 对薪酬导向性的满意度

员工对薪酬导向性的满意度有 3 层含义。

（1）员工认为公司的薪酬制度是否完善，制度中的分配依据是否科学、充分、合理。

（2）员工认为公司的薪酬制度对外部人才的吸引力如何。

（3）员工认为公司员工的离职是否大部分原因是因为薪酬。

4. 对薪酬清晰度的满意度

员工对薪酬清晰度的满意度有 2 层含义。

（1）员工认为公司对薪酬收入的计算是否清晰明了。

（2）员工认为公司是否应该对薪酬保密，或者应该保密到什么程度。

5. 对薪酬激励性的满意度

员工对薪酬激励性的满意度有 4 层含义。

（1）员工认为公司目前的薪酬是否能够起到激励作用。

（2）员工认为公司的整体效益和员工工资的关系是否密切。

（3）员工拿到薪酬或奖金的时候是否有心情激动的感觉。

（4）员工认为自己在工作中的努力和成绩在薪酬层面是否得到了认可和回报。

6. 对薪酬可信度的满意度

员工对薪酬可信度的满意度有 2 层含义。

（1）员工认为公司是否总是能够在规定的时间内及时、准确地发放自己应得的工资。

（2）员工认为当对薪酬相关事宜提出异议时，是否能及时得到满意的答复。

7. 对公司福利的满意度

员工对公司福利的满意度包含 4 层含义。

（1）员工认为公司的福利设置是否能够基本满足自己的需求。

（2）员工对公司提供的福利项目是否满意，认为公司应该增加或减少哪些项目。

（3）员工对公司提供的培训或学习机会是否满意。

（4）员工对公司提供的假期以及实际能休的假期是否满意。

根据内部调查侧重点的不同、公司的具体情况不同，公司可以从以上维度中选择不同的薪酬调查维度完成公司需求的调研问卷。内部薪酬调查也可以和公司整体的员工满意度调查一起做，在调查员工对薪酬满意度的同时，可以调查员工对工作环境、工作氛围、上下级关系、工作和生活平衡等其他事项的满意度。

6.4.3   内部薪酬分析的注意事项

对内部薪酬满意度的分析可以做整体分析，也可以分部门、分岗位、分职级进行横向或纵向分析。

对内部薪酬调查的结果进行分析时，需注意以下事项。

（1）将员工的薪酬满意度量化成数值，并做好记录，以备对比和分析。只有可衡量的数据才能判断员工满意度的高低。如某年员工整体对薪酬水平的满意度为65%，第二年同类型的调查结果显示员工整体对薪酬水平的满意度变成85%，这直观地代表着员工对薪酬水平满意度的提升。

（2）每年的内部薪酬调查问卷最好保持一致性，谨慎增加或减少项目，因为这将影响未来年度对薪酬数据的进一步分析。如果某年调研的是对薪酬水平、薪酬导向性和薪酬可信性的满意度，第二年又变成了调研对福利的满意度、对薪酬公平性的满意度和对薪酬清晰度的满意度，则会造成数据混乱，可比性差。

（3）薪酬满意度的对比应注意可比性，也就是"苹果比苹果"。如果"拿苹果比梨"，那么分析结果将是无效的。如某公司某年度员工对薪酬激励性的满意度是60%，第二年薪酬调查问卷设置和第一年不同，调查结果显示员工对薪酬水平的满意度是80%，这并不能代表该公司员工对薪酬激励性的满意度有所提高。

（4）员工对薪酬调查问卷的回答通常情况下是员工感性、直观的认识。这些评价不仅和薪酬水平的客观高低有关，也和员工的家庭经济情况、负债情况、朋友圈的情况以及信息掌握情况有关，具备一定的主观性。

员工薪酬调查的数据结果可以作为薪酬体系调整的重要参考，但不能求全责备、吹毛求疵、眼里容不得一粒沙子。一般来讲，薪酬体系能够获得75%以上的员工满意，就可以算作内部相对良性的薪酬体系。

 举例 ——————————————————————————————————

某公司对内部员工进行薪酬满意度调查的部分结果如表6-10所示。

表6-10 某公司员工薪酬满意度调查部分结果

类目	A岗位	B岗位	C岗位	公司整体
对薪酬水平的满意度	85%	65%	75%	75%
对薪酬公平性的满意度	65%	75%	65%	75%
对薪酬导向性的满意度	75%	75%	75%	75%
对薪酬清晰度的满意度	65%	65%	65%	65%
对薪酬激励性的满意度	85%	65%	75%	75%
对薪酬可信度的满意度	85%	75%	85%	85%
对公司福利的满意度	85%	75%	85%	85%
综合平均值	77.86%	70.71%	75.00%	76.43%

对薪酬调查的部分结果的简要分析如下。

1. 横向分析

（1）A岗位员工对薪酬的整体满意度最高，B岗位员工对薪酬的整体满意度最低。说明该公司对于A岗位的整体薪酬政策可能相对B岗位更合理。

（2）A、B、C 3个岗位员工对薪酬可信度的满意度和对公司福利的满意度整体较高，对薪酬清晰度的满意度整体较低。可能说明该公司每月发放工资的及时性和准确性较好，福利体系的设置较为合理。但是，该公司可能没有让员工清晰地感受到薪酬的计算过程。

2. 纵向分析

（1）B岗位在薪酬水平和薪酬激励性上的满意度较低，可能说明B岗位员工普遍认为该公司该岗位的薪酬水平较低，且不具备市场竞争力，没有起到很好的激励性效果。

（2）A岗位和C岗位在薪酬公平性上的满意度较低，可能说明这两个岗位的员工普遍认为公司的分配机制没有体现公平公正的原则。

当然，以上分析仅是根据表中数据得出的直观评价。更进一步的原因，还要看薪酬满意度调查问卷的具体设置的不同分项的满意度结果。如该公司对薪酬清晰度的满意度整体较低，也可能是问卷设置了员工关于实行薪酬保密制度的满意度问题，导致此项得分较低。

【疑难问题】如何用 Excel 做离散分析

使用 Microsoft Excel 做薪酬离散分析有两种常用方法。

1. QUARTILE 函数

Excel 中的函数 QUARTILE（Array，Quart）用于求四分位值。如果离散分析的需求只是计算某组数据的最大值、75 分位值、50 分位值、25 分位值和最小值的话，可以运用这种方法。

Array 是将求四分位值的数据所在的区域。

Quart 是想要返回哪一个四分位值，Quart 值为 0 ~ 4 的整数。

当 Quart 等于 4 时，QUARTILE 函数将计算出数据的最大值。

当 Quart 等于 3 时，QUARTILE 函数将计算出数据的 75 分位值。

当 Quart 等于 2 时，QUARTILE 函数将计算出数据的 50 分位值。

当 Quart 等于 1 时，QUARTILE 函数将计算出数据的 25 分位值。

当 Quart 等于 0 时，QUARTILE 函数将计算出数据的最小值。

用 Excel 的 QUARTILE 函数得出某组数据的最大值、75 分位值、50 分位值、25 分位值和最小值，操作方法如下。

（1）在"最大值"后的单元格内输入"="，在公式栏中选择"其他函数"，如图 6-9 所示。

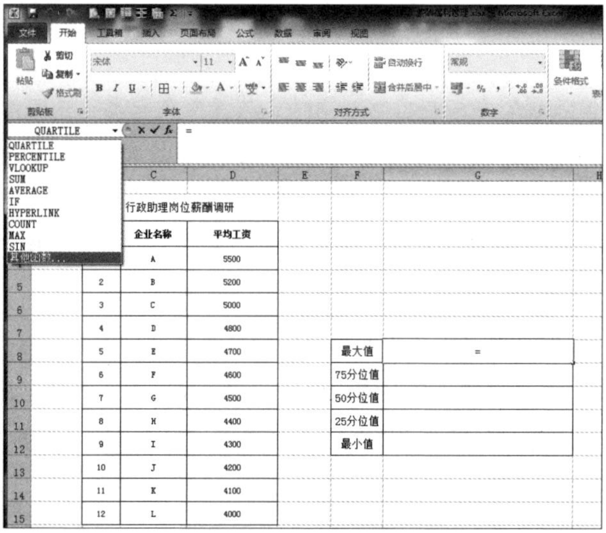

图 6-9　Excel 操作演示

（2）找到函数"QUARTILE"单击"确定"按钮，如图6-10所示。

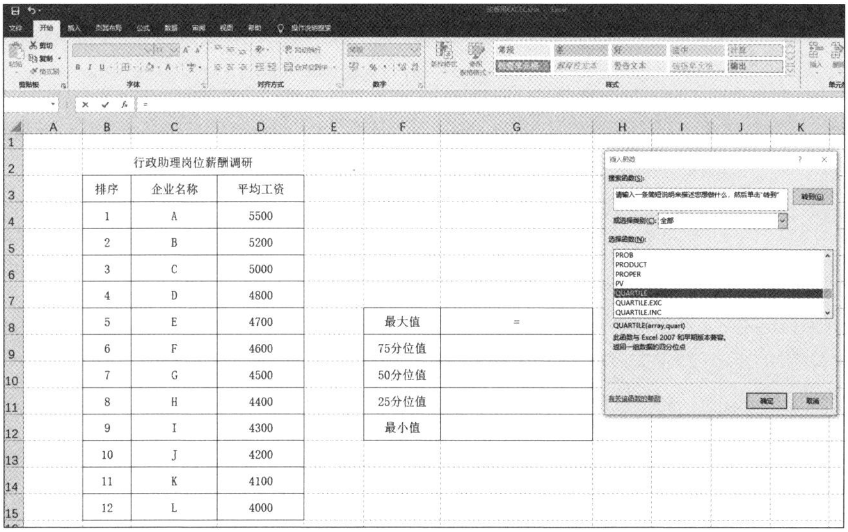

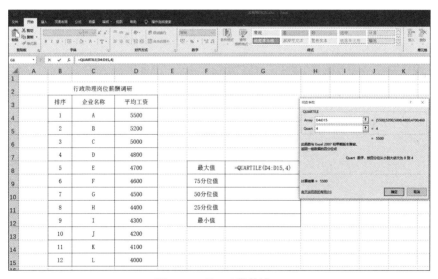

图6-10 Excel操作演示

（3）在"Array"后的文本框内设置数据所在位置，在"Quart"后的文本框内输入"4"，单击"确定"按钮，如图6-11所示。

图6-11 Excel操作演示

（4）在"75分位值"后的单元格内重复上述操作，在"Array"后的文本框内设置数据所在位置，在"Quart"后的文本框内输入"3"，单击"确定"按钮，如图 6-12 所示。

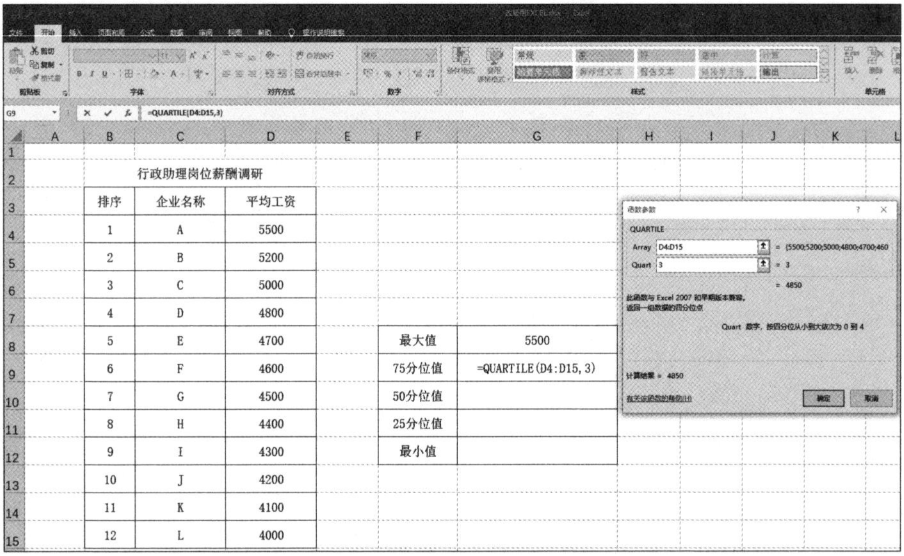

图 6-12　Excel 操作演示

（5）按照同样的方法，计算 50 分位值（在"Quart"后的文本框内输入"2"）、25 分位值（在"Quart"后的文本框内输入"1"）和最小值（在"Quart"后的文本框内输入"0"）。

2. PERCENTILE 函数

PERCENTILE 函数比 QUARTILE 函数更灵活，可以计算任意分位值。如果离散分析的需求超过 QUARTILE 函数能够计算的 5 类，则可以使用 PERCENTILE 函数。

函数 PERCENTILE（Array，K）中的 Array 是元素间关系确定的数值数组或数值区域。

K 是想要求得分位值的百分数，K 值为 0 ~ 1（含 0 与 1）的任意数字。

当 K 等于 A 时，PERCENTILE 函数将计算出数据的 $A \times 100$ 分位值。

当 K 等于 1 时，PERCENTILE 函数将计算出数据的最大值。

当 K 等于 0.9 时，PERCENTILE 函数将计算出数据的 90 分位值。

当 K 等于 0.8 时，PERCENTILE 函数将计算出数据的 80 分位值。

依此类推。

当 K 等于 0 时，PERCENTILE 函数将计算出数据的最小值。

用 Excel 的 PERCENTILE 函数得出某组数据的 90 分位值、75 分位值、50

分位值、25 分位值和 10 分位值，操作方法如下。

（1）在"90 分位值"后的单元格内输入"="，在公式栏中选择"其他函数"，如图 6-13 所示。

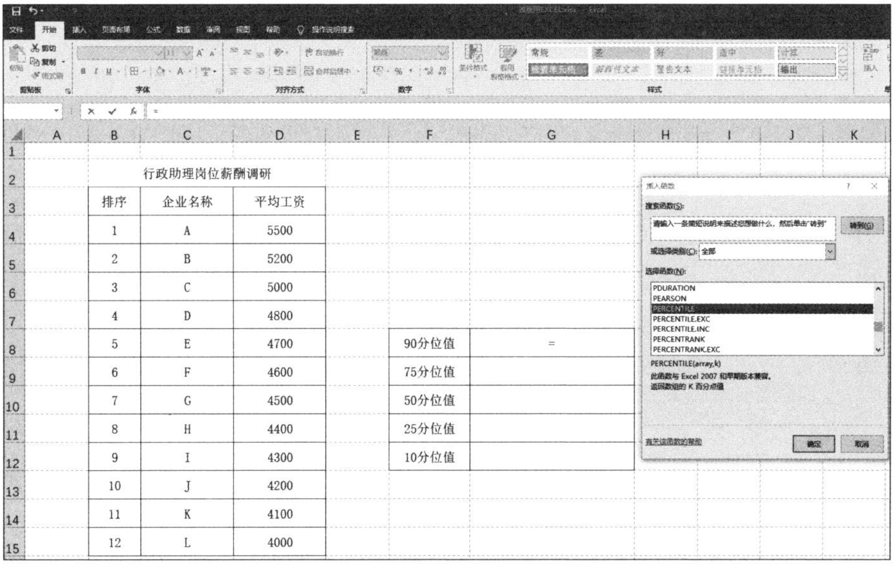

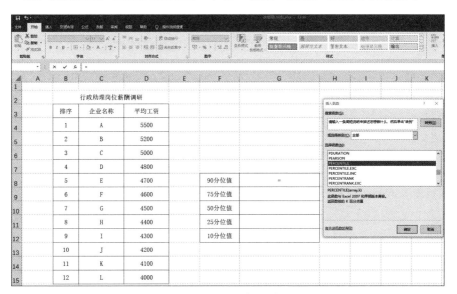

图 6-13　Excel 操作演示

（2）找到函数"PERCENTILE"单击"确定"按钮，如图 6-14 所示。

图 6-14　Excel 操作演示

（3）在"Array"后的文本框内设置数据所在位置，在"K"后的文本框内输入"0.9"，单击"确定"按钮，如图 6-15 所示。

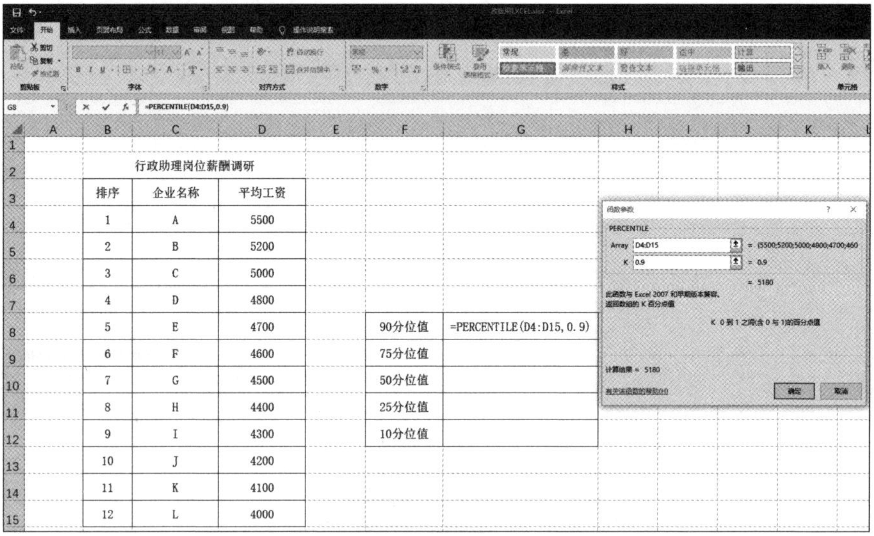

图 6-15　Excel 操作演示

（4）在"75 分位值"后的单元格内重复上述操作，在"Array"后的文本框内设置数据所在位置，在"K"后的文本框内输入"0.75"，单击"确定"按钮，如图 6-16 所示。

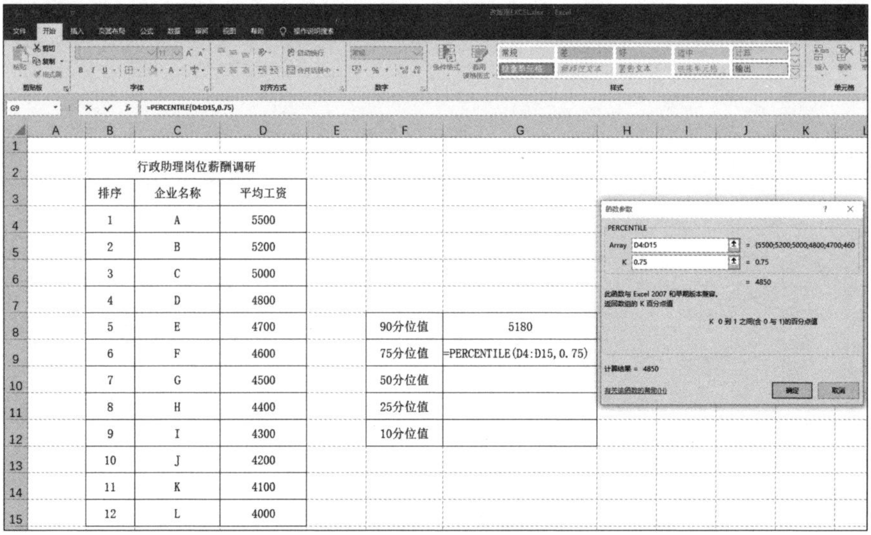

图 6-16　Excel 操作演示

（5）按照同样的方法，计算 50 分位值（在"K"后的文本框内输入"0.5"）、25 分位值（在"K"后的文本框内输入"0.25"）和 10 分位值（在"K"后的文本框内输入"0.1"）。

【疑难问题】如何用 Excel 做回归分析

使用 Microsoft Excel 的操作步骤如下。

1. 添加数据分析插件

（1）打开 Microsoft Excel，选择左上角的"文件"，出现菜单页面，选择"选项"，如图 6-17 所示。

图 6-17　Excel 操作演示

（2）弹出"Excel 选项"对话框，选择"加载项"，选择"分析工具库"选项，单击下方的"转到"按钮，如图 6-18 所示。

图 6-18　Excel 操作演示

（3）这时候会弹出"加载项"对话框，选中"分析工具库"前方的复选框，单击"确定"按钮，如图 6-19 所示。

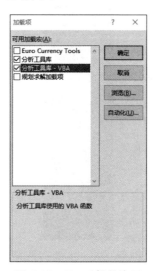

图 6-19　Excel 操作演示

（4）操作完成后，Excel 软件的"数据"选项卡下的最右侧会出现"数据分析"

按钮，这代表成功添加插件，如图 6-20 所示。

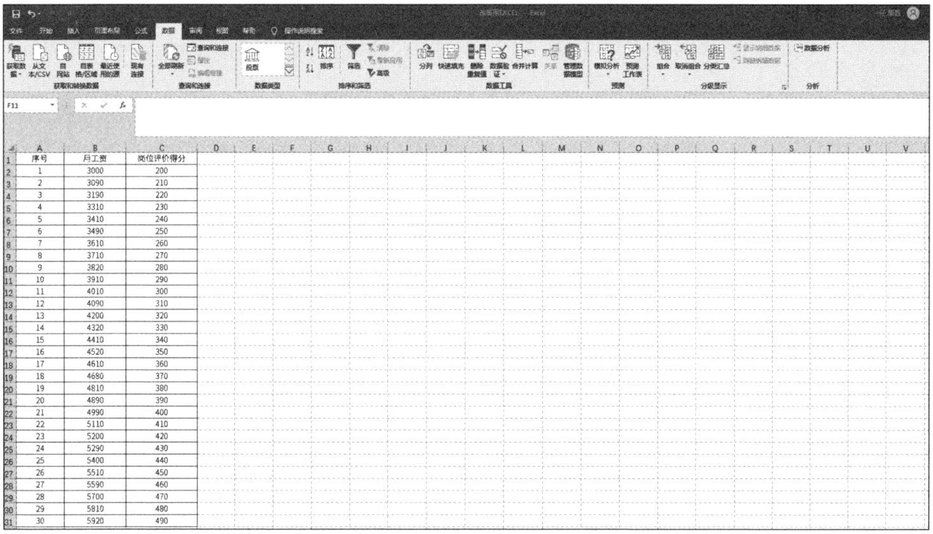

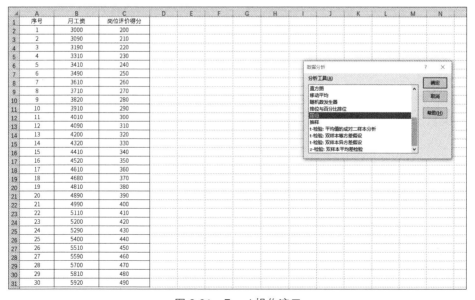

图 6-20　Excel 操作演示

2. 回归分析

（1）单击"数据分析"按钮，在弹出的"数据分析"对话框中选择"回归"选项，单击"确定"按钮，如图 6-21 所示。

图 6-21　Excel 操作演示

（2）在弹出的"回归"对话框中，设置"Y 值输入区域"和"X 值输入区域"，单击"确定"按钮，如图 6-22 所示。

序号	月工资	岗位评价得分
1	3000	200
2	3090	210
3	3190	220
4	3310	230
5	3410	240
6	3490	250
7	3610	260
8	3710	270
9	3820	280
10	3910	290
11	4010	300
12	4090	310
13	4200	320
14	4320	330
15	4410	340
16	4520	350
17	4610	360
18	4680	370
19	4810	380
20	4890	390
21	4990	400
22	5110	410
23	5200	420
24	5290	430
25	5400	440
26	5510	450
27	5590	460
28	5700	470
29	5810	480
30	5920	490

图 6-22　Excel 操作演示

（3）回归分析数据结果如图 6-23 所示。

SUMMARY OUTPUT

回归统计	
Multiple R	0.999918499
R Square	0.999837004
Adjusted R Square	0.999831183
标准误差	1.143822962
观测值	30

方差分析

	df	SS	MS	F	Significance F
回归分析	1	224713.3667	224713.3667	171755.7499	1.39631E-54
残差	28	36.63326713	1.308330969		
总计	29	224750			

	Coefficients	标准误差	t Stat	P-value	Lower 95%	Upper 95%	下限 95.0%	上限 95.0%
Intercept	-100.1617111	1.094255237	-91.53413907	3.09571E-36	-102.4031913	-97.92023084	-102.4031913	-97.92023084
X Variable 1	0.099961462	0.0002412	414.4342529	1.39631E-54	0.099467387	0.100455537	0.099467387	0.100455537

图 6-23　Excel 操作演示

（4）线性方程的公式为 $y=ax+b$，从图 6-23 中得到 a 值为 0.1（0.099 961 462），b 值为 -100.16（-100.161 711 1），R^2 值为 0.999 8（0.999 837 004）。

【实战案例】某公司薪酬调查分析实例

某公司是科技生产型公司，经过几年的技术积累，公司迅速发展壮大，经济效益不断提升，在行业中的优势和地位逐渐显现。但是近些年公司发展过程中，核心管理层把管理的重心放在技术开发方面，使得公司大部分资源向技术和工艺职能方面倾斜，造成公司在其他职能管理方面水平较低。

这种矛盾尤其体现在薪酬管理上，目前公司只有小部分技术岗位的薪酬水平与市场水平相当，其他职能部门的薪酬水平与同地区和同行业的市场水平相比普遍较低，这造成了目前公司内部大部分员工对薪酬体系非常不满。财务部门、行政管理部门相继开始出现离职潮，这种情况已经严重影响了公司的正常运营。

这家公司对基层员工实行的是岗位等级工资制，岗位等级根据员工的能力和历史绩效水平综合评定。基层员工除每月的岗位等级基本工资外，还有与公司业绩挂钩的一部分奖金；对中基层管理者实行的是职务等级工资制，按照职务等级确定每月的基本工资水平，每半年发放绩效奖金；对高层管理者实行的是年薪制，每月发放基本工资，年底统一发放年终奖。

为了解决当前问题，公司决策层决定对全公司员工进行一次薪酬满意度内部调查，以及针对财务部门和行政管理部门选取所在地区、相近产业、类似规模的25家企业进行外部市场薪酬水平调查。

对基层员工的内部薪酬满意度调查结果如表 6-11 所示。

表 6-11　基层员工内部薪酬满意度调查结果

结果	自身薪酬水平与市场水平相比	认为自身薪酬水平反映了岗位特点	认为自身薪酬水平反映了自身绩效	认为自身薪酬水平反映了自身能力
非常满意	5%	5%	18%	28%
比较满意	12%	17%	75%	57%
不满意	83%	78%	7%	15%

对中基层管理者的内部薪酬满意度调查结果如表 6-12 所示。

表 6-12　中基层管理者内部薪酬满意度调查结果

结果	自身薪酬水平与市场水平相比	认为自身薪酬水平反映了岗位特点	认为自身薪酬水平反映了自身绩效	认为自身薪酬水平反映了自身能力
非常满意	6%	12%	10%	23%
比较满意	10%	39%	11%	59%
不满意	84%	49%	79%	18%

对高层管理者的内部薪酬满意度调查结果如表 6-13 所示。

表 6-13　高层管理者内部薪酬满意度调查结果

结果	自身薪酬水平与市场水平相比	认为自身薪酬水平反映了岗位特点	认为自身薪酬水平反映了自身绩效	认为自身薪酬水平反映了自身能力
非常满意	4%	18%	3%	3%
比较满意	9%	59%	5%	6%
不满意	87%	23%	92%	91%

对财务部门的外部薪酬调查结果如表 6-14 所示。

表 6-14　财务部门外部薪酬调查结果　　　　单位：元／年

职级	同行业的薪酬水平					公司当前薪酬水平
	10 分位	25 分位	50 分位	75 分位	90 分位	
高层管理者	235 487	286 574	326 874	486 715	568 742	220 000
中层管理者	162 086	189 998	209 150	252 138	283 421	120 000
基层管理者	84 251	120 234	145 353	224 303	236 682	80 000
基层员工	41 465	52 487	64 578	72 356	86 874	42 000

对行政管理部门的外部薪酬调查结果如表 6-15 所示。

表 6-15　行政管理部门外部薪酬调查结果　　　　单位：元／年

职级	同行业的薪酬水平					公司当前薪酬水平
	10 分位	25 分位	50 分位	75 分位	90 分位	
高层管理者	214 808	251 207	302 915	467 504	496 198	200 000
中层管理者	88 233	108 306	153 646	268 656	536 872	100 000
基层管理者	68 788	73 710	96 645	151 854	178 503	60 000
基层员工	40 834	43 889	58 202	69 055	88 050	40 000

从内部薪酬满意度调查和外部薪酬水平调查能够看出该公司存在以下问题。

（1）该公司员工对薪酬水平的满意度普遍较低，普遍认为自己的薪酬水平低于市场水平。

（2）基层员工普遍认为现行的岗位等级工资制度只能相对地反映出员工绩效和能力之间的差别，并不能客观地反映出岗位之间的劳动差别。

（3）中基层管理者普遍认为现行的职务等级工资制并不能体现自身的绩效水平。

（4）高层管理者对薪酬的满意度普遍较低，说明对高层管理者而言，现行的年薪制并不能提高他们的工作积极性。

（5）与市场劳动力水平相比，该公司财务岗位和行政管理岗位的薪酬水平确实普遍低于市场水平。多数岗位层级的薪酬水平甚至在市场水平的 10 分位以下。

对于一个处于成长期、快速发展且业绩良好的公司来说，以上都是本不该出现的现象。

根据当前暴露出的问题，该公司实施了以下办法。

（1）全面调整公司的薪酬水平，技术岗位薪酬达到市场 90 分位的水平，其他岗位薪酬达到市场 75 分位的水平。

（2）强化公司的人力资源管理基础工作，实施系统的岗位管理、分析和价值评估，为制订薪酬政策提供有效的依据。完善绩效管理体系，保障各岗位绩效和薪酬的匹配性。

（3）全面修改公司各级人员的薪酬制度，要体现岗位特点，兼顾技能水平，匹配绩效评定结果。对高层管理者考虑实行年薪制和长期激励相结合的方式。

第7章

常见薪酬模式与方案设计

　　宽带薪酬和年薪制是两种很常见的薪酬模式，是企业中运用范围较广、使用频率较高的薪酬类型。随着组织扁平化的发展趋势和发挥人才主观能动性的要求，这两种薪酬模式还将在企业中得到更为广泛和深入的应用。

　　企业薪酬管理思路的贯彻落实离不开科学、严谨的薪酬方案设计。为了发挥薪酬管理的效能，企业可让薪酬方案的设计和薪酬管理制度落地，让薪酬管理体系能够得到工具化、规范化和制度化的体现。

7.1 如何应用宽带薪酬

宽带薪酬的产生可以追溯到 20 世纪 80 年代末期到 20 世纪 90 年代初期，当时大部分的组织发现了传统职能型和事业部型组织的弊端，开始去层级化，让组织机构趋于扁平化，组织流程相应更新变化，人员的轮岗情况增加，并且越来越重视人员的职业发展。这时候，组织需要与这种改变相适应的薪酬模式，宽带薪酬应运而生。

7.1.1 宽带薪酬的应用特点

宽带薪酬是一种薪酬浮动的范围较大、薪酬等级较少的薪酬模式。宽带薪酬是从传统的窄带薪酬演化而来的一种薪酬模式，它是在窄带薪酬的基础上，对薪酬等级和薪酬浮动的范围做了重新组合，从而将原来数量较多、跨度较小的薪酬等级减少，将薪酬上下级之间的浮动范围拉大。

窄带薪酬和宽带薪酬之间的关系和演化过程如下。

传统的窄带薪酬在岗位类别和薪酬水平上的示例如图 7-1 所示。

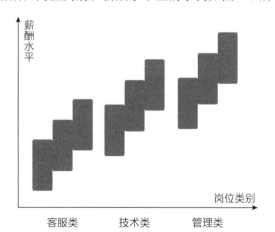

图 7-1 传统的窄带薪酬示例

从图 7-1 中，可以看出窄带薪酬针对同一类岗位，会划分不同的多个层级。图 7-1 仅为演示，实务中人数较多的企业可能会有十几甚至几十个层级。在此基础上，宽带薪酬对其做出的改变如图 7-2 所示。

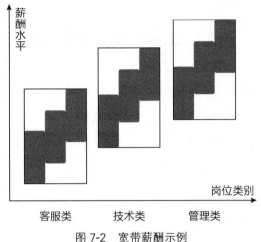

图 7-2　宽带薪酬示例

宽带薪酬的这种归类，将原本很多的薪酬等级变得更少，从而使薪酬水平显得更"宽"，同时将每个等级的薪酬上下值区间划分得更"宽"。宽带薪酬形成的新的薪酬管理体系，能够适应新的管理模式、业务发展和竞争环境的需要。

窄带薪酬模式与宽带薪酬模式的着眼点和定位有所不同，如图 7-3 所示。

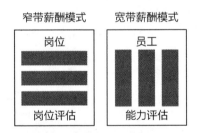

图 7-3　窄带薪酬模式和宽带薪酬模式的比较情况

窄带薪酬模式适用于职能型、事业部型或其他偏纵向型的组织机构。在这类严密的直线层级制组织机构中，薪酬结构的设计聚焦在岗位的设置上。薪酬设计以岗位评估为基础，以任务目标为导向。

宽带薪酬模式适用于流程型、网络型或者其他偏横向型的组织机构。在这类工作和汇报关系趋于扁平化的组织中，薪酬的设计聚焦在员工（也就是人）的发展上。薪酬设计以能力评估为基础，以员工的职业发展为导向。

宽带薪酬的优势包括以下内容。

1. 适用企业战略调整的需要

企业的经营和发展不可能是一成不变的，窄带薪酬的组织机构、岗位设置和等级设置适应不了企业战略和经营快速发展的需要。相反，宽带薪酬由于其薪酬等级和薪酬范围"宽幅"的特点，更容易适应企业战略的快速调整。

2. 有利于员工职业生涯的发展

在窄带薪酬模式下，当员工由于职业发展的需要进行岗位轮换时，薪酬变换可能会因等级规则的限制出现各种问题。而实行宽带薪酬时，员工岗位轮换和职业发展的薪酬变化不再受薪酬等级和幅度的限制。

3. 有利于创造学习型的企业文化

员工在企业中的发展，不再受岗位和等级的限制，想获得高薪，不仅有一条等级提升的道路，还多了一条能力提升的道路。员工技能和能力的提高也将带来薪酬的提升，这为企业中的大部分人提供了机会，提高了他们主动提高自身能力和技能的积极性。

4. 有利于推动企业绩效的提升

当员工开始主动提升自身的技能水平时，代表着员工的工作态度和工作能力都将得到一定的提高。员工绩效的提升通常也是员工在宽带薪酬模式中薪酬增长的条件之一。这些都会对员工工作的绩效评定结果产生积极的影响。当企业大部分员工产生这种转变时，必将推动企业整体绩效的提升。

5. 有利于强化部门内部的管理

宽带薪酬在一个薪酬宽带内，上下限之间的差异较大，因此给员工薪酬水平的确定留有较大的空间。这种情况下，直线经理将承担更多的责任，拥有更大的权力，可以对员工的薪酬水平给出更多的建议。这有利于直线经理对员工管理的强化和深入，也有利于人力资源管理工作的务实和下沉。

当然，宽带薪酬也不是包治百病的"万金油"，它也存在如下一些固有的缺陷。

1. 晋升问题

职位的晋升对员工来说是一种激励手段，尤其对于薪酬达到一定水平的员工更是如此。然而对适用宽带薪酬的趋于扁平化的企业来说，职位上的晋升可能只能满足一小部分员工。只要能力水平达标，宽带薪酬模式就能保证员工的"利"，但无法保证员工的"名"。

另外，宽带薪酬虽然打破了工资提升只能通过职位提升的限制，但实际操作时，同样可能会产生职位提升与个人绩效提升分别带来的薪酬水平变化的不同，与员工个体为此付出的努力之间的差别引发的矛盾。

2. 成本增加

在宽带薪酬模式下，即使不晋升，某一类员工的薪酬上限通常也是比较高的。与窄带薪酬模式中员工的薪酬水平很快就能"摸到天花板"不同，在宽带薪酬模式中只要员工的能力、绩效等达到企业要求，员工就可能会得到较高的薪酬水平。因此，使得企业的成本增加。

3. 适用性窄

宽带薪酬并不适用于所有的企业，如在有些采用传统纵向层级制的劳动密集型企业中，长期积累的企业文化以及管理的特性决定了窄带薪酬可能更有效。而技术型、创新型的企业则比较适合宽带薪酬。

4. 绩效崇拜

强调个人绩效的宽带薪酬，在个体绩效得到强化的同时，也面临着企业内部协同失败的可能性。如果过分强调绩效，则可能会忽视员工不同层次的需求，可能会让整个企业的需求导向转向逐利性。

5. 权力倚重

宽带薪酬能够让直线经理更多地参与员工管理和薪酬制，这也将使得企业内部或团队内部形成对直线经理的倚重。直线经理手中的权力比原来更大，可能会在团队内产生不良导向。

7.1.2　宽带薪酬的设计流程

宽带薪酬的设计流程可以分成3步，如图7-4所示。

图 7-4　宽带薪酬的设计流程

具体的设计流程如下。

1. 确定宽带薪酬数量

确定宽带薪酬数量，需要做好薪酬对应岗位层级的合并与设计。合并的依据可以是岗位类别，可以是岗位角色，还可以是岗位属性。具体按照哪种依据合并可以根据公司的管理需要和惯例进行选择。

 举例

某公司希望整合公司现有的薪酬层级，实行宽带薪酬模式。在进行岗位分析和岗位价值评估后，公司现有的岗位情况如表 7-1 所示。

表 7-1 某公司岗位分析和岗位价值评估结果

岗位类别	岗位层级	岗位价值评分	该岗位每年薪酬标准最低值 / 元	该岗位每年薪酬标准最高值 / 元
管理岗位	A1	650	800 000	1 000 000
	A2	600	700 000	900 000
	A3	550	600 000	800 000
	A4	530	500 000	700 000
技术岗位	B1	490	400 000	600 000
	B2	410	350 000	500 000
	B3	350	250 000	400 000
	B4	290	200 000	300 000
员工岗位	C1	210	180 000	250 000
	C2	180	150 000	200 000
	C3	150	100 000	150 000
	C4	100	80 000	120 000

从表 7-1 能够看出，公司现有的岗位层级有 12 个。按照岗位类别的不同，可以直接将其划分为 A、B、C 3 个岗位层级。也就是将原来窄带薪酬模式的 12 条"窄带"，划分成宽带薪酬模式的 3 条"宽带"。

2. 确定宽带薪酬范围

宽带薪酬范围的确定需要设计薪酬区间。宽带薪酬的区间可以与以前相比有较大的跨度。在同一个区间内，最高级与最低级可以有 1 ～ 3 倍的跨度，而且上下层级之间可以有一定的交叠。

 举例

以表 7-1 为例，如果把各个岗位类别中窄带薪酬等级的上下限作为宽带薪酬的

上下限，则宽带薪酬的范围如图7-5所示。

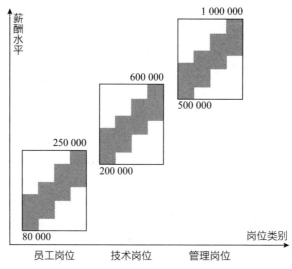

图 7-5　宽带薪酬上下限示例

当然，宽带薪酬的上下限范围并不一定要完全符合现有薪酬的上下限范围。实务中，HR 可以根据公司的整体战略、人力资源战略、薪酬战略、市场供需情况、付薪情况、岗位责任轻重、岗位价值大小，以及岗位需求技能水平的高低等因素，按需制订宽带薪酬的最高值和最低值，如图7-6所示。

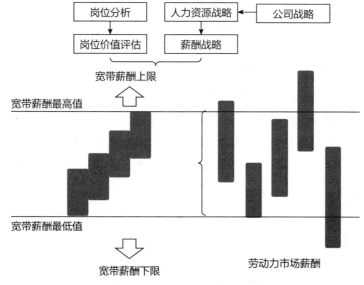

图 7-6　确定宽带薪酬上下限的过程

3. 确定薪酬结构

完成以上 2 步后，接下来，HR 应根据不同岗位的工作性质特点及不同层级员工需求的特殊性与多样性，建立对应宽带薪酬岗位类别的不同的薪酬结构，以有效地激励不同层级员工的积极性和主动性。

 举例

以表 7-1 为例，根据管理岗位、技术岗位和员工岗位 3 类岗位工作性质和岗位特点的不同，对薪酬结构的划分如表 7-2 所示。

表 7-2　岗位薪酬结构划分示例

岗位类别	月固定工资	月浮动工资	年终奖金	岗位福利	长期激励
管理岗位	20% ～ 40%	10% ～ 30%	30% ～ 40%	10% ～ 30%	10% ～ 30%
技术岗位	40% ～ 60%	10% ～ 20%	20% ～ 30%	10% ～ 20%	0 ～ 10%
员工岗位	50% ～ 80%	10% ～ 20%	10% ～ 20%	5% ～ 15%	0

除以上 3 步外，HR 在进行宽带薪酬设计时，还需要提前做好任职资格以及岗位评级工作，同时还要制订岗位轮换引起横向薪酬变化的条件与规则。

7.1.3　宽带薪酬的实施和修正

设计宽带薪酬的整体方案只是宽带薪酬实施工作的开始。要让宽带薪酬在企业中得到有效的实施，HR 还需要做好以下工作。

1. 完善组织机构

理论上，组织机构应是宽带薪酬方案设计的前提条件。实务中宽带薪酬方案可以作为组织机构变革方案的一部分，也可以作为组织机构变革方案的补充。总之，HR 可以在组织机构变化之前，进行宽带薪酬模式的设计。但如果要保证宽带薪酬的有效实施，企业的组织机构应当采取相应的变化。

如某组织由原来的纵向职能型组织转变为横向的流程型组织。如果组织机构不发生变化，则宽带薪酬在职能型组织中难以推行。员工的发展和薪酬变化，依然还是依赖于职位的晋升和岗位的变化。只有转变为相对扁平化的组织机构之后，员工的晋升与发展才能不限于职位的变化，而可以按照绩效和能力浮动。

2. 宣传沟通引导

薪酬政策是员工非常关心的敏感政策。要推行新的薪酬政策，少不了全企业范围内的宣传。如果宣传不到位，员工很可能会认为企业薪酬模式变化的实质是想降低他们的薪酬，从而产生原本不该出现的抵触情绪，影响薪酬政策的推行。所以，薪酬政策的宣传一定要及时，HR要将薪酬政策宣传给企业的中基层管理者，再由中基层管理者宣传给员工。

宣传的过程中不仅要宣传薪酬政策本身，还应借此机会告知员工实施宽带薪酬是为了鼓励员工学习与成长，鼓励员工多做贡献。让员工树立"只要不断提高自身的能力和绩效水平，就能得到薪酬水平的提高"的信念，以此来建立学习型企业的氛围，激发员工活力，激励员工成长，保证企业持久、健康地发展。

3. 健全测评系统

既然在宽带薪酬模式中，绩效水平和能力水平将是评判员工薪酬水平的重要依据，那么企业的绩效管理体系和能力管理体系一定要完善。对于绩效和能力的测评一定要保证准确性、公平性和合理性。

如果没有绩效和能力两大测评系统对员工进行客观、有效的评价，宽带薪酬就如同空中楼阁，员工不会因为实行了宽带薪酬而产生被激励的感觉，反而会因为这个政策产生对企业的不信任感。

4. 关注实施控制

因为宽带薪酬很容易增加企业的人力成本，在实施宽带薪酬之前，HR应做好薪酬的预算。要对总体的薪酬水平和可能的变化做出准确的预算，以确保在未来一段时间内的人力成本得到一定程度的控制。

在推行实施宽带薪酬的过程中，要注意总量控制，及时修正。员工薪酬是企业必须负担的一项费用，但企业的支付能力是有限的。如果涉及薪酬增长，增长的幅度不应超过企业的承受能力。

要定期及时地关注并评估市场状况，对薪酬政策做出调整，以适应市场的变化。宽带薪酬模式一经建立，在不违背企业战略、保持相对稳定的前提下，还应具有一定的弹性，使薪酬政策、薪酬水平、薪酬结构都能随着企业经营状况和市场薪酬水平的变化而变化。

7.1.4　宽带薪酬的注意事项

与传统的窄带薪酬相比，宽带薪酬更注重员工个体之间的差异，这是对个人能力和绩效评定结果的充分尊重。强调员工个人能力和绩效的宽带薪酬，与以岗定薪的传统窄带薪酬并不相互矛盾。事实上，这两种模式间是互为补充的关系，它们从不同的方面反映和强调了薪酬设计中的公平性原则。

实施宽带薪酬之前，有以下几点事项需要注意。

1. 明确战略

实施宽带薪酬之前，要明确企业的战略、人力资源管理战略以及薪酬战略。明确这些，是实施宽带薪酬的前提。如果不明确战略就实施宽带薪酬，就好像还不知道自己要去哪就开车出门，结果必是因为找不着方向而浪费时间。

2. 认清形势

HR 一定要清楚，不是所有的企业都适用宽带薪酬。不要因为宽带薪酬的理念好或者这是企业领导层希望使用的薪酬模式，就盲目追随。对于连传统的窄带薪酬都运行不正常的企业来说，更不适宜引入宽带薪酬。HR 同时要认清行业特点和竞争对手的情况。

HR 在设计薪酬制度时必须使其能够体现企业个性化的特征，根据组织结构以及不同层次人员需求的多样化来设计符合企业特点和需求的薪酬方案，而不能简单地用宽带薪酬或窄带薪酬来定义或作为企业的薪酬制度。

3. 结合组织机构

宽带薪酬与组织机构的联系非常紧密，二者之间是相互促进、相互补充的关系。在实施宽带薪酬前，应当审视组织机构层面的变化，与企业管理方式的变化、组织层级结构的优化或者组织机构的变革相结合。

4. 注意方法

实施宽带薪酬的 HR 应具备人力资源管理和薪酬管理的基础知识和能力，能合理划分薪酬的带宽和上下限，根据不同的类别层级特点设计薪酬方案，同时要做好任职资格和薪酬等级的评定等基础工作。

5. 征求意见

宽带薪酬制度实施前，要广泛征求企业各方的意见，吸取各方意见中有价值的部分，及时做出调整。对于不采纳的意见，也应在宣传时做出关于为何不采纳该意见的必要解释。作为过渡，要设计薪酬政策的试行期，避免大面积铺开造成的混乱与不适应。在过渡期内，同样应广泛征求各方的意见并及时修正。

7.2 如何实行年薪制

年薪制是根据企业的业绩和个人的绩效，以年度为单位支付劳动者薪酬的薪酬分配方式。年薪制的目的是把人才的个人利益与企业所有的利益联系起来，让人才发展的目标与企业发展的目标一致。年薪制因为对人才有较远期的激励和约束作用，所以被广泛地应用在企业的薪酬设计中。

7.2.1 年薪制的适用对象和构成要素

年薪制原本适用于那些对企业经营业绩责任和影响较大，或者具备企业的实际经营权但没有或只小部分享有企业所有权的人员，如公司的高级管理者、核心技术人才以及个别关键岗位上对企业经营业绩有较大影响的人才。

但随着企业经营管理的演变，组织扁平化、组织平台化、组织权力下沉等理念的付诸实施，企业中实施年薪制的人员范围越来越大。年薪制已经逐渐扩散应用到许多中层管理者或者某些特殊岗位的基层员工身上。有的企业甚至实行全员年薪制。

年薪制薪酬的构成要素如果简单地划分，可以分成 3 个部分：一是相对固定的收入 A；二是定位在对人才进行短期激励的浮动收入 B；三是更长远的长期激励 C。

A 部分可保证人才家庭和个人的基本生活费用，一般以月度为单位发放。当然 A 部分也不是一成不变的，应随着物价水平、劳动力市场状况、职级调整、工作年限或者企业整体薪酬水平的变化而变化。

B 部分一般是对一季度到两年这类相对短期的经营业绩和绩效成果的奖励，一般以季度或年度为单位发放。根据绩效状况，B 部分的发放金额可能达到预期，可能超过预期，也可能为零。

C 部分是为了鼓励人才进行更长远的贡献，是把企业的发展和人才的个人发展绑定在一起的奖励。一般由企业和人才双方确定后，在 3 ～ 5 年的较远期内兑现。C 部分能有效防止人才为了追求短期利益而做出"杀鸡取卵"式的决策和短期行为。

年薪制薪酬的构成要素如果细分，可以划分成常见的薪酬类目，如表 7-3 所示。

表 7-3　年薪制组成类目和要素示例

年薪制组成类目	要素
A 部分 （相对固定的收入）	固定工资 司龄工资 固定福利 固定津贴
B 部分 （短期激励）	季度奖金 年终奖金 特殊福利
C 部分 （长期激励）	股票激励 长期福利

人才的层级越高、其决策对企业发展影响越深远，其薪酬的 C 部分的比例应越大；层级越低，其薪酬的 A 部分的比例一般会越大。

岗位不同、职务不同、层级不同，各部分的薪酬占比也不相同。但需注意，年薪制的属性决定了它本身就是一种减少固定收入、增加浮动收入的模式。既然采取年薪制，原则和趋势上就应当降低 A 部分的占比，提高 B 部分或 C 部分的占比。

7.2.2　年薪制的不同模式

不同类型企业采取的年薪制的模式差异较大。年薪制常见的模式有准公务员模式、一揽子模式、非持股多元化模式、持股多元化模式、虚拟持股多元化模式 5 种。它们的适用对象、适应企业、薪酬结构和激励作用如表 7-4 所示。

表 7-4　年薪制的 5 种常见模式

特点	准公务员 模式	一揽子 模式	非持股多元化 模式	持股多元化 模式	虚拟持股多 元化模式
适用对象	企业高级管理者，尤其是国有企业中临近退休的高级管理者	通常是某企业或事业部的最高经营管理者	企业的中高级管理者，关键岗位人才		

续表

特点	准公务员模式	一揽子模式	非持股多元化模式	持股多元化模式	虚拟持股多元化模式
适用企业	大型国有企业或对国民经济有特殊战略意义的大型集团企业或其控股企业	期望快速发展的企业，或者面临特殊问题的企业	所有企业	股份制企业	所有企业
薪酬结构	A+C 相对固定的收入+养老金计划	B 固定数量的年终奖金	A+B 相对固定的收入+短期激励	A+B+C 相对固定的收入+短期激励+长期激励	A+B+C 相对固定的收入+短期激励+长期激励
激励作用	稳定、较好的生活保障以及退休后高水平的退休金保障； 一定程度约束管理者的短期行为	承包式的激励，激励作用较大，但可能引发短期行为； 激励作用的有效性很大程度上取决于对考核指标的科学选择和准确真实的判断	将绩效与薪酬直接挂钩，相对传统薪酬模式更具激励性； 缺少激励长期行为的类目，可能引发人才的短期行为，影响企业长期发展	理论上比较有效，形式可以灵活多样，兼顾短期和长期； 股票价格的升值可能会使人才获得大额财富，但是实施条件要求相对较苛刻	把股权的概念引入非上市公司甚至非股份制企业；通过虚拟的股权让人才享受股权分配权的方式可长期满足人才发展的需要

注：表7-4中的A、B、C同表7-3中的A、B、C。

准公务员模式的考核指标一般是企业当年的业绩目标。一揽子模式的考核指标通常是十分明确的一项或几项指标，如实现利润、增加销售、减少亏损、提高资产利润率等。

非持股多元化模式、持股多元化模式和虚拟持股多元化模式3种模式是企业采取频率较高、较常见的年薪制模式。

持股多元化模式中的股权，指的是实际股权，可以是直接持股，也可以是限制性股票或股票期权。虚拟持股多元化模式中的股权，指的是虚拟股权，可以是虚拟股票、年薪虚股制，也可以是账面价值增值权和股票增值权。

当然，持股多元化模式和虚拟持股多元化模式对长期激励的落实并不应仅围绕字面的"股"，还应围绕"多元"，应采取更加多种多样的长期激励模式，如多元化的长期福利，或者参考准公务员模式中的养老金计划。

非持股多元化模式、持股多元化模式和虚拟持股多元化模式都是根据企业战略和岗位特点制订的。

7.2.3　年薪制的应用特点

与其他薪酬模式相比，年薪制在功能上具有激励性和约束性并存、公平性和效率性并存、制度性和规范性并存的特点。

年薪制下收入与绩效的关联性较强。既能给人才较强的激励，又能给其一定的责任感和压力，是责任、收益和风险的统一；既能提供具有一定挑战性的工作机会，又能提供获得较高薪酬的机会，体现了公平和效率的统一；既有特定制度的约束，又有标准规范的约束，体现了制度和规范的统一。

年薪制的优点主要包括以下几点。

1. 绩效导向

把企业的经营业绩、岗位的工作业绩和劳动者的个人所得更加紧密地联系在一起，实现个人目标和企业目标的统一。年薪制就像一份委托代理合约，为企业和人才之间的雇佣关系增加了一层委托人和被委托人之间的委托代理关系的含义。

2. 面向未来

在传统薪酬模式中，人才的收益是对过去的总结，而年薪制中人才的收益，在很大程度上是对未来的展望。年薪制是企业根据对未来经营情况的预期而制订的，是把企业未来的状况与人才未来的收益进行绑定的薪酬模式。

3. 抑制权力倚重

将企业长远发展与人才个人收益紧密结合在一起后，人才对企业的归属感和责任感会大大增强。人才对于不利于企业的行为的容忍度将变低。这对于企业抑制管理过程中的权力倚重问题将产生积极的预防作用。

年薪制的缺点主要包括以下几点。

1. 可能的短视行为

如果在年薪制的实施过程中没有注意采取有效的长期激励，则企业有可能无法调动人才的长期行为。人才可能会为了个人利益，追求短期的漂亮数字而做出损害企业长远利益的行为，或者放弃有利于企业长远发展的决策。

2. 可能的收入减少

相对于传统旱涝保收式的薪酬模式，年薪制的收入存在较大的不确定性。有时候企业的经营情况受外部因素的影响较大，即使人才主观上已经做出了较大努力，但是经营业绩却与预期差异较大，可能导致人才的收入骤减。

3. 可能的针对性差

一般来说，年薪制在企业中的应用对象主要是人数较少的管理人才或特殊岗位人才。这些人才往往本身就具备一定的素质，采用年薪制后他们能够得到一定的激励。然而，企业中更需要这种激励的人才往往集中在一线，年薪制的优势反而难以覆盖这类人才。

7.2.4　年薪制的实施条件

即使年薪制有许多的优点，但对于一个没有实施过年薪制的企业来说，年薪制也不是拿来即能用的。要有效地实施年薪制，企业还需要具备一定的条件。

1. 配套的管理体系

实施年薪制，企业必须要有一套相对完善的绩效指标制订和评价体系。企业要具备对自身经营状况和岗位贡献情况进行准确预估的能力，还要形成一套科学、严谨的绩效指标确立、修改和评估闭环管理体系。绩效指标只有全面反映企业的经营状况，才能为后续判断人员的浮动收入提供有力依据。

另外，对于年薪制中固定收入的制订和判断，以及固定收入加浮动收入后达到的最低值和最高值的参考，HR 还需要一套相对完善的薪酬管理体系作为支撑。薪酬管理体系至少要做到能够匹配企业的战略，能够评估外部劳动力市场状况，以及能够平衡内部的薪酬支付，基本达到薪酬的竞争性和公平性。

2. 必要的宣传教育

任何一项制度的推行都免不了要进行宣传和教育。如果企业中将要实行年薪制的人员对年薪制没概念，不清楚年薪制的薪酬设置，不清楚自己达到什么标准能拿到多少浮动薪酬，体会不到年薪制的激励作用。那么，HR 应当给予这部分人员必要的宣传教育。

宣传教育不仅可以用于对将要实施年薪制的人员进行"扫盲"，还可以被企业用来向员工传递正确的薪酬观。企业可以通过薪酬方面的宣传和教育，让员工认识到自身薪酬的组成、来源、确立过程以及形成高低差异的原因或规则，体现企业薪酬管理的相对透明性和公正性。

3. 一定的管理能力

薪酬要体现激励性，可是不专业的薪酬政策，不但不会体现激励性，反而会产生许多负面效应。负责设计和实施年薪制的团队中要有较专业的人力资源管理专家，要有具备薪酬管理的实施能力和实战经验的人员。

年薪制中的固定薪酬和浮动薪酬之间的比例关系，浮动薪酬中短期激励和长期激励之间的比例关系，长、短期激励中具体项目选择以及股权激励的操作实施等实施年薪制的必备事项的操作，需要具备专业能力和实操经验的人员或团队引导企业稳步实施。

7.3　如何设计薪酬方案

薪酬方案设计思路可以概括为以下 5 步。

（1）了解企业发展的总体战略。

（2）承接企业战略，制订人力资源管理战略。

（3）通过人力资源管理战略，制订薪酬方案设计策略。

（4）通过薪酬方案设计策略，实施薪酬方案设计流程。

（5）根据薪酬设计方案，编制薪酬管理制度。

薪酬方案设计思路如图 7-7 所示。

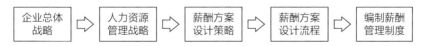

图 7-7　薪酬方案设计思路

在薪酬方案设计过程中，HR 应以企业战略为依据，以现代薪酬理念为指导，以机构和岗位优化为基础，着眼于薪酬制度的创新，立足于解决实际问题，系统设计，配套实施，形成分配激励机制，实现调动管理者和其他员工积极性、创造性的目标。

7.3.1　薪酬方案设计策略

薪酬方案设计是一个系统的工程，方案制订的整个过程应从企业战略出发、从人力资源管理体系出发、从企业配套改革出发以及从薪酬管理的整套系统出发。过程中，HR 要以工作分析为前提，以薪酬分配为主体，以绩效管理为依据，与企业的其他改革相配套。

实施薪酬方案设计前，需要综合考虑、分析和判断的因素包括以下几点。

- 企业产权的改革情况。
- 企业生产经营的特点。
- 企业的经营环境。
- 企业经济效益情况。
- 企业文化和队伍素质。
- 企业发展阶段。

制订薪酬方案设计策略时需要综合考虑多个薪酬因素，主要包括以下几点。

1. 薪酬水平

针对薪酬水平，HR 可以采取的策略包括代表高薪酬水平的薪酬领袖策略，代表中等薪酬水平的市场追随策略，代表低水平的市场拖后策略，以及几种策略混合使用的薪酬混合策略。关于薪酬水平策略的具体介绍和选择依据，可以参考本书第 1 章"如何认识及应用薪酬管理"部分的内容。

2. 薪酬结构

针对薪酬结构，HR 可以采取的策略包括代表高激励性、低稳定性的弹性模式，代表高稳定性、低激励性的稳定模式，以及激励性和稳定性都居中的折中模式。关于薪酬结构的具体介绍和选择依据，可以参考本书第 1 章"如何认识及应用薪酬管理"部分的内容。

3. 薪酬模式

薪酬模式是企业决定采取的薪酬形式的组合，常见的有 3 种类型。

如果企业结构较单一、想要全企业上下步调一致、薪酬形式统一，可以采取统一的薪酬模式。如果企业结构复杂、岗位层级较多、类型多样、想要对不同类型的人才采取不同的有针对性的薪酬形式，则可以采取多元的薪酬模式。如果企业结构介于单一和复杂之间，允许薪酬形式不同，但又强调主辅关系，可以采取一种薪酬模式为主、几种薪酬模式为辅的薪酬模式。

4. 薪酬差距

由于企业文化、经营理念、业务特点等不同，企业中各个层级之间的薪酬差距也同样是在设计薪酬策略时需要考虑的。

强调"比帮赶超"氛围、鼓励员工能力和绩效水平提升的企业可以拉大岗位层级之间的薪酬差距，可以采取薪酬层级差距较大的策略，激发员工的内升动力。强调平稳发展、追求细水长流，不想让员工层级薪酬差异较大的企业，可以采取薪酬层级差距较小的策略。介于两者之间的企业，可以采取薪酬层级差距折中的策略。

5. 配套措施

薪酬方案和制度的有效实施，往往需要相关的配套政策和措施的支持。HR 在设计薪酬方案和薪酬制度的时候，要考虑到推行时的复杂程度和难易程度。

如果设计的薪酬方案较复杂，或者企业有变革的需要，那么在薪酬方案设计策略上应配套较多的措施。如果设计的薪酬方案较简单，或者企业没有变革的需要，那么在薪酬方案设计策略上应配套较少的措施，或者不配套其他措施。

总之，薪酬方案设计策略是一个复合体，是多个薪酬方案考虑因素中的一种或多种的组合。考虑因素越全面，薪酬策略选择越准确，薪酬方案设计的实用性将会越强。具体的考虑因素和策略选择，需要视具体情况确定。

7.3.2　薪酬方案设计流程

薪酬方案设计流程可以分成 6 个阶段，如图 7-8 所示。

图 7-8　薪酬方案设计的 6 个阶段

1. 调查研究

在薪酬方案设计的调查研究阶段，HR 要了解本企业的基本情况，要掌握外部市场（主要竞争对手或对标企业）薪酬的基本情况，要抓准当前企业的薪酬分配制度中存在的问题，把握员工的思想状况，分析实施薪酬改革的利弊条件。

2. 形成思路

在薪酬方案设计形成思路的阶段，HR 要根据企业内外部调查研究的结果，提出薪酬设计的初步构想，并将该构想与必要的参与者反复讨论，最后形成共识，确定薪酬方案设计的最终目标和定位，并展开薪酬设计变革的宣传动员工作。

3. 基础工作

在薪酬方案设计的基础工作阶段，HR 要优化组织机构和岗位体系，要进行全企业岗位分析、工作分析和岗位测评，要形成岗位价值排序结果。岗位价值排序的结果如果能实现量化，最好将其量化。

4. 薪酬设计

在薪酬方案设计的具体设计阶段，HR 要根据战略选择合适的薪酬模式，根据需要设计薪酬制度政策，根据实际情况确定相应的薪酬标准，根据测算预估可承受的薪酬预算，根据预演拟订待实施的薪酬方案。

5. 修订调整

在薪酬方案设计的修订调整阶段，HR 应反复征求企业内外部相关层级相关人员的意见，确定薪酬方案存在的问题，并再次确认并仔细测算薪酬方案的可行性，进行修改并调整，最后得到最终版的薪酬设计方案。

6. 贯彻实施

在薪酬方案设计的贯彻实施阶段，HR 应提交薪酬设计方案报相关领导层审定并批准。批准通过后，HR 就可以开始在一定范围内对薪酬政策进行正式的宣传，并分层、分类地落实与执行。

薪酬方案设计的 6 个阶段可以分步骤细化成一套完整的薪酬设计流程，如图 7-9 所示。

薪酬方案实施的过程中，为了留有一定的弹性，HR 可以设置一个"过渡期"，在过渡期内试运行薪酬方案，广泛收集相关人员的意见，对暴露的问题经过讨论后，需要修改的可以及时调整。

薪酬方案设计流程应是一个可以在内部不断调整、能够自洽的动态闭环管理过程。如果最终的方案出现较大问题，HR 可以反观和复盘整个过程，在下一轮的薪酬方案设计流程开始之前预警。

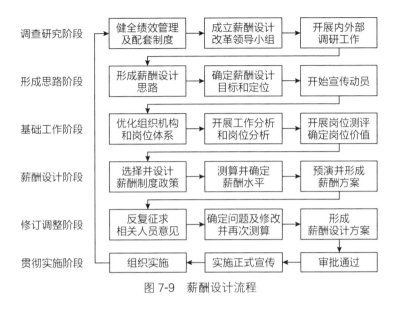

图 7-9　薪酬设计流程

7.3.3　薪酬制度编制方法

薪酬管理制度是公司制订薪酬设计方案后，为保证其持续有效地实施，而形成的各种方法、模式和工具的文书化、规范化、标准化文件的总称。

公司的薪酬管理制度有广义和狭义之分。广义的薪酬管理制度，指的是与经济性薪酬和非经济性薪酬直接或间接相关的所有人力资源管理制度。狭义的薪酬管理制度仅指与经济性薪酬直接相关的制度。

广义的薪酬管理制度是一套薪酬相关制度组成的制度体系，其包含的相关要素与广义的薪酬概念包含的要素的关系是一一对应的。广义的薪酬管理制度按照大类分，可以分成经济性薪酬相关制度和非经济性薪酬相关制度两大类。再细分，经济性薪酬相关制度又可以分为工资分配制度、福利制度、保障计划、中长期激励制度等相关制度。

广义的薪酬管理制度包含的要素如图 7-10 所示。

常说的薪酬制度一般都是狭义的薪酬管理制度。狭义的薪酬管理制度，一般只和薪酬的设计和发放有关，是一种公司全员都可以参考的薪酬规则文件。它的条文规定包含的要素通常包括以下几点。

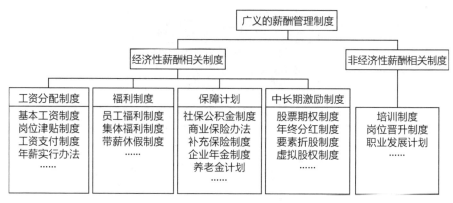

图 7-10　广义的薪酬管理制度包含的要素

1.薪酬基本原则

在薪酬基本原则部分，应说明薪酬管理制度的大方向和原则，包括公司提倡什么，不提倡什么；公司将会奖励哪种类型的态度、行为或绩效评定结果，不希望看到或将惩罚哪种类型的态度、行为或绩效评定结果。

2.薪酬水平标准

要确定薪酬水平标准，通常需要先规定公司划分的岗位类别和岗位层级。岗位类别可以根据族群、序列或者角色划分。岗位层级可以根据职等和职级划分。根据不同的岗位类别和岗位层级确定相应的标准薪酬水平。公司一般应形成一张清晰明确的薪酬参照表，如表 7-5 所示。

表 7-5　薪酬参照表

职等	职级	X 类岗位	Y 类岗位	Z 类岗位
A	1			
	2			
	3			
B	1			
	2			
	3			
C	1			
	2			
	3			

3.薪酬结构标准

薪酬结构应规定公司各岗位和各层级不同的薪酬结构组成。薪酬结构包括基本工资组成、岗位津贴构成、岗位福利构成、绩效奖金构成以及其他薪酬要素构成及各项之间的比例关系。

4. 薪酬调整原则

薪酬调整原则应规定薪酬调整的程序、标准和方法。薪酬调整原则包括：薪酬多久调整一次；通过什么方式调整；什么情况下，员工薪酬将向上调整；什么情况下，员工薪酬将向下调整；什么情况下，员工将不参与调薪；向上或向下调整的具体标准和依据是什么；等等。

5. 薪酬支付原则

薪酬支付原则应规定薪酬支付的具体时间、方式、频率和额度等。如薪酬支付后，公司应以何种方式告知员工其个人薪酬的发放结果及组成，如果员工对个人所得薪酬数额有疑义应该通过何种方式传达个人意见等。

6. 薪酬保密原则

薪酬保密原则应规定员工对于薪酬相关问题的保密程度，以及接触薪酬的相关人员对于薪酬管理的保密程度。薪酬保密原则应规定薪酬事项中哪些事项员工可以讨论，哪些事项员工不应该讨论；同时应规定如果员工讨论了不该讨论的事项，或者接触薪酬的相关人员产生了不该有的行为，应该承担什么责任。

7. 薪酬建议原则

薪酬建议原则应规定员工如果对于公司现行的薪酬管理制度有任何方面的意见或建议，应该通过什么渠道来反映；同时应规定当员工提出相关的意见和建议后，负责薪酬管理的 HR 应在多久之内给予相应的回复。

8. 津贴福利标准

津贴福利标准应规定不同层级、不同类别、不同岗位的员工能够获得的津贴福利标准。津贴福利标准应规定公司范围内的全体员工可以获得的福利以及不同岗位、类别和层级的员工能够获得的不同的福利标准。

7.4 如何实施薪酬体系

在薪酬方案和薪酬管理制度形成之后，迎来的将会是一场薪酬管理体系的变革。采取什么样的方式来推进薪酬管理体系的实施，是薪酬管理体系系统性变革能否成功的一个关键因素。

7.4.1　薪酬体系实施步骤

薪酬体系的实施，可以细分成 5 个关键步骤，分别是薪酬测算、宣传培训、实施过渡、修正完善和正式实施，如图 7-11 所示。

图 7-11　薪酬体系实施步骤

1. 薪酬测算

薪酬测算是根据内部薪酬预算的情况和市场调研的数据，比较后测算出公司每名员工的薪酬数据。薪酬数据包括月基本工资、津贴费用、月标准奖金、季度年金、年终奖金、福利费用等各项薪酬组成的具体金额。

2. 宣传培训

公司可以通过员工培训、宣传活动、座谈活动或者利用工会、职工代表大会等各类形式，将薪酬变革的思路、理念、方法以及变革给员工带来的变化如实地传达给员工，以争取最大程度地得到员工的理解和支持。

3. 实施过渡

在正式实施新的薪酬变革之前，新的薪酬管理体系可以与旧的薪酬管理体系并轨运行。有的公司会用 1 ～ 2 年的时间完成新旧薪酬管理体系的转换，过程中让员工的薪酬以"就高不就低"的原则进行过渡。这样做的好处是能够让员工保持平稳的心态，给员工一个适应和接受的周期。

4. 修正完善

前面三步完成之后，可能会发现薪酬管理体系变革中存在一些问题。HR 应及时有针对性地分析对这些问题进行修改的必要性，争取在过渡期之内，对应当修正的问题及时改正。

5. 正式实施

过渡期结束后，若员工没有明显的排斥反应，过程中暴露的问题也得到了及时的修正，那么，新的薪酬管理体系可以进入正式实施阶段。

7.4.2　薪酬变革实施方法

除一般的薪酬管理体系实施步骤之外，薪酬管理体系的变革，还可以有两种基本方法，一种是革命性变革，另一种是渐进性变革。

1. 革命性变革

革命性变革指的是周期短、范围广、力度深地进行薪酬管理体系变革。这种变革模式通常来源于企业的所有者或者最高管理层，如企业的实际控制人、大股东、总经理。由他们发起并给予绝对的支持和信任，薪酬改革小组才有可能推动革命性变革。

革命性变革的优点：变革力度大，企业可以借机改变许多根深蒂固的旧做法；耗费周期短，能够在较短时间内改变企业的管理系统；涉及范围广，可以将变革范围扩大，覆盖企业的全体员工。

革命性变革的缺点：变革力度大，往往也会造成变革难度大，进而使变革的风险增加；变革小组很难真正说服全员在短时间内接受一套全新的薪酬管理理念和方法，尤其是当他们中有部分人的既得利益受到威胁时。

2. 渐进性变革

渐进性变革指的是周期长、小范围、由易到难地进行薪酬管理体系变革。这种变革模式通常会先从比较容易的领域开始，分领域、分模块、分周期地在企业范围内逐渐推进、有序实施。

渐进性变革的优点：留足了缓冲的空间，能够把薪酬管理体系变革给员工带来的不适感和挫折感等负面影响降到最低；即使在过程中薪酬变革方案有一些失败之处，也可以及时调整和弥补。

渐进性变革的缺点：变革耗费的时间通常会比较长，有的企业甚至会把战线放长到 3 ～ 5 年，这容易造成这轮薪酬变革还没有完成，因内外部环境发生变化，又要开始下一轮薪酬变革，这也是许多企业不能接受和允许的；另外，在渐进性变革中缩小变革范围，可能会带来内部的不公平感。

【疑难问题】常见的错误薪酬模式

不同企业的薪酬模式各式各样，千差万别，很难轻易地判断孰优孰劣。但其中有一些是明显违背激励原则甚至对企业有害的，HR经常可以看到有许多企业基于习惯，在持续运行着错误的薪酬模式。

1.同岗同薪制或同级同薪制

同岗同薪制或同级同薪制就是同岗位或者同级别的职工拿一样工资的薪酬模式。

 举例

同样都是技术研发岗位，小A在企业做了10年，小B刚来企业，结果两人的工资水平一样；同样是主管级别，小C是拥有10年经验的技术研发主管，小D是刚做了2年的人力资源主管，结果两人的工资水平一样。这显然不合理。

相同的岗位或相同的级别，从组织层面的设计来讲是一样的。可是当岗位由具体的、不同的人来做的时候，对企业来说，他们的绩效和贡献度还会是一样的吗？答案显然是否定的，他们的绩效有高有低，贡献有大有小。如果他们拿的薪酬一样，高绩效、高贡献的人会感到不平衡，这就是忽略了个体和岗位的价值。所以设计薪酬管理体系时，不能简单地基于岗位和等级，还要基于价值和贡献。

实行这种薪酬模式的企业，往往没有考核，或者只有形式化的考核且考核结果并不会对收入产生实质性的影响，每月的工资基本也是固定的。当能够旱涝保收、干好干坏一个样的时候，员工完全是靠自己的自觉性在工作。

2.固定工资直接转为绩效工资

有些企业推行薪酬改革，员工本来是4 000元的月工资，没有绩效考核。改革了之后，变成了每月有2 000元是固定工资，2 000元是绩效工资。这样改革之后，员工"炸了锅"。因为月度绩效考核很难拿到满分，只要不是满分，加权之后，相当于员工每月的工资大概率会减少。这样的改革必然引起员工的反感。

可参考的正确做法是，让绩效薪酬的改革随着涨工资一起进行。用员工工资上涨的部分作为每月的绩效工资进行考核。例如，该员工涨800元工资，企业可将原来4 000元的月工资作为基本工资，新增的800元作为绩效工资标准，根据每月绩效考核结果核发。

有些企业不论什么岗位、什么级别，绩效工资都是基本工资的一倍。这种做法也是有问题的，原因如下。

（1）不同岗位和级别对企业的价值和贡献度不一样，责任大小也不同。

（2）不同岗位和级别绩效评价衡量的方式和标准是不同的。

（3）对有些岗位是很难做详细的、客观的量化考核的，如行政文员、保安、后勤人员等。考核的主观因素太多，不宜让绩效工资占总薪酬的比重过大。

3. 无限制的司龄工资

许多企业为了降低员工的离职率，提高员工的忠诚度，表达对老员工的认可，设置了无限制的司龄工资。这种工资的特点是从员工入职的那一刻开始算起，服务每满一年，工资就会增加一部分。这种看起来很好的薪酬模式，从长远看，不仅使企业额外付出了成本，而且无效。

在一个相对健康的企业中，愿意留下的、有能力的员工不是得到了晋升的机会，就是得到了涨薪的机会，这部分人大约只占企业总人数的20%。而那些剩下来的、相对平庸的员工往往具备较强的市场替代性，这部分人约占企业总人数的80%，是绝大多数。如果司龄工资每年增长，直接的后果是普通岗位的人力成本不断上升，这批员工在企业中变得"长生不老"。他们可能听话，但是却无法做出较大贡献。

 举例

某企业刚入职的保安的基本工资是 2 500 元 / 月，司龄工资第一年是 100 元，以后每年增加 100 元。某位保安在该企业服务了 25 年，司龄工资达到了 2 500 元，和基本工资的比例达到了 1∶1（为简化说明道理，不考虑过程中基本工资的变化），这是严重的本末倒置！这位做了 25 年的保安和一位新入职、年富力强的保安相比会为企业提供更多的价值吗？事实上，不会有太大差别，而且很可能年富力强的新人会比老员工更加认真负责。

最关键的是，这位服务了 25 年的保安，会时刻想着自己每月的工资是 2 500 元，而另外的 2 500 元是企业对自己长期服务的奖励吗？恐怕不会，他会认为自己每月的工资就应该是 5 000 元。这种司龄工资的增加，会让员工没有感觉，不仅会增加企业的成本，而且还达不到预期的效果。

那么，对于已经有无限制司龄工资的企业，该如何改变这一局面呢？可选的方式有以下几种。

（1）彻底废除司龄工资，按照绩效评定结果做薪酬调整。

（2）对长期服务的员工，以荣誉、福利或适当奖励的形式体现司龄工资。当然，建议不是奖励"所有"，而是奖励"优秀"。例如，在年会上设置一个针对有 10 年以上司龄的职工的"特殊贡献奖"，由企业高层领导颁奖和表彰，并发放精美的奖杯和奖品。

（3）如果领导层执意坚持要保留司龄工资，可以给司龄工资设置上限。同时采取逐渐递减制，金额不宜过大。如司龄工资最高加到 10 年，第一年加 100 元，第二年加 90 元，第三年加 80 元……第 10 年之后就不再增加司龄工资。

【实战案例】某宽带薪酬计算实例

某公司要为某岗位建立一个在所有等级中工资的中位值为年薪 60 000 元、共 9 个职位等级、相邻职位等级的工资差距为 10%、同职级中工资最高值与最低值的差距为 40% 的宽带薪酬体系。

根据相邻职位等级的工资差距为 10% 这一条件，计算不同职位等级年薪中位值的过程及结果如表 7-6 所示。

表 7-6   不同职位等级年薪中位值的计算过程及结果

职位等级	年薪的中位值 / 元
等级 1	45 078 ÷ 1.1 = 40 980
等级 2	49 586 ÷ 1.1 = 45 078
等级 3	54 545 ÷ 1.1 = 49 586
等级 4	60 000 ÷ 1.1 = 54 545
等级 5	60 000
等级 6	60 000 × 1.1 = 66 000
等级 7	66 000 × 1.1 = 72 600
等级 8	72 600 × 1.1 = 79 860
等级 9	79 860 × 1.1 = 87 846

根据不同职位等级年薪中位值的计算结果和工资最高值与最低值的差距为 40% 的条件，计算不同职位等级宽带年薪的最大值和最小值的过程及结果如表 7-7 所示。

表 7-7　宽带薪酬的最小值和最大值的计算过程及结果

职位等级	中位值 / 元	最小值 / 元	最大值 / 元
等级 1	40 980	40 980 ÷ (1 + 0.20) = 34 150	34 150×1.40 = 47 810
等级 2	45 078	45 078 ÷ (1 + 0.20) = 37 565	37 565×1.40 = 52 591
等级 3	49 586	49 586 ÷ (1 + 0.20) = 41 322	41 322×1.40 = 57 851
等级 4	54 545	54 545 ÷ (1 + 0.20) = 45 454	45 454×1.40 = 63 636
等级 5	60 000	60 000 ÷ (1 + 0.20) = 50 000	50 000×1.40 = 70 000
等级 6	66 000	66 000 ÷ (1 + 0.20) = 55 000	55 000×1.40 = 77 000
等级 7	72 600	72 600 ÷ (1 + 0.20) = 60 500	60 500×1.40 = 84 700
等级 8	79 860	79 860 ÷ (1 + 0.20) = 66 550	66 550×1.40 = 93 170
等级 9	87 846	87 846 ÷ (1 + 0.20) = 73 205	73 205×1.40 = 102 487

【实战案例】某薪酬方案设计实例

A 公司是一家集研发、生产、销售为一体的技术创新型非标机械设备制造公司，现有员工 800 人。近年来由于市场竞争激烈，A 公司经营越来越困难。

由于产品的非标性，A 公司对除销售人员之外的全体员工采取固定工资制，对销售人员采取的是提成工资制。员工固定工资制没有成文的规定，基本是靠最高管理层拍板。

随着产品种类的增加，工种不断增加，不同工种之间工作特性和劳动强度的差异越来越明显，公司目前固定工资的薪酬制度已不能反映车间员工的岗位特点，这引起部分员工工作积极性和责任感下降，进而影响产品质量和生产安全。

公司近期引进了一批行业内领先的技术和销售人才，这部分人才的薪酬水平远高于公司现有人才的薪酬水平，这同样引起公司现有人才的不满。

A 公司的 HR 近期针对公司内部做了一次薪酬调查，结果显示 82% 的员工对自己的薪酬不满意，63% 的员工认为其薪酬不能体现其所在岗位的责任和难易程度，67% 的员工认为其薪酬不能体现个人能力和努力程度，59% 的员工认为其薪酬不能体现个人的绩效水平。

可以看出，A 公司现行的薪酬制度，已经不能满足公司发展的需要，薪酬的激励已经效果甚微，主要体现在以下方面。

（1）薪酬与能力脱节。薪酬不能激励员工提升自身的素质和能力，员工趋于保持现状，不思进取，没有积极主动提升能力的外部动力。

（2）薪酬与绩效脱节。工作好坏一个样，薪酬不能激励员工为完成绩效而努力，同时会导致公司的管理者对公司效率的漠视，难以树立对下属员工的指导和培养意识。

针对以上问题，该公司决定执行以激励为导向的宽带薪酬体系。

1. 岗位分级

经过岗位盘点、工作分析和评估，该公司将岗位的层级划成了核心层、中层和基层三大层次，将岗位类别划分为管理类、技术类、销售类、专业类、行政类、工勤类六大类别。

2. 宽带设计

公司整合所有岗位，全部岗位采用宽带薪酬策略。最终，公司将所有岗位分成 10 个职等，如表 7-8 所示。

表 7-8　某公司宽带薪酬层级划分情况

层级	职等	管理类	技术类	销售类	专业类	行政类	工勤类
核心层	G10						
	G9						
	G8						
中层	G7						
	G6						
	G5						
	G4						
基层	G3						
	G2						
	G1						

核心层的职等为 8 到 10，中层的职等为 4 到 7，基层的职等为 1 到 3。公司的总经理处在第 10 层的最高层。中层管理岗处在第 4 层。

根据各岗位要求和技能差异，为了鼓励员工能力和绩效的提升，在职等不变的情况下，公司为优秀的员工设立了薪酬晋升的通道，将每个职等又划分成了 10 级，如表 7-9 所示。

表 7-9 某公司岗位技能等级薪酬水平划分情况

层级	职等	层级差异	岗位技能等级工资 / 元										级差 / 元
			R1	R2	R3	R4	R5	R6	R7	R8	R9	R10	
核心层	G10	2.8	8 400	11 400	14 400	17 400	20 400	23 400	26 400	29 400	32 400	35 400	3 000
	G9	2.6	7 800	10200	12 600	15 000	17 400	19 800	22 200	24 600	27 000	29 400	2 400
	G8	2.4	7 200	9 200	11 200	13 200	15 200	17 200	19 200	21 200	23 200	25 200	2 000
中层	G7	2.2	6 600	8 200	9 800	11 400	13 000	14 600	16 200	17 800	19 400	21 000	1 600
	G6	2	6 000	7 300	8 600	9 900	11 200	12 500	13 800	15 100	16 400	17 700	1 300
	G5	1.8	5 400	6 400	7 400	8 400	9 400	10 400	11 400	12 400	13 400	14 400	1 000
	G4	1.6	4 800	5 600	6 400	7 200	8 000	8 800	9 600	10 400	11 200	12 000	800
基层	G3	1.4	4 200	4 800	5 400	6 000	6 600	7 200	7 800	8 400	9 000	9 600	600
	G2	1.2	3 600	4 000	4 400	4 800	5 200	5 600	6 000	6 400	6 800	7 200	400
	G1	1	3 000	3 200	3 400	3 600	3 800	4 000	4 200	4 400	4 600	4 800	200

表 7-9 中的 R1 ～ R10 为岗位技能的 10 个等级。根据职等的不同，每个岗位等级的级差为 200 ～ 3 000 元。职等 G1 ～ G10 的层级差异为 1 ～ 2.8 倍，也就是处在 G10 的第 1 级（R1）的数值与处在 G1 的第 1 级（R1）的数值之间的差距为 2.8 倍。

3. 薪酬结构设计

新的薪酬结构由固定工资、季度绩效工资和年度绩效工资组成。在充分考虑不同层级岗位的特性后，公司制订了各层级薪酬结构比例，如表 7-10 所示。

表 7-10 各层级岗位薪酬结构比例示意

岗位类别	固定工资	季度绩效工资	年度绩效工资
核心层	20%	0	80%
中层	50%	30%	20%
基层	70%	20%	10%

在表 7-10 中，核心层因为需要更长远的战略决策，所以固定工资所占比例较小，年度绩效工资所占比例较大，不设置季度绩效工资。

中层管理者承上启下，兼顾工作职责、当下的目标和长远的利益，所以把固定工资和绩效工资均衡分配。

基层员工更注重完成岗位职责，所以固定工资的占比较高，绩效工资的占比较低。

第 **8** 章

薪酬预算、调整与数据分析

　　薪酬预算、薪酬调整和薪酬数据分析分别对应着薪酬管理体系的前期预警、过程纠偏和后期评估，是薪酬管理体系有效运行的 3 个重要管理过程。

　　薪酬预算是企业在薪酬管理过程中对薪酬支付的权衡与计划，是薪酬成本控制的方法。薪酬调整是企业根据战略和内外部变化情况，对企业的薪酬水平、薪酬结构等进行综合考虑后及时调整的过程。薪酬的数据分析是发现薪酬管理体系存在的问题，评估薪酬使用效率的有效手段。

8.1　如何推算与控制薪酬预算

常见的薪酬预算的推算方法有 4 种，分别是薪酬比例推算法、盈亏平衡推算法、劳动分配推算法和自下而上推算法。

8.1.1　薪酬比例推算法

薪酬比例推算法是销售业绩相对稳定、业绩上没有大起大落的企业，以销售额为基数，按照一定的薪酬预算比率，推算本企业薪酬预算总额的一种方法。

薪酬比例推算法计算薪酬预算额的公式如下。

薪酬预算额＝本年度销售预算总额 × 上年度薪酬费用比率。

其中，上年度薪酬费用比率＝上年度薪酬总额 ÷ 上年度销售总额。

在薪酬比例推算法中，薪酬总额通常包括广义的所有经济性薪酬的金额。其推算出的薪酬预算额，也对应包含相应的薪酬类目。有的企业为了计算方便，也将薪酬总额转化为财务上的人工成本，对应计算出的薪酬预算额，也应改为财务上的人工成本预算额。

上年度薪酬费用比率的计算公式如下。

上年度薪酬费用比率＝（上年度薪酬发生总额 ÷ 员工总人数）÷（上年度销售总额 ÷ 员工总人数）＝人均薪酬额 ÷ 人均销售额。

能够看出，薪酬费用比率，其实也是企业给员工人均发放的薪酬额与企业人均产生的销售额之间的比率。也就是说，薪酬比例推算法的原理，其实是保持企业在产生一定数量销售额的情况下，对员工支付的薪酬额的比率维持稳定。

 举例

某企业上年度的销售额为 3 亿元，上年度发放的薪酬总额为 4 500 万元。本年度预算销售额为 3.6 亿元，则本年度的薪酬预算额应是多少？

按照薪酬比例推算法，本年度薪酬预算额的计算过程如下。

本年度薪酬预算额=36 000×（4 500÷30 000）=5 400（万元）。

薪酬费用比率随着行业特点和企业规模的不同而不同。如规模较大的企业和规模较小的企业相比，由于规模效应，规模较大企业的薪酬费用比率通常会比较低；资本密集型行业相比于劳动密集型行业，由于资本金额和劳动力数量的差异较大，资本密集型行业的薪酬费用比率通常也会比较低。

8.1.2　盈亏平衡推算法

盈亏平衡推算法也称为量本利推算法，是企业根据产品的产量、运营的成本和产生的利润三者之间的相互作用关系，来控制成本、预测利润的综合分析方法。

利用盈亏平衡推算法推算薪酬预算总额，首先要利用盈亏平衡分析计算出企业销售额的盈亏平衡点。当企业的实际销售额高于盈亏平衡点销售额时，企业就盈利；当企业的实际销售额低于盈亏平衡点销售额时，企业就亏损。

另外，还需要确定企业的安全盈利点销售额。安全盈利点销售额指的是当企业实际销售额达到这个销售额的情况下，不仅能够确保股东的权益，还能够应对企业可能遭受的风险和危机的销售额。

盈亏平衡推算法计算薪酬预算额的公式如下。

薪酬预算额＝本年度销售预算总额×合理的薪酬费用比率。

其中，最低薪酬费用比率≤合理的薪酬费用比率≤最高薪酬费用比率。

最高薪酬费用比率＝上年度薪酬总额÷盈亏平衡点销售额。

最低薪酬费用比率＝上年度薪酬总额÷安全盈利点销售额。

 举例

某企业上年度的销售额为4亿元，上年度发放的薪酬总额为6 000万元。该企业的盈亏平衡点销售额为3.5亿元，安全盈利点销售额为5亿元，本年度的销售预算额为4.5亿元。则该企业本年的薪酬预算额应是多少？

该企业可采取的最高薪酬费用比率=6 000÷35 000=17.14%（四舍五入）。

该企业可采取的最低薪酬费用比率=6 000÷50 000=12%。

上年度实际发生的薪酬费用比率 =6 000÷40 000=15%。

将 3 个薪酬费用比率数值比较后，该企业相关管理层考虑自身订单的增加、生产的稳定性以及技术更新带来生产效率的提高，认为完成 4.5 亿元的销售预算应当不需要增加劳动力。随着业绩的增长和居民消费价格指数（Consumer Price Index，CPI）的提高，决定让薪酬总额提升 5%。

本年度的薪酬预算额 =6 000×（1+5%）=6 300（万元）。

可以利用盈亏平衡推算法反过来验证这个薪酬预算额的合理性。

本年度薪酬费用比率 = 本年度薪酬预算额 ÷ 本年度销售预算总额 =6 300÷45 000=14%。

本年度薪酬费用比率介于最高薪酬费用比率和最低薪酬费用比率之间。

从本案例对薪酬预算额计算过程的推演能够看出，如果仍然采取去年 15% 的薪酬费用比率，则在管理上显得有些简单粗放，并不合理。

8.1.3　劳动分配推算法

劳动分配推算法的原理是测算企业在一定时期内新创造的价值中，有多少用来支付人工成本。劳动分配推算法反映了分配关系和人工成本要素之间的投入产出关系。

劳动分配推算法计算薪酬预算额的公式如下。

薪酬预算额 = 本年度预算人工成本 × 薪酬费用占比。

其中，本年度预算人工成本 = 本年度预算劳动分配率 × 本年度预算附加价值。

本年度预算劳动分配率可以由上年度劳动分配率推算。

上年度劳动分配率 = 上年度人工成本总额 ÷ 上年度附加价值 ×100%。

劳动分配率是反映企业人工成本投入与附加价值产出之间关系的重要指标，也是衡量企业人工成本相对水平的重要指标。

附加价值是企业本身创造的价值，它是扣除从外部购买材料或委托加工的费用之后，真正附加在企业上的价值。附加价值是资本与劳动分配的基础。附加价值的计算方法可以有两种。

一种是扣减法，其含义是从销售额中减去原材料等从外部购入的由其他组织创造的价值，其计算公式如下。

附加价值＝销售额－当期进货成本－（直接原材料＋购入零配件＋外包加工费＋间接材料＋其他外部组织创造的价值）。

第二种是相加法，其含义是将形成附加价值的各项因素相加，其计算公式如下。

附加价值＝利润＋人力成本＋财务费用＋租金＋折旧＋税收＋其他形成附加价值的各项费用。

 举例

某企业本年度预算的劳动分配率为45%，本年度预算的附加价值为8 000万元，薪酬费用在人工成本中的占比为60%，则该企业本年度的薪酬预算额应是多少？

本年度预算人工成本＝45%×8 000＝3 600（万元）。

本年度薪酬预算额＝3 600×60%＝2 160（万元）。

劳动分配推算法中的人工成本、劳动分配率、附加价值等数据可以从财务部获取，HR应以经审计后的财务报表中的数据为依据。

8.1.4　自下而上推算法

薪酬比例推算法、盈亏平衡推算法和劳动分配推算法都是自上而下推算薪酬预算额的方法。自上而下推算薪酬预算额的优点是薪酬预算与薪酬战略联系得更加紧密，薪酬预算的测算结果更加符合企业发展的需要，同时能够控制薪酬的总体水平。

但是自上而下推算薪酬的方法也存在一定的缺点：薪酬预算的制订过程缺乏一定的灵活性；在确定薪酬总额的过程中，可能产生的主观干扰因素较多，会降低薪酬预算的准确性；中基层管理者和员工没有参与感，不利于调动中基层管理者的责任感和员工的积极性。

此时，HR可以引入一种自下而上薪酬预算推算法。

自下而上薪酬预算推算法是先由各部门的管理者对本部门现有的员工，以及需要补充的员工在下年度的薪酬情况做出预算，然后据此加总，计算出整个部门的薪酬预算。再汇总每个部门的薪酬预算数据，汇总后得出整个企业的薪酬预算结果。

这种薪酬预算的推算方法在实施全面预算管理、对各部门费用管控要求较高或采取承包制的企业中较常见。自下而上推算法的计算过程如图 8-1 所示。

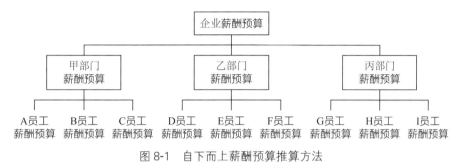

图 8-1　自下而上薪酬预算推算方法

自下而上薪酬预算推算法的优点是应用更加灵活,可行性较强。利用自下而上推算法推算出的薪酬预算数据更贴近现实情况,能够让中基层管理者思考本部门的编制和人员聘用情况,并更加关注员工的态度、能力和绩效。

自下而上薪酬预算推算法的缺点是整体的工作量较大,工程较复杂,薪酬预算整个过程耗费的时间较长,最终薪酬预算汇总后的结果可能并不准确,有时候甚至会远远超出决策层的预期。

因为各部门管理的管理决策通常都是短期的,很难把企业的长远发展和部门的短期利益相结合,所以各部门管理者通常并不偏向于控制人工成本,这会造成最终的薪酬预算与企业整体战略不一致。

实务中,HR 在推算薪酬预算时,可以根据企业的具体情况把 3 种自上而下推算法与自下而上推算法结合在一起运用,在一定程度上做到相互验证,优势互补。

8.1.5　薪酬预算控制

薪酬预算控制是保证薪酬管理体系能够发挥其预期价值的重要环节,是企业在通过各种方法确定薪酬预算额之后,为了保障薪酬预算标准的有效实现而采取的一系列的管理和监控手段。

薪酬预算控制不是简单地通过各种方式压缩人力成本,而是要在不违背薪酬战略和策略、薪酬方案设计和制度定位,以及能够保证薪酬的外部竞争性和内部公平性的基础上,采取有效的控制措施,减少一些不科学、不合理的人力成本支出。

薪酬预算的制订和薪酬预算控制过程贯穿薪酬管理的全过程。薪酬预算控制过程中可能会涉及对薪酬预算的修改，这也意味着需要制订新的薪酬预算。

常见的薪酬预算控制途径包括以下几个方面。

1. 提高劳动效率

提高劳动效率是薪酬预算控制中最有效的途径之一，也是企业最希望看到的结果之一。劳动效率的提高，能够有效减少生产单位产品需要付出的劳动时间，提高劳动者单位时间内创造的价值，从而增加企业的附加价值。

2. 增加经营业绩

增加经营业绩同样也是薪酬预算控制的有效手段。增加经营业绩通常指的是增加企业的销售额或利润额，从而增加企业的附加价值。这里需要注意，如果单纯是企业的销售额增加，并不一定会使薪酬预算得到有效控制。因为有可能销售额的增加，是投入了更多的成本的结果，反而使效率降低，薪酬预算同样得不到有效的控制。

3. 降低人工成本

当已经尝试过前面两种方法并且没有达到预期效果，薪酬已经超过预期较多，或者生产经营情况遇到困难的情况下，HR 可以采取一些其他的降低人工成本的方法，如评估并裁减企业中的冗余人员、延迟薪酬调整的时间、压缩福利费用等。

8.2　如何有效支付薪酬

薪酬支付是保证薪酬管理能够起到激励作用的关键一步。因此，薪酬支付的原则、策略以及保密性的要求同样应该遵循一定的规则。

8.2.1　薪酬支付的原则

《中华人民共和国劳动法》（2018 年 12 月 29 日第二次修正）的相关规定如下。

第五十条　工资应当以货币形式按月支付给劳动者本人。不得克扣或者无故拖欠劳动者的工资。

《工资支付暂行规定》（劳部发〔1994〕489 号）的相关规定如下。

第七条　工资必须在用人单位与劳动者约定的日期支付。如遇节假日或休息日，则应提前在最近的工作日支付。工资至少每月支付一次，实行周、日、小时工资制的可按周、日、小时支付工资。

《劳动保障监察条例》（国务院令第 423 号）的相关规定如下。

第二十六条　用人单位有下列行为之一的，由劳动保障行政部门分别责令限期支付劳动者的工资报酬、劳动者工资低于当地最低工资标准的差额或者解除劳动合同的经济补偿；逾期不支付的，责令用人单位按照应付金额 50% 以上 1 倍以下的标准计算，向劳动者加付赔偿金：

（一）克扣或者无故拖欠劳动者工资报酬的；

（二）支付劳动者的工资低于当地最低工资标准的；

（三）解除劳动合同未依法给予劳动者经济补偿的。

薪酬支付会影响员工对于企业形象的认知，会影响员工对于企业经营状况和财务状况的判断，影响员工对于企业诚信的认知，从而影响员工情绪，进而影响员工的忠诚度和敬业度。薪酬支付的原则包括以下几项。

1. 及时性原则

员工的薪酬不是企业对员工的施舍，而是企业对员工的负债。员工把自己的劳动提供给了企业，企业同样应该兑现员工劳动相应的价值。这关乎企业的基本信誉。

所以，员工的月薪必须每月按时支付给员工，如工资支付时间定在每个月的 15 日之前，通过银行打款的方式到达员工的工资卡上。

季度奖金和年度奖金应在季度和年度的绩效考核完成之后的某一个时间及时支付。年薪的结算和年度奖金的支付时间最好不要在春节假期之后。

如果遇到特殊情况不能按时发放的，必须事先向员工做出合理解释。如果没有具体的时间规则，员工会感觉到不确定性、不安全感和被欺骗。

2. 现金性原则

支付给员工的工资只能以现金的形式发放，不能以企业的产品、其他物品甚至是股份来代替现金。如有的企业年底原本承诺给员工发放年终奖金，可到了年底后，由于企业财务状况紧张，企业就把一部分库存商品按照商品的售价折算成奖金发放给员工。

这样做不仅给员工带来了销售商品的麻烦，而且会因为商品销售的折价，使员工销售商品后实际到手的金额低于预期的年终奖金，让员工失去了对企业的信心和信赖，使员工满意度下降，人才流失率提高。

3. 足额性原则

薪酬应当足额支付给员工，不应有任何无理由的截留。当然，正常的社会保险或住房公积金个人部分扣款、个人所得税扣款、薪酬管理体系需要或者在薪酬制度文件中有明确规定的正常扣款除外。

企业如果遇到经营困难，不得已只能暂缓发放员工工资或只能给员工发放部分工资的情况下，应当向员工说明原因，征求员工的同意和理解。企业渡过经营困难之后应立即恢复正常薪酬支付，及时给员工发放足额工资。

4. 奖罚性原则

在企业日常经营管理的过程中，一定会有部分员工因为技术成果转化、合理化建议等企业提倡的行为而受到企业薪酬上的奖励，也会有部分员工因为旷工、迟到，缺勤等企业不希望看到的行为而使薪酬减少。

所有的奖罚如果要体现在薪酬上，应该事先让员工知晓相应的规则或约定。员工产生奖罚对应的行为时，应有行为确认的过程，并且企业应及时地告知员工。整个操作过程应本着公平、公正、公开的原则，不能无理由地随意追加。

5. 对应性原则

员工本人的薪酬应当支付给员工本人，不能随意支付给其他人。即使是由于某些原因，员工本人无法领取薪酬，企业也可以通过银行代发工资的形式发到员工本人的银行卡上。企业应留存薪酬支付的相关记录。

6. 应急性原则

一般情况下，企业不应随意给员工预支工资。但是当员工面临紧急情况时，企业可以本着人性化的原则，给员工提供帮助。为此，企业可以制订员工预支工资的条件和规则。例如，当员工遇到某类疾病、生育或其他特殊情况时，企业可以为其预支部分工资。

8.2.2 薪酬支付的策略

薪酬支付策略是在不违反薪酬支付原则的前提下，为了最大化地激励和约束员工、增强员工对薪酬发放的正面感受而采取的策略。薪酬支付策略包括以下几个方面。

1. 即时支付

薪酬的即时支付策略是最简单、直接的薪酬支付策略之一。它是企业根据员工过去付出的劳动或做出的成绩，而立即给予员工回报的一种直接的薪酬支付方式。即时支付的内容可以是现金、即期股票，也可以是非经济性的某项福利。

即时支付策略的优点是员工能够得到即时的回报和满足，会增强员工对企业的信心。这种策略的缺点是不具备长期激励的效果，员工的离职成本较低，可能会给企业的财务管理造成较大的压力。

 举例

为激励销售人员的工作热情，某公司决定对部分岗位销售人员的销售提成采取日结制，即销售人员第二天就可以领取到前一天销售提成的现金奖金。采取这种方式后，该公司发现采取这种提成方式的部分销售人员的销售业绩普遍比原来提升20% 以上。

2. 递延支付

薪酬的递延支付策略是对应即时支付策略而来的，它不是违反薪酬的及时性原则，故意拖后支付或延期支付，而是事先就与员工约定好有一部分用来做长期激励的薪酬，采取有序的递次延期的方式发放。

与即时支付策略相比，递延支付的薪酬策略将员工的个人利益和企业长远的发展和利益结合在一起，能够对员工产生更长远的激励和约束效应。

 举例

某企业利用其专用法人账户在股票二级市场按该企业年报公布后一个月的股票平均价格，用当年企业经营者 70% 的风险收入购入该企业股票（不足 100 股的余额以现金形式兑付）。

企业经营者与该企业签订股票托管协议。股票到期前，这部分股权的表决权由该企业行使，且股票不能上市流通，但企业经营者享有期股分红和增配股的权利。

该年度购入的股票在第二年上级单位下达业绩评定书后的一个月内，返还上年度风险收入总额的 30%，第三年以同样的方式返还 30%，剩余的 10% 累积留存。以后年度的股票和累积与返还以此类推。企业经营者如果下一年完成经营责任书净利润指标不足 5%，将被扣罚以前年度累积股票数额的 40%。

该企业经营者风险收入的 70% 首先是以股票的形式确定下来，但并不实际发放，而是根据企业经营者在以后几年的经营业绩来决定是否按事先确定的比例发放。在此期间，企业经营者享有这部分股票的分红和增配股的权利。因此，企业经营者对股票的实际所有权只是被递延了，并不存在真正对股票行权这个选择过程。

对于高级人才的薪酬构成，维持其基本生活保障的工资应按月以现金的形式即时支付。风险酬劳和知识资本酬劳与企业的长远业绩有一定的关联性，应建立在绩效评判的基础之上，可以采取递延支付的方式。

不同行业、不同企业、不同岗位，对即时支付和递延支付的薪酬比例没有规定的固定比例，可以根据具体情况判断和制订。如部分刚刚崛起的高新技术企业，还没有形成一定规模，存在较大的市场风险，但是前景较好，这时候，对企业的高级人才可以采取相对于传统稳定的行业和产业来说较高的递延支付薪酬比例。

3. 期权支付

与薪酬递延支付策略类似，期权支付策略也是定位于人才在企业的长期发展和激励。递延支付策略适用于现金和股权，而期权支付策略通常只适用于股票期权。该策略比较适合高成长、低股息的上市企业，一般对应有企业配套的股票期权计划。

 举例

某企业规定本企业经营者不能一次性地行使股票购入期权，而必须分年度行使；也不能一次性地售出购入的股票，必须分年度售出。在企业赎回的情况下，同样也规定分次或分年度进行。

企业产品有发展潜力、当前的经营状况良好、具有较高成长性的高科技企业，可以采取期权支付策略，并设计满足企业需要的、有针对性的股票期权计划。

8.2.3　薪酬公开和保密

薪酬应该公开还是应该保密目前没有定论，可以视企业的具体情况而定。

一般来说，管理规范化程度较低、企业文化强调员工之间的竞争氛围、集权化程度较高的企业比较适合薪酬保密制度；管理比较规范，组织机构和岗位职责比较清晰、企业文化强调员工沟通合作的企业比较适合采取薪酬公开制度。

薪酬保密制度的优点包括以下几点。

- 有利于避免员工的攀比行为。
- 有利于保护企业的商业秘密。
- 有利于员工保护个人隐私权，维持和谐的人际关系。
- 有助于减少管理者的管理难度。
- 有助于回避薪酬管理中的敏感问题。

薪酬保密制度的缺点包括以下几点。

- 可能会使薪酬制度的激励性下降。
- 薪酬的不透明可能会产生小道消息，从而引发一系列本不该出现的问题。
- 可能会引发导致内部薪酬不公平性的行为。
- 可能导致个人的薪酬水平与自身的薪酬谈判能力产生联系，不符合薪酬管理理念。

企业不论是采取薪酬公开制度还是采取保密制度，都应该做好薪酬管理的基础配套工作。例如，企业应保证绩效考核的准确性和公正性，应保证薪酬的公平性和竞争性，应强化对薪酬问题的监控和反应速度，应保证薪酬政策的适度透明，应保证与员工的薪酬沟通。

8.3　如何操作薪酬调整

随着公司战略的发展变化，一套薪酬管理体系不可能永远适应和满足公司的需要。这时候，公司就需要对薪酬管理做出有针对性的调整，形成新的适应公司发展的薪酬管理体系。薪酬调整是公司保持管理的动态平衡、达到薪酬管理目标的重要手段，也是薪酬管理的日常工作之一。

8.3.1　薪酬调整的方法

公司整体的常见的薪酬调整可以包括薪酬结构调整和薪酬水平调整两类。

当进行薪酬结构调整时，通常伴随着公司薪酬体系的重新设计和薪酬管理的变革。

薪酬水平调整的过程一般是在公司薪酬结构不发生变化的情况下，调整薪酬水平高低的过程。薪酬水平调整的频率一般按照公司具体情况确定，一般是一年一次。薪酬调整之前，公司要做好薪酬外部水平和内部情况的充分调研。

薪酬调整常见的方法包括以下几种。

1. 按绩效调整

按绩效调整薪酬的方法是根据员工的绩效水平调整员工的薪酬水平。相同岗位、相同层级的员工，绩效水平越高，薪酬调整的额度或幅度就越大。

2. 按能力调整

按能力调整薪酬的方法是根据员工的能力测评结果调整员工的薪酬水平。相同岗位、相同层级的员工，能力测评结果越好，薪酬调整的幅度或额度就越大，反之，薪酬调整的幅度或额度就越小。

3. 按态度调整

按态度调整薪酬的方法是通过对各方面进行评估或者上级对下级工作积极性和主动性的评价，判断员工工作态度的优劣程度。相同岗位、相同层级的员工，态度测评的评分越高，薪酬调整的幅度或额度就越大。

4. 等比例调整

等比例调整是公司的全体员工在原工资基础上增长或降低同一百分比，如全体员工月薪增长 10%。这种薪酬调整方法将使原本工资就高的员工的调整幅度大于原本工资低的员工。

5. 等额度调整

等额度调整是不论员工原有工资水平是高或低，一律按照相同的额度给予调整，如全体员工月薪增长 500 元。如果不想增加基本工资，也可以把增加的工资以岗位津贴或各类补贴的形式发放。

按绩效调整、按能力调整、按态度调整、等比例调整和等额度调整 5 种单一式的薪酬调整方法的适用范围和优缺点如表 8-1 所示。

表 8-1　薪酬调整方法比较

薪酬调整方式	适用范围	优点	缺点
按绩效调整	看重绩效、强调竞争的公司或岗位 如销售业务类岗位、某些管理岗位	员工的绩效水平通常会得到有效的激励	薪酬差距可能越来越大 绩效高者薪酬增长到一定程度可能反而变得懒惰
按能力调整	看重能力、强调能力水平和发展的公司或岗位 如某些技术类岗位、教育培训类岗位	员工的能力水平通常会得到有效的激励	公司一味地为员工的能力付费，可能并不能直接体现在公司整体的绩效评定结果上
按态度调整	看重态度、强调工作积极性和主动性的公司或岗位 如新入职的员工	员工的工作态度通常会得到有效的激励	过于主观，准确性较差 可能滋生"面子工程"
等比例调整	强调内部薪酬差距的公司或者薪酬管理水平相对较弱的公司	操作简单，对不同员工产生的激励效果相同	基本薪酬原有的差距可能 因等比例的调整而越拉越大
等额度调整	希望通过调薪改善因物价上涨，带来工资购买力下降问题的企业	操作简单，能够保留原有的薪酬差距	对公司员工产生的激励效果不同，高薪者感觉较弱，低薪者感觉较强

除以上 5 种单一式的薪酬调整方法外，还有两种复合式的薪酬调整方法。

1. 综合性调整

综合性薪酬调整的方法是综合考虑绩效管理、能力评估和态度因素之后，让绩效、能力或态度综合运用、共同作用的薪酬调整方法。

2. 多元化调整

多元化薪酬调整的方法是在同一个公司中，对于部分特定的人才，综合运用前 5 种单一式的薪酬调整方法和综合性薪酬调整方法而形成的薪酬调整方法。

8.3.2　年度调薪步骤

年度调薪的具体步骤如图 8-2 所示。

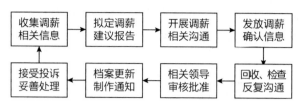

图 8-2 年度调薪步骤

1. 收集调薪相关信息

调薪前，HR 应收集调薪需要用到的相关信息，包括但不限于以下信息。

- 竞争对手的薪酬情况。
- 外部劳动力市场的薪酬情况。
- 内部薪酬满意度。
- 当地法律法规的相关要求。
- 当地 CPI。

2. 拟定调薪建议报告

HR 拟定调薪建议报告的内容包括但不限于以下内容。

- 本次调薪公司将采取的薪酬策略。
- 总体的调薪比例、金额以及原因分析报告。
- 调薪前后可能给公司带来的影响和变化。
- 往期调薪情况及各方面分析。
- 本期调薪的具体实施方案及进度预期。
- 本期调薪需要各部门配合的工作清单。

3. 开展调薪相关沟通

调薪沟通能够增加员工对薪酬调整工作的理解和提高其接受程度，因此 HR 应做好与员工的沟通工作。如果调薪过程中的沟通不足，将引发员工对调薪工作的误解或不满。当然，根据不同公司的具体情况，调薪沟通操作方式可以各自选择。有的公司是把调薪思路直接公告公司全体人员。有的公司是把调薪理念传达给中基层管理者，通过管理者传达给全体员工。还有规模较小的公司，采用由 HR 单独和每位员工面谈的形式。

4. 发放调薪确认信息

发放至各部门管理者的调薪确认信息应当包括但不限于以下内容。

- 员工的基本信息及薪酬相关信息，至少应包括员工的姓名、司龄、现岗位、曾任职岗位、目前薪酬状况、历次调薪时间、薪酬变动原因及情况、历年绩效评价情况。
- 员工本次调薪的基本信息，至少应包括本次是否涉及岗位变化、本次调薪的类别、本次调薪的变动比例、本次调薪的变动金额、本次调薪的生效日期。

部门管理者需要上交的调薪建议汇总表至少应包括部门内按职级、按职能划分的调薪比例和调薪金额。薪酬调整建议汇总样表如表 8-2 所示。

表 8-2　薪酬调整建议汇总样表

部门	岗位	职级	姓名	工号	当前薪酬	去年绩效评定结果	拟调薪酬比例	拟调薪酬金额	调整原因

表 8-2 的格式可以根据需要修改，如有的公司薪酬调整的依据还包含能力评定结果和态度评定结果，有的公司要求绩效至少要看前 3 年的数据，有的公司还要在表中体现员工历年薪酬变化情况等，这些都可以相应加入表中。

5. 回收、检查、反复沟通

将各部门调薪建议汇总表回收后，HR 需要对各部门反馈的薪酬调整建议做审核，对于不符合公司整体薪酬理念或策略的，HR 应及时与各部门管理者沟通反馈，要求他们重新审视并修改。

调薪建议汇总表中的常见问题包括以下几项。

- 存在超出公司预算规定的调薪幅度或调薪金额的情况。
- 调薪建议没有反映出员工担任职位的重要性。
- 调薪建议没有反映出员工的绩效状况。
- 调薪建议过多考虑了员工的司龄，而不是贡献。
- 调薪建议强调无差别的平均主义。
- 调薪建议没有考虑外部劳动力市场的状况。

由于各部门管理者素质、能力和理解的不同，HR 针对薪酬调整建议与其沟通反馈的过程可能要反复持续好几轮。在此过程中，HR 要保持足够的耐心和信心，确保最终沟通后的调薪建议汇总表符合公司整体的调薪思路。

6. 相关领导审批核准

在领导审批核准的环节，HR要注意将前面所有的工作过程形成书面报告，呈交相关领导，保证领导知悉整个调整过程，而不只是调薪的结果。

7. 档案更新制作通知

HR根据经领导层审批核准后的薪酬调整方案更新员工的档案，并拟定薪酬调整的通知文件。如果需要通过短信形式通知所有员工，可以编写员工调薪的短信通知。

8. 接受投诉、妥善处理

调薪实施之后，必然有员工对薪酬调整不理解或不满意。这时候，HR应提前设置员工投诉的方式，方便员工提出自己的意见，并提前在通知中告知员工。对于员工的投诉，HR要妥善处理，尤其是对于核心或优秀人才的投诉，HR要搞清楚问题，及时稳妥地做出安排。

8.3.3　其他调薪方法

除了常规的年度调薪之外，常见的调薪方法还有4种，分别是职务调薪、调岗调薪、特别调薪和试用期满之后的调薪。

1. 职务调薪

职务调薪是员工由于职务的调整，而对应产生的薪酬调整。职务变动引起的薪酬调整通常都是根据公司薪酬政策的规定执行。职务调薪的操作不需要与年度调薪同时进行，而是随时发生职务调整，随时做出薪酬调整。

职务调薪的依据，是公司薪酬政策的具体规定，一般与工作绩效、工作能力、工作态度、工作经验、培训经历、学历、专业等因素有关。

2. 调岗调薪

调岗调薪与职务调薪类似，是因为岗位发生变化而发生的薪酬调整。调岗调薪的依据也是公司薪酬政策的具体规定。调岗调薪引发的薪酬变化通常也是在岗位发生变化后即时产生的。

3. 特别调薪

特别调薪是公司在紧急情况下做出的薪酬调整。特别调薪的原因通常包括但不限于以下几项。

- 外部劳动力市场中某类岗位的薪酬发生较大变化。
- 针对竞争对手的战略。
- 为保留某一类特别员工。
- 为符合当地的某项法律法规。
- 为修正之前薪酬调整中不合理的部分。

4. 试用期满之后的调薪

员工通过试用期或者考核期之后，可能会伴有薪酬的相应调整。这类薪酬调整需要参考公司的薪酬政策。对于试用期间表现优秀的、表现一般的和表现较差的员工，薪酬调整应是区别对待的。

8.4　如何进行薪酬沟通

薪酬沟通是公司为了实现薪酬战略、落实薪酬管理理念，通过各种途径与员工就薪酬相关的问题做出的信息交流或传达的过程，是公司薪酬管理起到激励作用的重要环节。未来学家约翰·奈斯比特（John Naisbitt）指出："未来的竞争是管理的竞争，竞争的焦点在于每个社会组织内部成员之间及其外部组织的有效沟通上。"

8.4.1　薪酬沟通要点

薪酬沟通在整个薪酬管理中贯穿始终。薪酬沟通不仅是薪酬方案形成之后向员工传达的过程，公司在设计薪酬方案时，就应提前考虑到如何就该方案与员工进行有效的沟通。

在整个薪酬管理的过程中，比较常见的薪酬沟通内容包括但不限于以下几项。

- 公司的薪酬策略，如公司为什么采取这样的薪酬策略，公司采取这类薪酬策略是期望实现什么样的效果、达到什么样的目标。
- 公司的薪酬理念，如公司的价值观，公司提倡什么行为、不提倡什么行为，公司将为什么样的行为和结果付薪。

- 公司的薪酬制度，如薪酬的具体标准以及薪酬标准是如何制订的。
- 公司的调薪方案，如调薪方案是怎么得出来的，调薪方案都包括哪些内容。
- 公司的调薪流程，如整个调薪过程应当如何操作。
- 薪酬沟通的技巧，这部分主要是针对公司各层管理者展开的培训，以传授管理者与员工就薪酬问题沟通的技巧。

薪酬沟通不应只局限在对当前的薪酬水平、调薪幅度等问题的沟通，还应引导员工站在公司发展和个人发展的角度，清醒、理性、长远地看待公司整体的薪酬体系。

员工的薪酬水平是随着员工能力和绩效的发展而变化的。在公司现行的薪酬体系下，员工应当把注意力更多地放在如何提升个人能力和绩效上，而不是总盯着一时的薪酬高低。

8.4.2　薪酬沟通方式

薪酬沟通可以采取的方式有很多，比较常见的有以下几种。

1. 书面沟通

书面沟通是最正式的薪酬沟通方式之一。薪酬策略、薪酬理念、薪酬原则、薪酬结构等薪酬方案设计过程中的各类方案文件等都可以书面的形式公布。书面沟通的媒介可以是公司的员工手册、公告栏、邮箱、官方媒体等。

2. 面谈交流

面谈交流是最有效的薪酬沟通方式之一。面谈交流沟通的方式能够帮助公司快速了解员工的思想状况。对于在薪酬上有情绪的员工，公司可以借此机会安抚他们的情绪。对于对薪酬体系理解不正确的员工，公司也可以摆正他们的观念，达到激励的目的。

针对不同岗位、职级的员工，可以有不同的、个性化的沟通方式。对于中高级管理者的薪酬，可以由最高管理层与他们沟通；对于普通员工，可以由中基层管理者与他们沟通。

面谈交流的内容可以包括但不限于以下内容。

- 员工个人薪酬高低的原因。
- 员工个人薪酬调整的原则。

- 员工个人的职业发展将会对薪酬造成的影响。

实务中，为了保证薪酬沟通的效果，通常不会只采取某一种单一的薪酬沟通方式，而是综合运用多种薪酬沟通方式。

8.5　如何进行薪酬数据分析

对薪酬数据的分析是薪酬管理的重要组成部分，同时也是人力资源管理的重要依据。对薪酬数据进行对比和分析，有利于 HR 快速了解或评价公司目前的薪酬管理状况，以便查找问题、追本溯源、迅速反应、及时纠偏。

常见的薪酬数据分析有薪酬水平分析、薪酬结构分析、薪酬偏离度分析、薪酬变化分析和薪酬效率分析。

8.5.1　薪酬水平分析

薪酬水平分析是比较当前公司中不同岗位、不同层级的薪酬数据与市场薪酬数据所处的分位值之间的差异的分析方法。

 举例

某公司财务、销售、采购 3 类岗位当前的薪酬水平如表 8-3 所示。

表 8-3　某公司 3 类岗位薪酬水平　　　　　　　　单位：元／年

部门	岗位	最小值	最大值	中位值
财务中心	财务经理	70 000	80 000	75 000
	财务主管	60 000	70 000	65 000
	财务科员	20 000	30 000	25 000
销售中心	销售经理	200 000	300 000	250 000
	销售主管	140 000	200 000	170 000
	销售代表	80 000	120 000	100 000
采购中心	采购经理	120 000	140 000	130 000
	采购主管	100 000	120 000	100 000
	采购专员	60 000	80 000	70 000

该公司对市场中这 3 类岗位进行了薪酬调查，结果如表 8-4 所示。

表 8-4 某地区 3 类岗位薪酬水平调查结果 单位：元／年

部门	岗位	10 分位	25 分位	50 分位	75 分位	90 分位
财务中心	财务经理	88 233	108 306	153 646	268 656	536 872
	财务主管	68 788	73 710	96 645	151 854	178 503
	财务科员	27 337	32 325	36 222	48 921	57 624
销售中心	销售经理	113 440	144 790	197 181	381 328	509 756
	销售主管	74 537	81 975	121 176	157 188	198 397
	销售代表	35 452	44 428	61 076	92 248	122 389
采购中心	采购经理	79 815	99 155	124 600	215 365	249 569
	采购主管	69 646	77 410	98 460	133 000	174 893
	采购专员	31 839	37 993	49 718	75 256	102 155

将表 8-3 和表 8-4 进行比较，能够得出该公司 3 类岗位的薪酬水平与市场的薪酬水平相比的相关结论。

（1）财务中心的财务经理、财务主管和财务科员岗位的薪酬水平普遍较低。3 个岗位的薪酬水平均处在市场水平的 25 分位值以下。财务经理岗位的薪酬水平甚至处在市场水平的 10 分位值以下。

（2）销售中心的销售经理、销售主管和销售代表岗位的薪酬水平基本都趋近于市场水平的 75 分位值。

（3）采购中心的采购经理岗位的薪酬水平处在市场水平的 50 分位值左右，采购主管和采购专员岗位的薪酬水平处在市场水平的 75 分位值左右。

8.5.2 薪酬结构分析

薪酬结构分析是公司分析薪酬各组成部分之间的占比关系的过程，其目的是平衡薪酬的保障和激励功能。通常可以比较内部薪酬结构与外部薪酬结构之间的关系，不同岗位、序列、角色之间的薪酬结构关系，不同职等、职级之间的薪酬结构关系。

 举例

某公司对不同岗位层级薪酬结构的分析如表 8-5 所示。

表 8-5　某公司不同岗位层级薪酬结构分析结果

岗位层级	基本工资	固定津贴	变动年薪	可量化福利
操作工	62.40%	8.41%	8.23%	20.96%
科员级	65.14%	8.43%	7.19%	19.24%
主管级	61.57%	8.12%	11.45%	18.86%
经理级	57.46%	7.94%	16.47%	18.13%
总监级	51.80%	7.78%	25.19%	15.23%

从表 8-5 能够看出，该公司的岗位层级越高，基本工资的占比越低，变动年薪的占比越高，这符合一般的薪酬管理理念。

8.5.3　薪酬偏离度分析

薪酬偏离度分析是公司分析反映在岗者薪酬相对于外部市场薪酬水平和公司内部薪酬水平偏离程度的过程。

如果是与外部市场薪酬水平相比，可以叫外部偏离度，简称"外偏"，外偏可检验该岗位人员薪酬的外部竞争性；如果与内部薪酬水平相比，可以叫内部偏离度，简称"内偏"，内偏可检验该岗位人员薪酬的内部公平性。

 举例

公司某部门 4 名职工岗位薪酬的外部偏离度结果如表 8-6 所示。

表 8-6　某部门各岗位薪酬的外部偏离度比较情况

岗位	年薪 / 元	市场年薪水平 / 元	外部偏离度
甲岗位	56 487	58 000	56 487 ÷ 58 000 = 97%
乙岗位	87 459	84 000	87 459 ÷ 84 000 = 104%
丙岗位	132 564	150 000	132 564 ÷ 150 000 = 88%
丁岗位	185 640	150 000	185 640 ÷ 150 000 = 124%
合计	462 150	442 000	462 150 ÷ 442 000 = 105%

从结果能够看出，甲岗位的薪酬与市场薪酬水平相比较低，说明甲岗位的外部竞争性较差，但是偏离度不大；乙岗位的薪酬与市场薪酬水平相比相对较高，说明乙岗位具备一定的外部竞争性，但偏离度也不大；丙岗位的薪酬比市场薪酬水平低，

且偏离度较高，说明丙岗位的外部竞争性较差；丁岗位的薪酬比市场薪酬水平高，且偏离度也较高，说明丁岗位的外部竞争性较好。

接下来，分析该部门4名职工岗位薪酬的内部偏离度，如表8-7所示。

表8-7　某部门各岗位薪酬内部偏离度比较情况

岗位	年薪/元	公司该等级工资水平中位值/元	内部偏离度
甲岗位	56 487	55 000	56 487 ÷ 55 000 = 103%
乙岗位	87 459	86 000	87 459 ÷ 86 000 = 102%
丙岗位	132 564	140 000	132 564 ÷ 140 000 = 95%
丁岗位	185 640	140 000	185 640 ÷ 140 000 = 133%
合计	462 150	421 000	462 150 ÷ 421 000 = 110%

与外部竞争性不同，内部公平性并不是看岗位薪酬与内部薪酬水平相比的高或低，而是看偏离度大小。甲岗位和乙岗位的薪酬与内部薪酬水平相比较高，且偏离度不大，说明甲、乙岗位具备一定的内部公平性；丙岗位的薪酬与内部薪酬水平相比较低，但偏离度不大，同样说明丙岗位具备一定的内部公平性；而丁岗位的薪酬水平比内部薪酬水平高很多，且偏离度较大，说明丁岗位已经失去内部公平性。

最后，把内外部偏离度放在一起对比分析，这样更容易看出问题，如表8-8所示。

表8-8　某部门各岗位薪酬内外部偏离度比较情况

岗位	外部偏离度	外部竞争性	内部偏离度	内部公平性
甲岗位	97%	差	103%	良
乙岗位	104%	良	102%	优
丙岗位	88%	差	95%	良
丁岗位	124%	优	133%	差

对外部竞争性的判断，只要岗位薪酬比市场薪酬水平低，就可以判断为"差"；如果超过市场薪酬水平，一般可以把外部偏离度在100%～105%的算作"良"，把外部偏离度超过105%的算作"优"。

对内部公平性的判断，一般可以把内部偏离度在100%±2%的算作"优"，内部偏离度在100%±5%的算作"良"，内部偏离度低于95%、高于105%的算作"差"。

8.5.4　薪酬变化分析

薪酬变化分析是公司分析薪酬调整变化的过程。

当分析子公司薪酬调整在各子公司之间及各年份之间的比较情况时，可以把表 8-9 作为分析工具。

表 8-9　各子公司薪酬历年变化分析样表

公司	20×0 年薪酬总额	20×0 年调薪幅度	20×0 年调薪额度	20×1 年薪酬总额	20×1 年调薪幅度	20×1 年调薪额度
A 子公司						
B 子公司						
C 子公司						

如果要分析各部门或者某一类岗位的薪酬调整情况，也可以把表 8-9 中的公司换成部门或某一岗位类型。

当需要比较某公司或者某部门内部薪酬在各员工及各年份之间的变化情况时，可以把表 8-10 作为分析工具。

表 8-10　某公司各部门薪酬历年变化分析样表

部门	姓名	20×0 年薪酬水平	20×0 年调薪幅度	20×0 年调薪额度	20×0 年调薪原因	20×1 年薪酬水平	20×1 年调薪幅度	20×1 年调薪额度	20×1 年调薪原因
	张三								
	李四								

通过对表 8-10 的分析，HR 能够快速看出相同公司或部门内岗位类别或层级类似的不同人员的薪酬调整的额度与幅度之间的差异。对于薪酬调整额度或幅度有异常的人员，HR 可以进一步找到相关人员，分析具体的原因。

8.5.5　薪酬效率分析

薪酬效率分析是公司评估薪酬给公司带来的生产效率或资金利用效率情况的过程。

同一时间段内各子公司或者各部门要比较薪酬的效率时，可以把表 8-11 作为分析工具。

表 8-11 各子公司薪酬效率分析样表

公司	人数	销售额	人力费用额	人力费用率	人均劳效
A 子公司					
B 子公司					
C 子公司					

其中，人力费用率 =（人力费用额 ÷ 销售额）×100%。

人均劳效 = 销售额 ÷ 人数。

人力费用率代表产生相同销售额的情况下，需要花费的人力费用的多少，是薪酬效率直接的体现。通过对表 8-11 的分析，HR 能够看出不同子公司之间人力费用率和人均劳效的比较关系。

由于公司的行业或产业不同，不能简单地认为某公司的人力费用率比另一家公司的人力费用率低，就代表这家公司管理到位。也不能简单地认为某公司的人均劳效比另一家公司的人均劳效低，就代表其管理不到位。HR 应当具体问题具体分析。

某一特定的子公司或部门要比较各年度的薪酬效率时，可以把表 8-12 作为分析工具。

表 8-12 按年份薪酬效率分析样表

年份	人数	销售额	人力费用额	人力费用率	人均劳效
20×0 年					
20×1 年					
20×2 年					

与各子公司或者各部门之间薪酬效率分析的比较不同，当某一特定的公司或部门比较不同年度的薪酬效率时，如果部门的业务类别没有发生较大的变化，但是人均劳效逐年提高，或者人力费用率逐年降低，基本可以代表该公司或部门的薪酬效率在逐年提高。

需要注意，这里的人力费用率也不是越低越好。因为较低的人力费用率可能是管理者采取了违背公司的薪酬策略，给员工设置了较低的薪酬水平所致。较低的人力费用率从短期数据上看比较"漂亮"，但是长远看，不利于人才的稳定性，有损于公司的长远发展。

【疑难问题】调薪时如何与员工沟通

当和员工进行薪酬沟通时，HR 应一视同仁，语气、措辞都要斟酌。对无负面情绪的员工，应本着激励的原则；对有负面情绪的员工，应本着安抚的原则。

薪酬沟通的原则，应做到兼顾透明和保密。薪酬管理上应该透明的部分，HR 应想尽一切办法告知员工；应该保密的部分，即使员工通过各种方式打听和询问，HR 也应保持应有的职业态度。

薪酬管理中应透明的部分包括以下几点。

1. **薪酬管理制度**

HR 应让员工明确公司对薪酬组成部分的规定，明确员工自身的薪酬由哪些部分组成，每部分的金额和比例分别是多少。

2. **薪酬管理理念**

HR 应让员工清楚公司的薪酬理念是怎样的，公司对不同绩效、不同能力的员工会采取怎样的薪酬策略。

3. **影响薪酬的因素**

HR 应告知员工影响其个人薪酬的因素都有哪些，公司统一的薪酬变化是怎样的，其在什么样的情况下或者达到什么水平时将会有薪酬的增长。

每个公司不一样，应该保密的部分，具体需要各公司自行衡量。保密部分的衡量原则，是考虑当透明之后可能会引发哪些事项，引发的可能性有多大；如果保密的话，可能会引发哪些事项，引发的可能性有多大。两害相权取其轻。选择之后，HR 应做好相应事项发生可能性的模拟及应对措施。

常见的需要探讨是否该保密或透明的事项包括以下几项。

- 整体的薪酬调整预算。
- 公司整体的调薪幅度。
- 不同部门的调薪幅度。
- 公司薪酬水平在劳动力市场的位置。

建议不论是 HR 还是各级管理者，都不要和任何员工谈起其他员工的调薪幅度。这种"透明"往往不但不会产生激励，反而会激发矛盾。

HR 要协助各部门管理者提高和员工沟通薪酬的技巧和能力，要告知各部门管理者，薪酬相关问题哪些话应该说、哪些话不该说。

【实战案例】年度薪酬调整实战案例

某公司是一家生产制造型公司，公司的企业文化强调绩效和结果。近年来，该公司的业绩稳步提升，公司管理层决定每年对薪酬做出一定比例的调整。该公司的薪酬经理以绩效为导向，制订出一套年度薪酬调整的方案，公司每年都按照此方案实施年度薪酬调整。

每年 11 月 1 日开始，该公司将成立薪酬调整工作小组，由分管人力的副总担任组长，开始制订第二年的薪酬调整计划。

薪酬调整计划的第一步是制订年度薪酬调整总额。

该额度以以下 4 个数据为参考依据。

（1）CPI 的变化情况。

（2）公司当年的经营业绩情况及财务状况。

（3）外部劳动力市场的薪酬变化情况。

（4）当地最低工资标准的增长情况。

综合考虑这 4 项因素后，薪酬管理委员会讨论后形成薪酬调整总额和调整比例的初步方案，报总经理批准。总经理批准后，得出年度薪酬调整的额度为 X（元）。

用 X 除以当前年薪总额，能够得出调整幅度为 $a\%$。

各部门可分配调薪总额 ＝ 各部门所有人的调薪总额 $\times a\%$。

以部门为单位，每个部门内部根据绩效考核结果划分为 A、B、C、D 4 类人员。以绩效考核结果为 C 的人员的调薪幅度作为基数，调薪幅度计为 $b\%$，绩效考核结果为 A 的人员的调薪幅度为绩效考核结果为 C 的人员的 2 倍。绩效考核结果为 B 的人员的调薪幅度为绩效考核结果为 C 的人员的 1.5 倍。绩效考核结果为 D 的人员年度调薪幅度为 0。

绩效考核结果的具体分布比例和调薪幅度的关系如表 8-13 所示。

表 8-13 绩效考核结果分布比例与调薪幅度的关系

绩效考核结果	分布比例	调薪幅度
A	不高于 20%	$2 \times b\%$
B	30% 左右	$1.5 \times b\%$
C	30% 左右	$b\%$
D	不低于 10%	0

采取这种年度调薪方法后，该公司员工之间的薪酬差距逐渐拉开。高绩效水平的员工与低绩效水平员工间的薪酬差距越来越大，公司内部形成了"比帮赶超、结果说话、绩效为王"的氛围。

第 **9** 章

典型岗位的薪酬设计

不同的岗位类别在组织的价值链中发挥着不同的作用，它们都以不同的形式直接或间接地影响着组织的正常运营和战略目标的实现。能不能通过薪酬设计最大化各类岗位人才的物质激励效果，直接影响着组织能否很好地经营发展。

各行业、各组织对各典型岗位的定位和分工对应薪酬设计的要点和策略有相似性，也有不同之处。限于篇幅，难以穷尽和包含所有行业或组织的特殊情况。本章定位在归纳这些岗位的一般特征和共同属性，并给出通用的薪酬设计要点和策略。

9.1　高管岗位薪酬设计

高级管理者（简称高管）通常指的是企业中的决策层，他们拥有较高的管理权限和较大的责任，这类岗位通常包括总经理（CEO/ 总裁）、常务副总经理、分管某个模块的副总经理、子公司总经理等。

9.1.1　高管岗位薪酬设计要点

企业之间的竞争不仅是产品、营销、金钱、设备等领域的竞争，也是高级管理人才资源之间的竞争。如果把企业比作一艘行驶在海上的战舰，那么高级管理者就好像是这艘战舰的领航人和引路人，他们带领着整艘战舰的人躲开暗礁、避开冰山、穿过风浪，驶向一个又一个目标港湾。

在企业中，高管如果得不到相应的激励，没有基本的获得感和满足感，那么很难期待他们能够带领企业健康发展。所以，一个企业最关键、最重要的薪酬设计环节就是高管岗位的薪酬设计。高管岗位薪酬设计要点包括以下几点。

1. 职责特点

高管岗位的共同职责特点通常包括但不限于以下几点。

- 制订并实施企业的总体战略。
- 制订并保证企业年度发展计划方案的实施。
- 为企业的日常管理的各项经营管理工作做出重大决策。
- 负责处理企业重大突发事件，建立良好的沟通渠道。
- 建立健全统一、高效的组织体系和工作体系。

在设计高管岗位的固定工资、岗位津贴和福利时，HR 应考虑这些因素需要的能力价值。

2. 相关影响

高管岗位通常直接影响着企业的经营业绩，与高管岗位关联比较紧密的指标包括但不限于以下几点。

- 企业业绩情况，如业务收入、主营业务增长率、利润总额、利润增长率等。

- 经营效率情况，如净资产收益率、总资产周转率、成本费用利润率等。
- 计划完成情况，如年度战略计划完成率、投融资计划完成率等。
- 市场营销情况，如市场占有率、品牌市场价值增长率、新业务拓展完成率等。
- 顾客满意情况，如顾客满意度、顾客忠诚度、新顾客增长率等。
- 内部员工情况，如员工满意度、员工敬业度等。

在设计高管岗位的激励工资时，HR 应充分考虑这些因素的变化对浮动工资的影响。

9.1.2　高管岗位薪酬设计策略

高管岗位的存在是为了公司的存续和长期稳定发展，因此对高管岗位的物质激励应偏向于长期激励而非短期激励或固定收益。有的公司过分重视经营业绩，给高管岗位设置的薪酬结构中，与经营业绩直接相关的绩效工资占比很高。这样做容易导致高管"杀鸡取卵"，为了高额的回报只追求短期的经营结果，不考虑公司的长远发展。

高管人员的薪酬结构通常包括固定工资，各类津贴和福利，月度、季度、年度绩效工资（短期激励）和股权、分红（长期激励），各部分的占比情况参考表 9-1。

表 9-1　高管岗位薪酬结构比例参考

固定工资	各类津贴或福利	短期激励	长期激励
10%～20%	10%～20%	20%～40%	30%～60%

设置与业绩直接相关的绩效工资时需要谨慎。适合激励销售人员的方法并不适合用来激励高管人员。相反，正因为给销售人员的定位和设计是更重视短期激励的经营业绩，才更需要有一部分高管人员与之形成管理上的制衡。

一般来说，除了销售型的公司，不建议其余公司对高管设置月度和季度绩效工资。最安全的做法，是对高管人员直接采取年薪制，绩效工资按年度发放。

高管人员的固定工资并不是一成不变的，同样可以和其他岗位一样设置多级工资。当高管人员达到一定的能力、职级或年限等条件后，固定工资相应提升。

高管人员的津贴往往偏向于住房、交通、保险、健康等花费较大或保障性较强的领域，津贴的金额标准通常比普通岗位的金额标准更高。当给高管岗位设置一个其他岗位都不具备的津贴时，往往会使高管人员的心理满足感更强。

9.2 销售推广岗位薪酬设计

销售推广岗位包括公司的销售经理、销售主管、销售业务员、地推人员等负责终端产品的推广与销售、与客户直接接触或关系较紧密的人员。

9.2.1 销售推广岗位薪酬设计要点

销售端是公司最直接的业绩来源之一，销售队伍对于一个公司来说就好比是一台挖掘机的"爪子"，"爪子"越大、越结实，一次能挖起来的东西就越多。因此，在设计销售推广岗位的薪酬时，需要重点考虑薪酬的激励性和保障性。

1. 职责特点

销售推广岗位的职责特点通常包括但不限于以下几点。

- 销售规划，如制订战略性大客户的开发策略及维护；根据公司战略规划和发展的需要和目标，制订年度市场规划和市场拓展计划，并进行公司年度市场和拓展计划的分解、实施、跟踪分析；采取有效的销售策略，并完成销售目标。
- 销售管理，如制订销售相关的流程、制度等政策性、规范化的管理文件；统筹公司及事业部各销售业务和开发单元。
- 客户维护和管理，如项目跟踪、客情跟进和维护；负责战略性的大客户和重要客户的相关来访接待工作；将客户反馈的在质量、技术等方面的信息及时传递到相关部门，及时有效地解决客户的问题；做好客户台账和客户信息的管理工作，保证客户台账和客户信息的真实、完整。
- 保证回款，如销售货款的及时回收和催收；完善销售回款业务循环的业务流程及风险的识别和防控。

在设计销售推广岗位的固定工资、岗位津贴和福利时，HR 应考虑这些因素需要的能力价值。

2. 相关影响

销售推广岗位通常直接影响着公司的经营业绩，与这类岗位关联比较紧密的指标包括但不限于以下几点。

- 销售收入情况，如销售收入增长额或增长率、毛利率等。
- 销售费用情况，如销售费用额、销售费用率控制等。
- 销售回款情况，如货款回收率、坏账率等。
- 客户开发情况，如新业务拓展完成率、新产品销售收入占比、新增客户数量等。
- 客户维护情况，如客户保留率、市场占有率、顾客满意度等。
- 计划完成情况，如营销计划完成率、销售合同履约率等。

在设计销售推广岗位的激励工资时，HR应充分考虑这些因素的变化对浮动工资的影响。

9.2.2 销售推广岗位薪酬结构设计

销售人员的薪酬组成，通常包括以下要素。

1. 固定工资

销售人员的固定工资也可以叫作底薪。底薪通常分为3种类型。

（1）无责任底薪或无业务底薪，这种底薪是每月的固定工资，与销售人员的业务完成情况无关，只与出勤有关。

（2）有责任底薪或有业务底薪，这种底薪是随着销售人员的业务完成情况而呈一定比例变化的，计算时同样需要兼顾出勤情况。

（3）混合制底薪,这种底薪类型是前两种的结合,通常是把底薪分成了两部分,一部分是无责任底薪，另一部分是有责任底薪。

2. 岗位津贴

销售推广岗位的特殊性决定了销售人员可能经常会有出差、加班等需求，有的甚至长期驻外，作息的时间、耗费的精力和付出的情感通常与朝九晚五的8小时工作制的岗位工作人员的不相同。除了必要时产生的加班费，销售推广岗位通常会设置一定的差旅津贴、交通津贴、探亲津贴、餐费津贴等各类具备一定补贴性质的岗位津贴。

3. 销售提成

一般认为，销售提成应是销售人员薪酬结构中占比最大的部分，但也不可一概而论。选择"低提成"（提成薪酬在销售人员的整个薪酬结构中占比较低）模式还是"高提成"（提成薪酬在销售人员的整个薪酬结构中占比较高）模式，需要根据行业、企业、市场、品牌、产品特性、管理体制、客户群体等的不同来选择，划分方法可参考表 9-2。

表 9-2　销售提成模式选择参考

提成模式	企业发展阶段	企业规模	品牌知名度	管理体制	客户群体
低提成	成熟期	较大	较高	成熟	稳定
高提成	成长期	较小	较低	薄弱	不稳

"低提成"模式的优势是能够稳固和维持企业现有的客户和市场，保持企业的外部稳定，有利于企业平稳发展；"高提成"模式的优势是能够激励销售人员开发市场和扩大销售的积极性，有利于企业开拓新业务、快速占领市场。

一般的销售提成计算公式如下。

销售提成 = 提成基数 × 提成比例 − 各类扣项。

提成比例可以根据企业所处的行业、企业业务情况、产品的特性以及竞争对手的薪酬水平而定，而确定销售提成基数常见的方式有 3 种。

（1）按照企业销售的实际回款金额计算，这种方式的好处是能够有效避免销售人员一味地追求销售合同金额、发货量或成交量的持续增长，忽略实际到账金额，而造成企业产生大量呆账、坏账等现金流风险。

（2）直接根据销售合同、发货量或成交量的金额提成，这种方式并不是完全不可取。如企业最新推出一款新产品，希望快速推广应用时，或企业最新发展了一项新业务，该业务正处在初期阶段，缺乏经验和成熟度，希望快速得到市场的认可和应用时，这种提成方式就相对比较有效。

（3）将提成分成两部分，一部分按照销售合同、发货量或成交量的金额计算，另一部分按照实际回款的金额计算。这种方式的好处是既考虑了新产品或新业务的拓展，又考虑了企业现金流的风险。

一般来说，销售提成基数的选择可参考表 9-3。

表 9-3 销售提成基数选择参考

提成基数	企业战略	企业发展阶段	企业经营风险
按实际回款金额提成	稳定经营状况 降低财务风险 持续的现金流	成熟期	较小
按合同额提成	迅速推广应用 快速抢占市场	成长期	较大
按回款额和合同额相结合提成	保障当前的现金流 创造未来的现金流	成长期	中等

9.2.3 销售推广岗位销售提成策略

不同的销售提成策略可以解决不同的问题，根据企业需求的不同，常见的销售提成策略有以下两种。

1. 首单业务大力度提成法

顾名思义，这种提成方式就是当销售人员发展新客户或卖出新产品时，对新客户或新产品的首单销售业务加大提成力度。这种提成方式能够鼓励销售人员发展新业务和新客户，能够使企业在短时间内增加客户数量。

这种提成方式适用于当前的客户群体比较稳定，销售业务主要依靠当前客户的重复下单、消费或订货，为了增加经营业绩和避免经营风险需要开发新客户的企业。但是，产品本身就具备一次性消费特性的企业不适合这种提成方式，如房地产销售、汽车销售、家居销售企业。

为了降低企业的风险，这种提成方式在实际应用中可以有一定的条件，例如，新客户首单销售形成后，后续还有 2～3 次新的销售业务产生时，再兑现首单业务的大力度提成金额；首单金额达到一定额度时，进一步加大提成力度；为了减少应收账款，首单回款的时间与提成比例有一定绑定等。

2. 竞争提成法

如果为了激发销售人员的潜能、积极性和竞争意识，鼓励销售部门内部形成"比帮赶超"的氛围，企业可以选择竞争提成法。这种方法是强制销售部门内部同类产品的销售人员进行 PK（竞赛比较），根据 PK 结果而采取不同的销售提成比例。

这种方法的心理内涵是：大多数人的激励刺激来源于与自己同阶层的其他人，人们总是偏向于希望自己成为这个群体中的胜者，当事实与想象不符时，人们就会开始行动。互相竞争的目的是促进所有人不断进步。

竞争提成法通常适用于那些积极主动性差、行动力弱、执行力差、安于现状、没有明确的工作目标和追求、潜能没有得到充分发挥的销售队伍。但是，同类别的销售人员在3人以下的销售队伍，或负责关键大客户的销售人员，不适用此方法。

实施此方法时需注意，有时候纯粹按照销售额排名往往会造成团队中排名靠前的销售人员总是一些经验相对比较丰富、客户资源相对稳定的老练销售人员，持续按照这种方式竞争排名反而会降低销售新手以及排名靠后销售人员的积极性，也不会对排名靠前的销售人员产生刺激效果。

有效避免这种情况的方法是按照比率而不是按照金额排名。这里的比率，可以是每个销售人员销售业绩占部门总销售业绩比率的增加值。根据在部门内销售份额的增加或减少，实施不同的销售提成比例，如表9-4所示。

表9-4 销售份额竞争提成法示例

	销售份额减少 $b\%$ 以上	销售份额减少 $b\%$ 以内	销售份额不变	销售份额增加 $a\%$ 以内	销售份额增加 $a\%$ 以上
提成比例	$c\%-d\%-e\%$	$c\%-d\%$	$c\%$	$c\%+d\%$	$c\%+d\%+e\%$

 举例

某公司在一个由多人组成的销售队伍中，采用销售份额竞争提成法。某年3月，该队伍的销售额一共为1 000万元，其中，张三为新人，其销售额最低，为20万元，队伍销售额占比为2%；李四销售额最高，为300万元，队伍销售额占比为30%。到了4月，该队伍的销售额一共为1 200万元，张三的销售额还是最低，为60万元，队伍销售额占比为5%；李四的销售额还是最高，为300万元，队伍销售额占比为25%。因张三4月的销售份额环比提高了3%（5%-2%），李四4月的销售份额环比降低了5%（30%-25%），所以张三的销售提成比例将增加，李四的销售提成比例将减少。

9.3　市场营销岗位薪酬设计

市场营销岗位一般包括履行品牌策划管理、广告策划、营销方案制订及实施、市场调查分析等相关职责的岗位。

9.3.1　市场营销岗位薪酬设计要点

市场营销岗位与销售推广岗位是两类截然不同的岗位。市场营销岗位的主要工作是在进行销售推广之前，负责找准品牌定位、市场方向和客户群体。

1. 职责特点

市场营销岗位的职责特点通常包括但不限于以下几点。

- 市场调研，如国内外市场、供求、技术、质量指标、竞争对手信息，行业发展趋势等信息的收集、研究和分析。
- 营销规划，如根据当前产品的市场定位、外部市场情况，制订市场营销的规划，并保证营销计划的有效实施。
- 成本与定价分析，如根据市场信息，提出产品开发要求、产品成本要求和定价建议；制订定价策略，同采购、财务、技术等相关部门进行定价分析。
- 品牌推广，如制订年度品牌维护及推广计划，并组织和实施推广计划；统一组织与各公司产品业务相关的大型展览会的参展工作。

在设计市场营销岗位的固定工资、岗位津贴和福利时，HR应考虑这些因素需要的能力价值。

2. 相关影响

与市场营销岗位关系比较紧密的指标包括但不限于以下几点。

- 销售收入情况，如销售收入增长额或增长率、毛利率等。
- 计划完成情况，如营销计划完成率、市场推广计划完成率等。
- 市场发展情况，如市场渗透率、市场占有率等。
- 客户满意情况，如客户满意度、新增会员或客户数量等。

在设计市场营销岗位的激励工资时，应充分考虑这些因素的变化对浮动工资的影响。

9.3.2　市场营销岗位薪酬设计思路

市场营销岗位与销售推广岗位是在性质上截然不同的两类岗位。有的公司把市场营销岗位和销售推广岗位放在一个部门并混为一谈，对市场营销岗位也采取销售推广岗位的提成制薪酬，这是不妥当的。

虽然市场营销岗位与销售业绩存在一定的关联性，但相对于销售推广岗位来说，市场营销岗位的视角应更加宏观，视野应更加广阔。尤其是对于站在战略视角的高度看公司整体的品牌策划和建设的重要市场营销岗位来说，其重要性和长期性不亚于任何高管岗位。

因此，对市场营销岗位的薪酬设计不应过分聚焦在类似销售推广岗位的较短期激励上。如销售推广岗位的提成可以按照月度或季度发放，市场营销岗位的提成则应尽量做到半年度或年度发放。当然，行业和公司不同，也不可一概而论，但相对于销售推广岗位来说，市场营销岗位应该同时注重长期激励。

市场营销岗位的薪酬结构比例可以参考表 9-5。

表 9-5　市场营销岗位薪酬结构比例参考

固定工资	各类津贴或福利	短期激励	长期激励
40% ～ 60%	10% ～ 20%	20% ～ 40%	0% ～ 5%

在市场营销岗位的薪酬设计中，不宜将固定工资的占比设计得过低，目的是要给这类岗位的人员一定的安全感。

同时，激励工资比例也不宜设置得过小，目的是让这类岗位的人员在有一定盼头的同时感受到一定的压力，从而产生一定的动力。

9.4　研发工艺岗位薪酬设计

研发工艺岗位一般包括履行技术突破、研发创新、工艺改进、科研项目申报等相关职责的岗位。

9.4.1　研发工艺岗位薪酬设计要点

研发工艺岗位掌握着企业技术和创新的命脉，尤其是对于科技型企业来说，技术和创新是这类企业的核心竞争力。

1. 职责特点

研发工艺岗位的职责特点通常包括但不限于以下几点。

- 技术调研，如对行业的技术调研和对市场同类产品的技术调研。
- 技术战略，如编制并实施技术战略规划，确保产品的设计与开发工作的持续性。
- 技术创新，如开发设计新产品，对现有产品、工艺进行改进，寻找新型原材料等。

在设计研发工艺岗位的固定工资、岗位津贴和福利时，HR应考虑这些因素需要的能力价值。

2. 相关影响

与研发工艺岗位关系比较紧密的指标包括但不限于以下几点。

- 技术研发情况，如产品技术的稳定性、产品质量合格率、产品废品率、科研成果转化次数、工艺改进次数等。
- 研发业绩情况，如技术创新使材料消耗降低率、新产品利润贡献率、技术创新或工艺改进使标准工时降低率、工艺改进成本降低率等。
- 技术费用情况，如研发成本控制率、技术改造费用控制率等。
- 计划完成情况，如技术改进项目完成率、研发项目完成率、科研项目申报数等。
- 风险控制情况，如技术研发资料归档率、实验事故发生次数等。
- 客户满意情况，如技术研发服务满意度、客户满意度、客户忠诚度等。

在设计研发工艺岗位的激励工资时，HR应充分考虑这些因素的变化对浮动工资的影响。

9.4.2　研发工艺岗位薪酬设计思路

技术人才是企业创新发展的核心动力，企业经营过程中的工艺改进、技术升级、产品研发等都离不开技术人才的支持。如果笼统地分类，可以把研发工艺岗位技术人才薪酬组成的计算公式归纳如下。

研发工艺岗位薪酬＝固定工资＋技能工资＋各类津贴＋项目奖金＋绩效奖金（提成奖金）。

按照对技能工资、项目奖金或绩效奖金的重视程度的不同，可以把技术人才的薪酬分成 3 类。

1. 技能驱动型

技术人才薪酬类型为技能驱动型的企业更重视技术人才的能力发展。对这类企业来说，专业技能水平是确定技术人才薪酬水平的重要因素。如果企业中有部分技术人才的职责、绩效和贡献难以用数字量化，HR 可以采用这种方法。在这种薪酬类型中，技能工资在技术人才的整个薪酬中占比较高。

这种方法的原理是，根据技术人才的专业技术水平，划分出不同岗位的专业技术等级，不同的专业技术等级对应不同的薪酬水平。所有技术人才的岗位和薪酬都对应不同的专业技术等级，如表 9-6 所示。

表 9-6　技能驱动型技术人才薪酬示例　　　　　　　　单位：元

专业技术等级	A 类岗位	B 类岗位	C 类岗位
专业技术等级 5 级	6 000	5 500	5 000
专业技术等级 4 级	5 000	4 500	4000
专业技术等级 3 级	4 000	3 500	3000
专业技术等级 2 级	3 000	2 500	2 000
专业技术等级 1 级	2 000	1 500	1 000

表 9-6 是根据专业职务、技术水平等因素将专业技术等级划分成 5 个等级，根据岗位的重要性和贡献度将岗位类型划分为 A、B、C 3 个类型。不同的专业技术等级和不同的岗位类型，对应着不同的技能工资水平。

2. 创新驱动型

技术人才薪酬类型为创新驱动型的企业更重视技术人才的创新，对这类企业来说，创新的结果是影响技术人才薪酬水平的重要因素。如果企业非常重视创新，技术团队的创新能够被相对客观地衡量，HR 可以采用这种方法。在这种薪酬类型中，通常项目奖金（创新项目）在技术人才的整个薪酬中占比较高。

这种方法通常先由企业确立不同的技术研发或创新项目，每个项目由不同数量的技术人才负责。根据项目开发的成果交付情况，给予技术人才不同的项目奖励。项目奖励方式如表9-7所示。

表9-7　创新驱动型技术人才薪酬示例　　　　　　　　单位：元

项目类型	项目完成结果A	项目完成结果B	项目完成结果C	项目完成结果D
A类项目	100 000	60 000	40 000	0
B类项目	80 000	50 000	30 000	0
C类项目	60 000	30 000	20 000	0
D类项目	40 000	20 000	10 000	0

表9-7是根据项目的难易程度、贡献程度和重要性等因素，将全企业的项目分成A、B、C、D 4个类型，再根据项目完成的及时性、完整性、符合性等因素，将项目完成情况划分为A、B、C、D 4类结果，结果A为项目完成最优，结果D为项目未完成或完成情况与预期严重不符。不同类型的项目对应不同完成结果，有不同金额的项目奖励。

3. 价值驱动型

技术人才薪酬类型为价值驱动型的企业更重视技术人才创新后的价值结果，有的企业直接将其定义为技术相关产品的销售业绩或利润。如果企业非常重视经营业绩，HR可以采用这种方法。在这种薪酬类型中，通常绩效奖金或提成奖金在技术人才的整个薪酬中占比较高。

这种方法常见的操作方式是直接根据技术团队、项目或人才对应的产品销售额区分绩效或提成奖金的计提比例，如表9-8所示。

表9-8　价值驱动型技术人才薪酬示例

项目产品对应销售额情况	项目团队绩效或提成奖金计提比例
600万元（含）以上	2%
300万元～600万元（不含）	1.5%
100万元～300万元（不含）	1%

表9-8是将项目产品对应的销售额情况划分为100万～300万元、300万～600万元、600万元以上3个层级，随着销售额的增长，每个层级对应的项目团队的绩效或提成奖金比例分别为1%、1.5%和2%。

9.5　生产实施岗位薪酬设计

生产实施岗位一般包括在生产一线履行生产管理、生产实施等相关职责的岗位。

9.5.1　生产实施岗位薪酬设计要点

生产实施岗位是保证公司的产品能够顺利生产并交付的重要岗位。

1. 职责特点

生产实施岗位的职责特点通常包括但不限于以下几点。

- 计划管理，如制订和实施生产计划，统计相关生产数据、分析和评估生产计划实施情况，做出及时的修正等。
- 生产管理，如监控原材料使用情况，合理调度各类生产资源，保证生产有序实施，提高生产效率等。
- 风险管理，如检查和解决生产安全隐患，对安全事故进行应急处置等。
- 质量控制，如严格按照工艺流程操作，抽查质量情况，及时解决质量问题等。

在设计生产实施岗位的固定工资、岗位津贴和福利时，HR 应考虑这些因素需要的能力价值。

2. 相关影响

与生产实施岗位关系比较紧密的指标包括但不限于以下几点。

- 计划完成情况，如生产计划完成率，生产计划延后率等。
- 生产效益情况，如生产成本控制，生产物料利用率等。
- 过程管控情况，如生产现场管理质量，生产设备利用率，生产设备完好率等。
- 质量控制情况，如产品质量合格率，产品废品率等。
- 风险控制情况，如工艺文件归档率，生产安全事故发生率，工伤数量，一线员工流失率等。

在设计生产实施岗位的激励工资时，HR 应充分考虑这些因素的变化对浮动工资的影响。

9.5.2　生产实施岗位薪酬设计思路

生产人员的使命是保证产品能够按时、保质、保量地完成并交付。因此，对生产人员的薪酬设计应充分体现对产品的时间、质量、数量 3 项因素的重视。如果条件允许，计件工资法更适合生产人员的薪酬设计。

然而，由于产品特性、生产实际或统计能力的限制，许多企业无法实施计件工资制，只能采取计时工资的方式。如果采取计时工资的方式，生产人员的薪酬通常为以下内容。

生产人员工资 = 日工资 × 出勤天数＋加班工资＋岗位津贴＋绩效工资。

根据岗位性质、员工技能、工作表现、入职时间的不同，员工、组长、班长等的日工资应分为不同的级别，并制订相应的级别工资（加班工资根据日工资标准和加班工资的计算规则计算），如表 9-9 所示。

表 9-9　生产人员日工资标准示例

级别		日工资标准／元		
		A 岗位	B 岗位	C 岗位
实习期员工		120	110	100
一级	一等	122	112	102
	二等	124	114	104
	三等	126	116	106
二级	一等	128	118	108
	二等	130	120	110
	三等	132	122	112
三级	一等	134	124	114
	二等	136	126	116
	三等	138	128	118

生产人员的岗位津贴通常包括夜班津贴（倒班需要）、满勤津贴（为了持续

生产，鼓励出勤）、司龄津贴（为了降低离职率，保证生产人员的稳定性）、保健津贴（对健康可能存在一定影响的岗位的特殊津贴）、残疾津贴（福利企业或吸纳残疾人的企业提供的津贴）、职务津贴（生产管理者的岗位津贴）。当然，根据岗位的不同，津贴的标准可以有所不同。

生产人员的绩效工资应与班组或车间生产计划的完成情况挂钩，其中重要的3项指标应当是产品完成的时间是否达标、产品交付的数量是否满足要求和产品检验的质量是否符合标准。根据企业不同时期导向的不同，3项指标的侧重点可以有所不同。

9.6 采购供应岗位薪酬设计

采购供应岗位一般包括履行产品采购、物资供应等相关职责的岗位。

9.6.1 采购供应岗位薪酬设计要点

采购供应岗位是公司物资的"进口"，是公司的"守门人"。

1. 职责特点

采购供应岗位的职责特点通常包括但不限于以下几点。

- 采购规划，如根据生产安排做好材料供应的进度控制，实现优化管理，防止材料积压、减少资金占用。
- 采购计划，如根据公司战略和生产发展需要、各种物料需求计划，编制并执行相应的采购计划；根据材料采购计划编制资金计划，制订付款计划。
- 市场调研，如开展供应市场调研与收集政策信息，分析各种材料的市场品质、价格等行情，掌握广泛的供应信息与渠道资源。
- 供应商管理，如综合评价供应商的质量、服务、价格等因素，确定并管理供应商，负责各类采购合同的签订与管理。
- 物资确认，如检查材料规格、型号、式样、数量等，对于不合格材料及时协商退货或补货；关注材料库存状况，参与库存积压材料的处理。

在设计采购供应岗位的固定工资、岗位津贴和福利时，HR应考虑这些因素需要的能力价值。

2. 相关影响

与采购供应岗位关系比较紧密的指标包括但不限于以下几点。

- 成本控制情况，如成本降低目标达成率、采购资金节约率等。
- 计划完成情况，如采购计划完成率、供应商履约率、供应商开发计划完成率等。
- 物资供应情况，如采购到货及时性、内部客户满意度等。
- 质量控制情况，如采购订单差错率、采购质量合格率、采购安全事故数等。

在设计采购供应岗位的激励工资时，HR应充分考虑这些因素的变化对浮动工资的影响。

9.6.2 采购供应岗位薪酬设计思路

采购供应岗位的第一职责是保证公司所需的物资能够准确及时地到货，第二职责是用尽可能低的价格或尽可能长的账期获得公司需要的物资。

HR在设计采购供应岗位的薪酬时，应把物资保障放在首位，而不应把节省成本放在首位。采购供应岗位的薪酬结构中，固定工资应占比较大的比例，体现采购绩效的浮动工资占比一般不宜超过30%。

有的行业的经营业绩与原材料价格的关系比较紧密，且原材料价格比较透明，如航空公司采购燃油。在这类行业，采购与公司经营业绩的联系较为紧密，采购人员通过购买期货或延期支付价款等专业的方式能够有效影响公司的经营业绩。

对于采购供应岗位人员的薪酬设计，可以在一定程度上参考高管岗位和销售推广岗位，既要体现对采购供应岗位给公司创造价值的短期激励，又要在一定程度上考虑其为公司的长远贡献，给予一定的长期激励。

有的公司为保障采购供应岗位对公司发展的长期作用，会对这类岗位的各级管理者实施股权激励计划。

通用的采购供应岗位的薪酬结构比例，可以参考表9-10。

表 9-10　采购供应岗位薪酬结构比例参考

固定工资	各类津贴或福利	短期激励	长期激励
50%～80%	5%～10%	10%～30%	0%～10%

因采购供应岗位的特殊性，HR 可以考虑在这类岗位的薪酬结构中设置一部分诚信金。诚信金可以作为对采购供应岗位特有的延时支付或者较长期激励的一部分奖金，如果该岗位人员没有出现诚信问题，企业可以在其岗位任期过后的一段时间内一次性发放给该岗位人员。

如果采购供应岗位的人员出现诚信问题，给公司造成损失，公司可以根据相关法律法规的规定，要求其赔偿公司蒙受的损失，并要求其承担相应的法律责任。

采购供应岗位应设置轮岗制度，一般 3 年轮岗一次，同一个人在同一岗位任职的时间最好不要超过 5 年。

9.7　客户服务岗位薪酬设计

客户服务岗位一般包括履行客户接待、客户投诉受理、客户关系维护等相关职责的岗位。

不同行业的公司对客户服务岗位的定位差异较大。有的行业的公司中客户服务岗位的定位偏向销售推广的职能，这种情况可以参考销售推广岗位的薪酬设计。如果是通用的客户服务岗位定位，可以参考本节内容。

9.7.1　客户服务岗位薪酬设计要点

与销售推广岗位类似，客户服务岗位也是直接面对终端用户的岗位。客户服务岗位的工作质量，直接影响着公司客户关系的维护。

1. 职责特点

客户服务岗位的职责特点通常包括但不限于以下几点。

- 售前支持，如接受客户咨询，向客户介绍产品，向客户提供完整准确的方案信息，解答客户问题，引导并说服客户达成交易。
- 售中跟踪，如对客户订单生产、发货、物流状态进行跟进，回答客户商品交付过程中的各项问题。

- 售后服务，如及时妥善处理客户反馈的问题及投诉，及时为客户退换货，及时记录客户的意见并整理汇报。
- 流程改进，如协助公司开展客服相关知识管理，从客户服务角度对公司流程提出改进建议。

在设计客户服务岗位的固定工资、岗位津贴和福利时，HR 应考虑这些因素需要的能力价值。

2. 相关影响

与客户服务岗位关系比较紧密的指标包括但不限于以下几点。

- 客户服务情况，如客户意见处理及时率、客户意见反馈及时率、客户投诉解决满意度、客户回访率、大客户走访次数、大客户流失率等。
- 费用控制情况，如客服经费使用情况、客服费用控制情况等。
- 客户反馈情况，如外部客户满意度、内部客户满意度等。

在设计客户服务岗位的激励工资时，HR 应充分考虑这些因素的变化对浮动工资的影响。

9.7.2 客户服务岗位薪酬设计思路

客户服务职能是在营销职能发挥后的下一步。客服人员的职责通常包括定期回访客户、解决客户投诉、管理客户信息、管理落单的客户，通过良好而持续的客户服务和不断跟进来促使交易再次成交。

客服人员需要具备一定专业素养。客户服务做得比较优质到位的公司，不仅客户的流失率会比竞争对手低，而且会通过客户间的口碑效应，为自己增加更多的客户。所以，客服人员不仅要起到保留客户的作用，而且要具备一定的客户开发能力。

客服人员的薪酬内容通常可以包括以下几点。

- 固定工资，根据公司的规模、任职能力的不同，可以分成 3 ~ 7 个等级。
- 岗位津贴，可以包括保密费、出差补贴等常规津贴。由于客户服务岗位的特殊性，客服人员有时需要接待大量的客户投诉，有的企业每月甚至可以增加一部分"委屈费"。

- 绩效工资，是指每月、季度或年，根据绩效考核结果，发放的与绩效对应的工资。
- 销售提成，客户服务岗位也能够产生销售，也能够为公司带来直接的业绩和收益，增加销售提成可以增加客户的再次成交量和增强客户的转化力度。

客服人员的首要职责是客户服务，而不是营销，同时公司也应防止客服人员内部为了销售提成业绩而相互竞争。因此，设计客服人员薪酬时要体现客户服务的核心，团结一心、相互配合的导向，以及业绩转化的结果。基于此，客服人员的整体薪酬结构比例可参考表 9-11。

表 9-11　客服人员薪酬结构比例参考

固定工资	各类津贴或福利	绩效工资	销售提成
40% ～ 60%	5% ～ 20%	20% ～ 30%	10% 左右

需要注意的是，客服人员的销售提成的比例通常比销售人员的销售提成比例要低，一般可以是销售人员提成比例的 20% ～ 50%，且客服人员一般不应按照个人的销售业绩提成，而应按照部门整体的提成比例计算后，在部门内部分配。

客服人员销售提成的分配比例一般为：部门可分配业绩提成的 10% ～ 20% 分配给部门管理者；60% ～ 70% 分配给其他客服人员；余下的 10% ～ 30% 对绩效相对较高或业务量相对较大的客服人员给予合理的奖励分配。

9.8　质量管理岗位薪酬设计

质量管理岗位一般包括履行产品管理、质量检测、质量体系管理等相关职责的岗位。

9.8.1　质量管理岗位薪酬设计要点

质量管理岗位是监控公司产品质量和质量体系运行情况的重要岗位。

1. 职责特点
质量管理岗位的职责特点通常包括但不限于以下几点。

- 质量管理，如产品生产过程检测及成品检测，对其控制状态进行记录与沟通；参与评估原材料供应商资质；及时反馈处理客户或驻厂代表的质量意见；通过培训宣传，提高全员质量意识。
- 体系认证，如主持建立内部质量体系管理制度；组织质量管理体系培训工作；主持内部体系检查和内、外部审核工作；协助公司领导，让质量管理体系有效运行。
- 质量控制，如监督公司各部门业务流程，对存在质量风险的薄弱环节进行改进；对各部门进行质量风险控制，提供年度质量风险控制报告。

在设计质量管理岗位的固定工资、岗位津贴和福利时，HR 应考虑这些因素需要的能力价值。

2. 相关影响

与质量管理岗位关系比较紧密的指标包括但不限于以下几点。

- 产品质量情况，如产品质量合格率、产品废品率、产品免检认证通过率等。
- 体系运营情况，如质量体系认证一次性通过率、质量体系工作及时性等。
- 客户反馈情况，如客户因产品质量问题投诉率、客户投诉改善率等。
- 计划完成情况，如质量计划完成率、质量目标完成率等。
- 质量文件情况，如质量管理文件完整性、质量管理文件保存率等。

在设计质量管理岗位的激励工资时，HR 应充分考虑这些因素的变化对浮动工资的影响。

9.8.2　质量管理岗位薪酬设计思路

通用的质量管理岗位的薪酬结构比例可以参考表 9-12。

表 9-12　质量管理岗位薪酬结构比例参考

固定工资	各类津贴或福利	短期激励	长期激励
60% ～ 80%	5% ～ 10%	10% ～ 30%	0% ～ 5%

质量管理岗位的固定工资在薪酬结构中的占比应最大。不同个体之间，由于

管理质量体系的能力和经验不同，岗位等级和能力之间的差异造成的薪酬差别比较大。

质量管理岗位的短期激励应更重视结果而不是过程，HR 可以根据公司实际情况将其设置为"有"和"无"两种。就是当公司的产品质量或质量体系工作正常运转时，短期激励全额发放；当出现异常情况时，不发放短期激励。

相对长期激励，质量管理岗位应重视短期激励，短期激励可以细分到月和季度。对于管理层级较高的质量管理人员，可以年为单位设计岗位薪酬。

9.9 安环管理岗位薪酬设计

安环管理岗位一般包括履行安全管理、环保管理、安全问题排查、环保问题治理等相关职责的岗位。

9.9.1 安环管理岗位薪酬设计要点

安环管理岗位的人员是公司安环工作的直接管理人和重要责任人。

1. 职责特点

安环管理岗位的职责特点通常包括但不限于以下几点。

- 安环管理工作，如参与公司或相关部门在技术、设备、建设等项目中涉及安全、环保的工作，并对工作的合法性进行审查；督促、检查公司或相关部门安全、环保工作的符合性。
- 安环预警工作，如组织公司安全环保大检查或专项检查，宣传、贯彻国家最新安全、环保法律法规，组织公司安全、环保等方面的教育和宣传，组织召开安全、环保会议。
- 安环整改工作，如组织收集安全检查过程中发现的事故隐患信息，督促整改工作，定期将隐患内容和整改情况报相关领导。
- 生产许可工作，如取得相关部门的安环生产认证许可，定期维护和审查相关生产许可证。

在设计安环管理岗位的固定工资、岗位津贴和福利时，HR 应考虑这些因素需要的能力价值。

2. 相关影响

与安环管理岗位关系比较紧密的指标包括但不限于以下几点。

- 安环工作情况，如安全体系建设完成率、安全检查执行率、劳保用品发放及时率等。
- 计划完成情况，如安环工作计划完成率、职业病防治计划执行率等。
- 风险防控情况，如安全隐患排查率、安全隐患改正率、生产事故发生率、工伤发生率等。

在设计安环管理岗位的激励工资时，HR 应充分考虑这些因素的变化对浮动工资的影响。

9.9.2　安环管理岗位薪酬设计思路

安环管理岗位的薪酬结构设计思路与质量管理岗位的设计思路相似。

通用的安环管理岗位的薪酬结构比例可以参考表 9-13。

表 9-13　安环管理岗位薪酬结构比例参考

固定工资	各类津贴或福利	短期激励	长期激励
60%～80%	5%～10%	10%～30%	5%～10%

与质量管理岗位类似，为体现履行职责，安环管理岗位的固定工资在薪酬中的占比应最大。由于个体在安环管理工作上的经验和能力的不同，个体的固定工资水平同样可以差异较大。

安环管理岗位的短期激励工资同样可以设置成"有"和"无"两种。当安环工作没有出现问题、安环管理岗位的日常工作正常运行时，公司可以发放全额的短期激励工资；如果发生某种类别的安环问题，可以不发放短期激励工资。

由于安环管理工作的长远性和特殊性，安环管理岗位相对于质量管理岗位应当更重视长期激励。

对于安环管理工作失职的员工，公司应当根据其失职情况及对公司造成的损失追究其相应的法律责任。

9.10　其他各类岗位薪酬设计

除以上几类处在公司价值链关键位置、岗位薪酬设计特性比较突出的岗位外，公司中的其他岗位通常还包括人力资源岗位、财务会计岗位、仓储物流岗位、设备维修岗位、网络管理岗位和行政后勤岗位。

这些岗位的薪酬设计要点各有不同，但薪酬设计的思路差异不大。各岗位的薪酬结构比例可以参考表 9-14。

表 9-14　其他各类岗位薪酬结构比例参考

固定工资	各类津贴或福利	短期激励	长期激励
70%～80%	5%～10%	10%～20%	0%～10%

9.10.1　人力资源岗位薪酬设计要点

人力资源岗位是保证公司人才供应、促进人才能力发展、激发人才动力、维护人才稳定的重要岗位，一般包括履行招聘管理、培训管理、绩效管理、薪酬管理、员工关系管理等相关职责的岗位。

1. 职责特点

人力资源岗位的职责特点通常包括但不限于以下几点。

- 人力资源规划，如制订、实施人力资源规划，进行组织架构管理、部门职责、部门编制管理。
- 招聘管理，如制订并实施招聘计划，负责内外部员工的招聘、面试、入职、手续、上岗和入职后评估。
- 培训管理，如制订并实施年度培训计划，进行培训后的监控和评估，推动公司人才的素质和能力发展。
- 绩效管理，如建立、维护和评估、完善公司绩效管理体系，组织实施绩效管理。
- 薪酬管理，如建立薪酬制度并保证实施，负责薪酬的核算与发放。

- 员工关系，如协调公司内部各单位、各部门与员工间的工作关系，协助员工解决困难，协助解决员工的各类投诉。

在设计人力资源岗位的固定工资、岗位津贴和福利时，HR应考虑这些因素需要的能力价值。

2. 相关影响

与人力资源岗位关系比较紧密的指标包括但不限于以下几点。

- 人力成本情况，包括人力费用达成率、人力资源费用控制等。
- 计划完成情况，包括人力资源计划完成率、招聘满足率、培训计划完成率、绩效考核计划完成率、员工任职资格达标率等。
- 员工关系情况，包括员工满意度、员工流失率、员工敬业度、员工投诉解决及时性、劳动争议解决及时性等。

在设计人力资源岗位的激励工资时，HR应充分考虑这些因素的变化对浮动工资的影响。

9.10.2 财务会计岗位薪酬设计要点

财务会计岗位一般包括履行会计、出纳、财务管理、资金管理、审计、税务管理等相关职责的岗位。

1. 职责特点

财务会计岗位的职责特点通常包括但不限于以下几点。

- 财务预算，如编制财务预算，制订有效的预算执行方案，对成本费用进行预测、计划、监督、控制，监控计划预算的执行情况并提供相关财务数据支持。
- 会计核算，如建立和规范整体的会计科目、会计策略和会计核算体系，并组织实施；配合内部和外部审计及各监管机构完成对公司财务工作的审计检查；建立和处理每月会计账目，根据审核完毕的原始单据填制会计凭证并审核。
- 税务管理，如进行合理的税收安排和税务筹划，提出有建设性的节税建议；负责各项税款的申报、缴纳及接受税务部门的税务检查工作。
- 资金管理，如组织编制整体资金使用计划；对资金筹集、资金调度、资金使用进行有效管理；统一调配资金；负责资金的平衡与风险管理监督；保障正常的经营资金需要；提出相应的对外投资可行性分析报告，供领导决策参考；进行银行存款、现金的日常收支管理。

- 资产管理，如定期进行资产核对，对资产实际价值进行审核和账务调整，对闲置和待报废的设备与物品的价值进行审核。
- 成本管理，如负责公司内部员工的费用核实和报销工作，对成本费用进行监督和控制。
- 财务分析，如建立和完善财务分析和评价指标体系，编制各种财务报表和财务分析报告，为决策提供参考。

在设计财务会计岗位的固定工资、岗位津贴和福利时，HR 应考虑这些因素需要的能力价值。

2. 相关影响

与财务会计岗位关系比较紧密的指标包括但不限于以下几点。

- 财务管理情况，如公司预算完成率、资金收支准确性、现金收支准确性、账务报告的及时性和准确性。
- 计划完成情况，如融资计划完成率、资金使用目标完成率。
- 财务指标情况，如财务费用管控、现金流、融资成本等情况。

在设计财务会计岗位的激励工资时，HR 应充分考虑这些因素的变化对浮动工资的影响。

9.10.3　仓储物流岗位薪酬设计要点

仓储物流岗位一般包括履行产品仓储保管、物流运输等相关职责的岗位。

1. 职责特点

仓储物流岗位的职责特点通常包括但不限于以下几点。

- 物资出入库管理，如物资入库检查和信息录入，物资出库检查和信息录入。
- 物资安全管理，如物资检查、物资保管、物资移位。
- 仓库安全管理，如仓库布局管理、仓库日常保养。
- 物流车辆管理，如保证车辆的正常使用、车辆日常维护。
- 物流路线管理，如车辆路线的规划、物流成本控制。

在设计仓储物流岗位的固定工资、岗位津贴和福利时，HR应考虑这些因素需要的能力价值。

2. 相关影响

与仓储物流岗位关系比较紧密的指标包括但不限于以下几点。

- 现场管理情况，如单位库存成本降低率、单位物流成本降低率、仓库现场管理情况、物流现场管理情况等。
- 计划完成情况，如运输计划完成率、运输计划及时率等。
- 日常管理情况，如库存货损率、物流货损率、仓库设备完好率、物流车辆完好率等。
- 差错控制情况，如盘点账实差异率、物资入库差错率、物资出库差错率等。

在设计仓储物流岗位的激励工资时，HR应充分考虑这些因素的变化对浮动工资的影响。

9.10.4　设备维修岗位薪酬设计要点

设备维修岗位一般包括履行设备维修、设备维护保养、设备动力及能源调控等相关职责的岗位。

1. 职责特点

设备维修岗位的职责特点通常包括但不限于以下几点。

- 设备检查，如定期检查设备运行情况。
- 设备维修，如在设备出现问题时及时维修。
- 设备保养，如设备日常的保养工作。
- 设备管理，如设备的日常盘点，台账管理。

在设计设备维修岗位的固定工资、岗位津贴和福利时，HR应考虑这些因素需要的能力价值。

2. 相关影响

与设备维修岗位关系比较紧密的指标包括但不限于以下几点。

- 费用控制情况，如万元产值维修费用、单位产量维修费用、外委维修费用控制等。
- 生产保障情况，如设备故障概率、设备完好率、设备维护保养及时率等。

- 计划完成情况，如设备维修计划完成率、设备保养计划完成率、设备购置计划完成率等。

在设计设备维修岗位的激励工资时，HR 应充分考虑这些因素的变化对浮动工资的影响。

9.10.5　网络管理岗位薪酬设计要点

网络管理岗位是保证公司信息设备和网络能够正常运转的岗位。网络管理岗位一般包括履行计算机设备硬件管理、软件管理、网络维护、信息系统管理等相关职责的岗位。

在大多数公司中，网络管理岗位越没有"存在感"，越代表网络管理工作的成功。

1. 职责特点

网络管理岗位的职责特点通常包括但不限于以下几点。

- 软件维护，如数据维护、网络维护、网站建立。
- 硬件维护，如服务器维护、计算机维护、办公设备维护。
- 网络安全，如实施网络及数据安全策略，网络安全设置、管理及维护。

在设计网络管理岗位的固定工资、岗位津贴和福利时，HR 应考虑这些因素需要的能力价值。

2. 相关影响

与网络管理岗位关系比较紧密的指标包括但不限于以下几点。

- 信息保障情况，如系统运行完好率、信息系统维护及时率、信息系统故障排除及时率等。
- 硬件保障情况，如计算机设备维护保养及时率、计算机设备故障排除及时率等。
- 费用管控情况，如网络信息费用管控情况、计算机维修费用管控情况等。
- 计划完成情况，如计算机设备采购计划完成率、信息化建设计划达成率等。
- 信息安全情况，如网络安全性、信息泄密情况等。

在设计网络管理岗位的激励工资时，HR 应充分考虑这些因素的变化对浮动工资的影响。

9.10.6　行政后勤岗位薪酬设计要点

行政后勤岗位一般包括履行行政管理、后勤管理、接待管理等相关职责的岗位。

1. 职责特点

行政后勤岗位的职责特点通常包括但不限于以下几点。

- 外联协调，如管理和维护公共关系，处理与政府部门、行政监察部门等的日常关系和事务。
- 行政管理，如会议组织，会议记录及归档，协调公司及各子公司、各部门之间的工作关系以及跨部门事务，行政费用预算的管控。
- 总务工作，如节假日员工福利的发放管理，更新和管理员工通信信息，公司制度的建立、规范，并监督实施，公司通信管理工作。
- 内外通知，如公司文件、报告、信函的起草、打印、发放，外部来函的登记、办理，管理公司对外签订的合同文书。
- 接待工作，如客户来访接待、客户行程安排。
- 后勤保障，如内部人员出行、就餐、住宿等相关事务的安排和处理，公司的保卫管理及卫生管理，公司内部各部门的低值易耗及办公用品的管理，公司接待车辆的调度和管理、公司车辆的证照办理及车辆安全管理工作，邮件、邮包、报纸、杂志的收发，差旅、票务的预订。

在设计行政后勤岗位的固定工资、岗位津贴和福利时，HR 应考虑这些因素需要的能力价值。

2. 相关影响

与行政后勤岗位关系比较紧密的指标包括但不限于以下几点。

- 计划完成情况，如行政工作计划完成率、行政工作流程执行率、后勤工作计划完成率等。
- 后勤保证情况，如内部客户满意度、后勤投诉次数、车辆调度投诉次数等。
- 费用控制情况，如行政费用控制情况、办公费用控制情况等。

在设计行政后勤岗位的激励工资时，HR 应充分考虑这些因素的变化对浮动工资的影响。

【实战案例】某公司产业工人薪酬制度

某公司是一家从事先进材料生产的 A 股上市公司。其产业工人的薪酬制度是使该公司旗下一家全资子公司稳定运行 2 年的制度，具有一定的代表性和借鉴意义。

1. 标准工资

产业工人标准工资 = 日工资 × 出勤天数 + 补贴工资（倒班补贴、岗位补贴、职务补贴、高温补贴、偏远地域补贴）+ 绩效工资 + 司龄工资。

（1）日工资。

产业工人的日工资标准如表 9-15 所示。

表 9-15　产业工人的日工资标准

职级	等级	日工资金额 / 元
高级 （司龄 5 年以上）	三级	190
	二级	185
	一级	180
中级 （司龄 2 年以上，5 年以下）	三级	175
	二级	170
	一级	165
初级 （司龄 2 年以下）	三级	160
	二级	155
	一级	150

原则上日工资每年调整一次，经工资考评小组审核、总经理批准后执行。

（2）补贴工资。

补贴工资包括倒班补贴、岗位补贴、职务补贴、高温补贴、偏远地域补贴等。

倒班补贴只限从事三班（含夜、白、中班）或两班生产的员工，35 元 / 天。倒班补贴按倒班实际出勤天数计算。

该公司根据岗位职责说明所要求的素质、技能以及劳动环境、劳动强度等具体情况，将产业工人岗位分为 A 类、B 类、C 类 3 类。实习期的岗位补贴为标准的80%，岗位补贴按照实际出勤天数计算。各类岗位补贴标准如表 9-16 所示。

表 9-16　各类岗位补贴标准

	A 类岗位	B 类岗位	C 类岗位
补贴金额	20 元 / 天	30 元 / 天	40 元 / 天

班长的实习期为 3 个月，职务补贴为 400 元 / 月。实习期满，考核合格后，升为正式班长，职务补贴为 800 元 / 月。

组长和工段长的实习期为 1 个月，职务补贴为 200 元 / 月。实习期满，考核合格后，升为正式组长和工段长，职务补贴为 400 元 / 月。

高温补贴为季节性补贴，于 6 月、7 月、8 月、9 月发放，补贴金额为 30 元 / 天，高温补贴按实际出勤天数计算。

对于工作场所在距离市区较远的员工，补贴标准如表 9-17 所示。

表 9-17　偏远地域补贴标准

工作年限	补贴金额
1 年以下	300 元 / 月
1 年以上	450 元 / 月

偏远地域补贴按实际出勤天数计算。

（3）绩效工资。

绩效工资适用于所有车间，绩效工资依照综合考核统计数据予以浮动。绩效工资标准如表 9-18 所示。

表 9-18　绩效工资标准

	初级工	中级工	高级工	组长	班长
标准金额	400 元 / 月	600 元 / 月	800 元 / 月	1 000 元 / 月	1 200 元 / 月
备注	绩效工资 =（实际得分 ÷100）× 绩效工资标准金额				

绩效工资的发放按满勤计算，如天数小于满勤天数，按照实际出勤天数计算。

（4）司龄工资。

司龄工资的发放标准如表 9-19 所示。

表 9-19　司龄工资标准

	司龄 1 年	司龄 2 年	司龄 3 年	司龄 4 年	司龄 4 年以上
补贴金额	50 元	70 元	100 元	120 元	在司龄 4 年的基础上，每年涨 10 元

2. 工资计算方法

（1）月工资。

月工资 = 标准工资 - 扣除项目。

其中，扣除项目是指根据国家法律法规规定，需缴纳的相关费用，包括个人所得税、代扣社会保险费、补充保险费、住房公积金等。

（2）加班工资。

按照国家相关法律法规计算公式如下。

法定节日加班工资 = 日工资 ÷ 8 × 加班时间（小时）× 300%。

休息日加班工资 = 日工资 ÷ 8 × 加班时间（小时）× 200%。

法定标准工作时间以外加班工资 = 日工资 ÷ 8 × 加班时间（小时）× 150%。

公司允许在休息日上班的员工，在周一至周五补休。

3. 工资标准的变更

入公司满 1 年的员工填写工资晋级表，经班组评审通过后，经车间和部门负责人签字，上报工资考评小组审核，最后由总经理批准后执行。个人表现突出者，允许其破格晋级，同样由本人提出申请，经本班组、车间、部门负责人评审后上报工资考评小组审核、最后由总经理批准后晋级。

4. 绩效考核

（1）考评的组织。

生产车间考评由生产部全面组织实施，由考评小组负责考评结果的评议和审核。审核后的考评资料经公示后无异议的，报请总经理批准。批准后的资料由人力资源部备案，由财务部用于发放绩效工资。生产部必须保证数据的真实性及有效性，确保数据来之有据。

（2）考评程序。

① 考评前 5 日，生产部通知被考评车间准备考评资料，并发放相关空白考评表以及考评要求和说明。

② 各考评小组依据考评计划对被考评人员进行考评，填写考评表并将考评表交送生产部。

③ 生产部根据考评资料汇总整理出考评结果，并将考评结果在各车间公开。

④ 在公示期内无异议的考评结果，由生产部提交报请总经理批准。

（3）考评办法。

产业工人的考评内容及分值设置如表9-20所示。

表9-20 产业工人考评表

姓名			部门		岗位			
考评时间								
考评项目	考核内容		得分标准				得分	
			优	良	中	差		
生产任务完成情况	生产计划完成率（A）		8分	7分	5分	2分		
	服从生产调度情况		4分	3分	2分	0分		
岗位作业指导要求	岗位作业指导要求执行情况		9分	7分	5分	3分		
	对质量方针、目标及要求的理解程度		6分	5分	3分	2分		
质量指标	生产定尺率（B）		5分	4分	3分	2分		
	产品交验合格率（C）		6分	5分	3分	2分		
	工艺标准的执行情况（点检、首检等相关质量记录）		4分	3分	2分	1分		
	A级品合格率（D）		10分	8分	5分	2分		
设备维护使用	使用设备工具的合理性		3分	2分	1分	0分		
	设备维护保养		5分	4分	3分	1分		
	设备故障率		3分	2分	1分	0分		
	监视和测量设备失效次数		4分	3分	2分	0分		
6S执行情况	工作现场、卫生包干区的清洁程度		4分	3分	1分	1分		
	劳保用品使用数量及劳保用品穿戴情况		4分	3分	2分	0分		
	文明操作及现场定置管理维持程度		4分	3分	2分	1分		
	安全生产		5分	4分	2分	0分		
	出勤情况		4分	3分	2分	1分		
劳动纪律	违纪情况		6分	5分	3分	0分		
工作态度	工作主动性、协作性		6分	5分	4分	2分		
加分项目	节能降耗（节约资金额度，E）		8分	6分	4分	2分		
	提高效率（工作效率提高率，F）		8分	6分	4分	2分		
	合理化建议所带来的收益（G）		4分	3分	2分	1分		
综合得分								
考核小组意见								
公司领导意见								

注：上表中的"优""良""中""差"的评价标准参照"产业工人考评标准说明"，最终得分不超过120分。在绩效改进中，员工合理化建议等被验收并采纳，则按照本公司奖励条例进行奖励。车间仍然加分，纳入考核。

其中 6S 指的是整理（Seiri）、整顿（Seiton）、清扫（Seiso）、清洁（Seiketsu）、素养（Shitsuke）、安全（Safety）。检查评分项不一定要求涵盖 6S 的每一项。

产业工人的考评标准说明如表 9-21 所示。

表 9-21　产业工人考评标准说明

考核内容	评分标准			
	优	良	中	差
生产计划完成率（A）	A ≥ 100%	95% ≤ A < 100%	90% ≤ A < 95%	A < 90%
生产定尺率（B）	B ≥ 70%	60% ≤ B < 70%	50% ≤ B < 60%	B < 50%
生产定尺率（B）	B ≥ 60%	50% ≤ B < 60%	45% ≤ B < 50%	B < 45%
服从生产调度情况	完全服从	基本服从	一次不服从	2 次及以上不服从
岗位作业指导要求执行情况	全部按照作业指导书操作	基本按照作业指导书操作	部分按照作业指导书操作	极少按照作业指导书操作
对质量方针、目标及要求的理解程度	深刻理解	基本理解	部分理解	不理解
产品交验合格率（C）	C ≥ 97%	96% ≤ C < 97%	95% ≤ C < 96%	C < 95%
A 级品合格率（D）	D ≥ 90%	85% ≤ D < 90%	80% ≤ D < 85%	D < 80%
A 级品合格率（D）	D ≥ 85%	80% ≤ D < 85%	75% ≤ D < 80%	D < 75%
工艺标准的执行情况	严格按工艺要求操作	未违反工艺质量纪律	违反一次工艺质量纪律	违反 2 次及以上工艺质量纪律
使用设备工具的合理性	正确使用，维护得当，工具领用节约	不按规定要求使用工具但未造成经济损失	不能正确使用工具并造成小于 100 元的经济损失	不能正确使用工具并造成损失金额 100 元以上
设备维护保养	严格按照操作规程要求	只能维持设备的正常运转，按要求点检	设备运转不正常，1 次未按要求点检	设备运转不正常，2 次及以上未按要求点检
设备故障率	无	人为造成一般设备故障	人为造成严重设备故障	人为造成重大设备故障
监视和测量设备失效次数	在检定有效期内并贴有标签，标签清晰、规范	在检定有效期内并贴有标签	在检定有效期内但没有标签	不在检定有效期内

续表

考核内容	评分标准			
	优	良	中	差
工作现场、卫生包干区的清洁程度	环境整洁	极少数部位不整洁	少数部位不整洁	多数部位不整洁
劳动用品使用数量及劳保用品穿戴情况	穿戴齐全	个别劳保用品穿戴不齐全	少数劳保用品穿戴不齐全	多数劳保用品穿戴不齐全
文明操作及现场定置管理维持程度	按规程操作，现场定置管理好	能按规程操作	操作无序，定置管理意识差	极差
安全生产	安全意识强，无违章行为	未违反安全生产纪律	违反安全生产纪律 1 次	违反安全生产纪律 2 次及以上
出勤情况	无迟到、早退、旷工，无病、事假	无迟到、早退、旷工，有病、事假	有迟到、早退	有旷工
违纪情况	无违反纪律行为，包括吸烟、睡岗等	有吸烟，无睡岗	有睡岗	有睡岗且多次违反纪律
工作主动性、协作性	工作积极主动，具有良好的团队合作精神	能与同事较好地合作，及时完成工作	能与同事相处、合作，工作中偶尔有矛盾但能及时完成工作	很难相处，时有矛盾，态度消极
节约资金额度（E）	$E \geqslant 10\,000$	$5\,000 \leqslant E < 10\,000$	$2\,000 \leqslant E < 5\,000$	$E < 2\,000$
工作效率提高率（F）	$F \geqslant 10\%$	$5\% \leqslant F < 10\%$	$3\% \leqslant F < 5\%$	$F < 3\%$
合理化建议所带来的收益（G）	$G \geqslant 10\,000$	$5000 \leqslant G < 10000$	$2\,000 \leqslant G < 5\,000$	$G < 2\,000$

　　考评过程中的评估内容将采取定期检查和不定期检查相结合的方式。如出现安全事故，则一票否决，即出现安全事故，相关班组得分自动清零。

　　（4）考评奖惩标准。

　　考评采取"月度 + 年度"的形式，于每月 5 日前完成月度考评，每年 1 月 10 日前完成对上一年度的考评。

　　年度绩效考评的结果将作为每年工资级别调整的依据。

月度绩效考评的结果将作为月度绩效工资发放的依据。

（5）考评申诉。

被考评人员对考评结果如有异议或有不清楚的地方，可以直接到人力资源部查询，若仍有异议，可提出书面申诉，申诉内容包括申诉事项和理由。由考评小组进行仲裁处理。

考评小组应在 3 个工作日内做出裁决，并将裁决结果告知员工本人。

5. 工资支付

（1）支付时间。

月工资支付时间为每个自然月的 12 日，如遇到法定休假节日，则提前至法定休假节日前一工作日。

（2）支付方式。

工资一般通过银行转账的形式汇入员工个人工资账户，如遇特殊情况，可以现金形式直接支付给员工。

【实战案例】某公司销售岗位提成政策

本案例介绍的方案是一家连续 10 年业绩增长、年销售额超过 40 亿规模的 A 股制造业上市公司采用的方案，名称为"销售业务人员提成管理办法"。该提成方案的设置在一定程度上提高了销售业务人员的积极性，增强了销售业务人员的业绩意识，体现了销售业务人员"按业绩分配"的原则。

本销售管理办法包含的内容比较全面，具有比较强的代表性，适合读者朋友借鉴参考，具体内容如下。

（1）销售业务人员的薪酬 = 基本工资 + 提成工资 + 年终绩效奖金 + 专项奖金。其中，基本工资按公司岗位薪酬标准按月发放；提成工资分为销售提成和差价（利润）提成两部分，按本办法核算，上半年兑现一次，下半年兑现一次；年终绩效奖金是根据公司年度经营业绩情况，经公司董事会批准后给予公司员工的奖励；专项奖金是公司总经理给予年度做出突出贡献的员工的专项奖励。

（2）销售业务人员实施季度绩效评价，作为兑现提成工资的重要依据。考核结果为百分制，由财务中心核准，并经销售中心负责人与总经理签字确认后生效，绩效考核结果与提成工资挂钩，即提成工资＝考核基数 × 提成比率 ×（考核得分÷100）。销售业务人员的绩效考评内容如表9-22所示。

表 9-22　销售业务人员绩效考评表

项目	分值	考核项目	考核评价标准
业绩考核	80 分	销售增长率G=（本期销售额−去年同期销售额）÷去年同期销售额（30分）	$G \geqslant 20\%$：考核得分=30分
			$15\% \leqslant G < 20\%$：考核得分=20分
			$10\% \leqslant G < 15\%$：考核得分=15分
			$0\% < G < 10\%$：考核得分=10分
			$G \leqslant 0\%$：考核得分=0分
		回款率W=本期累计回款÷（本期销售额＋期初应收款−期末未到期应收款）（20分）	$W \geqslant 90\%$：考核得分=20分
			$80\% \leqslant W < 90\%$：考核得分=15分
			$65\% \leqslant W < 80\%$：考核得分=10分
			$50\% \leqslant W < 65\%$：考核得分=5分
			$W < 50\%$：考核得分=0分
		新客户销售占比N=当期新客户销售额÷当期销售总额（20分）	$N \geqslant 20\%$：考核得分=20分
			$15\% \leqslant N < 20\%$：考核得分=15分
			$10\% \leqslant N < 15\%$：考核得分=10分
			$5\% \leqslant N < 10\%$：考核得分=5分
			$N < 5\%$：考核得分=0分
		毛利率P（根据公司财务核算，公司平均毛利率为P_0）（10分）	$P \geqslant P_0$：考核得分=$10 \times P \div P_0$分
			$P < P_0$：考核得分=$5 \times P \div P_0$分，基准分减半执行
基础管理	20 分	合同规范、各种报表及时提交(5分)	基本能按期提交得5分；逾期提交但积极配合的得3分；逾期与缺项目的得1分；不配合的得0分
		市场信息搜集、反馈的准确性、及时性（5分）	较了解市场情况得5分；基本能了解市场情况得3分；市场情况了解一般得1分；不了解市场情况得0分
		团队协作，执行力（4分）	团结协作、执行力强得5分；协作一般、执行力较好得3分；协作执行力均一般得1分；协作差、执行力不强得0分
		基础素质、工作能力（3分）	素质高、能力强得3分；一项强、一项弱得2分；两项皆弱得0分
		学习力、成长性（3分）	善于学习、成长速度快得3分；学习较认真、成长速度一般得2分；不学习、不成长得0分

续表

项目	分值	考核项目	考核评价标准
加减分		经销商建设	开拓1家以上有实力的经销商加5分；有2家以上有意向的经销商加2分；无意向经销商扣5分
		重大贡献和重大违规	提出合理化建议，公司采纳发挥效益一次加5分；出现一次重大违规或给公司造成重大损失扣5分
		销售费用	按月度统计差旅费、招待费、礼品费等工作过程中需公司承担的各项费用，每超过预算1%，扣1分
合计	100 分	综合考评得分	业绩考核得分+基础管理得分+加减分

（3）绩效考核得分作为评价业务人员的依据，连续 2 次绩效考核得分倒数第一名者，将调离目前的销售岗位，调整到其他岗位。连续 2 次绩效考核得分排前两位者，行政职等在原基础上提升一等，基本工资随之调整。

（4）销售提成工资 = 含税销售额 × 提成比率 ×（绩效考核得分 ÷100）- 应收账款滞纳金 + 其他奖励。含税销售额包括销售业务人员所负责经销商的销售额，即经销商从公司采购货品的含税金额。

（5）差价（利润）提成工资 =（含税销售额 - 基准价销售额）× 提成比率 × 销售回款率，差价提成不小于零。基准价销售额是指按公司基准价格，当期销售业务产生的营业额。

（6）销售回款率 = 本期累计回款 ÷（本期累计销售额 + 期初应收款 - 期末未到期应收款）。其中，现金、现汇、银行承兑视为回款，商业承兑在承兑到期收回才计算回款。

（7）含税销售额以销售开出的发货通知单为计算依据，以半年度最后一个工作日前收到客户签字确认的对账单为准。

（8）公司财务货款回收确认时间上半年为 6 月 30 日，下半年为 12 月 31 日，货款回收时间与提成的关系如下。

- 自发货通知单开出、仓库出货之日起 90 天内货款到账，按规定比例计算提成工资。
- 自第 91 天起将计提货款回收滞纳金，计算方法为应收账款的 0.02‰（以天计息）。自发货通知单开出、仓库出货之日起一年以上没有回收的货款，个人要承担全部的诉讼费和全部货款的损失。

- 鼓励开发大客户，对年度大客户（年度销售额 1 000 万元以上）货款的回收期限给予适当延长。

（9）现有客户的销售提成比率为含税销售额的 5‰，新开拓客户的销售提成比率为含税销售额的 8‰。新客户指新开拓客户（以前未用过本公司产品的客户），或虽然之前购买过公司产品但金额不足今年总销售额的 5% 的客户。差价（利润）提成比率为差价金额的 5%。所销售产品为代加工产品的，以销售价格与进货价格差额的 3‰给予提成。转售的提成比例为进销差价的 5%。

（10）对公司有重要意义的新产品、高附加值产品的拓展（产品名录由公司确定），经总经理签字确认，全额回款后，在现有提成的基础上，额外给予销售额 5‰的提成奖励。

（11）对公司内部非业务人员提供信息开发成功的客户，同样执行本办法的提成方式给予奖励。

（12）对年度在市场开拓、货款回收与客户维护等方面做出突出贡献的业务人员，经销售中心推荐，总经理批准，给予专项奖励。专项奖励在年底发放。

（13）业务人员要建立销售台账，销售台账要每月与财务、销售会计账目进行核对。

（14）业务人员要随时关注客户的经营状况和重大事件，如重大投资情况、股东变化情况、高管变动情况，并及时汇报给销售中心领导和公司相关部门，以便及时采取措施。对于因监管不到位、汇报不及时和业务人员责任或失误造成的经济损失，包括死账，界定为责任性风险。对责任性风险，个人应承担全部责任，重大责任者应以个人财务补偿，否则公司有权利向法院提起诉讼。

（15）对于业务人员虽然努力监管并密切关注客户动态，却因市场环境恶化或者其他不可抗力造成的风险，界定为正常的经营性风险。对于经营性风险，经公司核准后，不计入个人责任，不影响销售提成的发放。

（16）业务人员不得私自接受现金（含外币）。若有特殊情况，经销售中心负责人同意后，货款以现金方式回收时，要第一时间全部汇入公司指定的专用账户，收到假币或货款丢失造成的损失由业务人员个人承担。

（17）销售会计对业务人员个人提成的原始凭证负责登记核算，依据货款回收时间的有关规定计算滞纳金，给业务人员建立个人账户电子档案并于年终打印归档。

（18）销售中心与财务中心将业务人员的绩效考核评分结果交总经理批准后，

交人力资源部备案，作为业务人员的考核依据。

（19）个人提成工资由财务中心根据本规定计算和发放，经主管会计、财务中心负责人审核把关，个人所得税由业务人员个人承担。

（20）对于新入职业务人员，半年内为学习期，学习期内由师父帮带，无提成工资。学习期结束后划分销售区域，独立开展销售业务，按照本办法计算提成工资。

【实战案例】某公司高管岗位薪酬方案

某公司是一家从事服装生产加工的民营公司。该公司针对高管岗位制订的薪酬方案具有一定的通用性，可供参考。

该公司的高管岗位实行聘任制，每届任期 3 年，可连聘连任，薪酬实行年薪制。

年薪组成：基本年薪、绩效年薪、奖励年薪、总裁特别奖励、长期福利计划。

1. 基本年薪

（1）以上年度实际年薪总额（基本年薪＋绩效年薪）的 60% ～ 70% 作为本年度基本年薪，按月核发。

（2）基本年薪的初始核定以工作评价、劳动力市场价格、公司人力资源政策为基础。

（3）新聘或新晋升的高管的基本年薪按公司现行标准核定。

2. 绩效年薪

（1）自然年结束后，根据考核评价结果核定，在次年春节前一次性核发。

（2）任职不满一年者按实际任职时间进行核定。

3. 奖励年薪

自然年结束后，根据公司业绩和考核评价结果进行核定，标准如下。

（1）公司的第一层经理人（董事长、总经理）的奖励年薪为年薪总额的 50% ～ 70%。

（2）公司的第二层经理人（副总经理）的奖励年薪为年薪总额的 40% ～ 50%。

（3）公司的第三层经理人（各部门总监或负责人）的奖励年薪为年薪总额的 30% ～ 40%。

奖励年薪，一律延期半年发放，凡发生以下情况者，均考虑停发、缓发或减发奖励年薪。

（1）严重违反公司相关制度者。

（2）从公司辞职或被公司辞退者。

（3）给公司的经营业绩带来不利影响者。

（4）其他对公司造成不利影响，董事会、董事长或总经理认为有必要停发、缓发或减发的情况。

4. 总裁特别奖励

总裁特别奖励是为了鼓励公司总经理以下级别高管的特殊贡献而设立的奖金，是由董事长和总经理根据公司年度运营情况及各高管的绩效结果和贡献情况，经过研究后确定的年度奖金。总裁特别奖励于次年春节前一次性发放。

5. 长期福利计划

高管除了依法享受按照国家相关法律法规规定的标准的福利和保险外，还可以享受特殊的福利，但公司若发生经济效益滑坡或其他重大事件，经董事会研究批准后，可暂停支付高管全部或部分特殊福利。

（1）终身健康险。

以年度为单位进行核定，每任职满 12 个月，为其购买 1 年的终身健康险。享受条件为任期满 1 年，年度考核成绩在 C 级及以上者。

公司的第一层经理人（董事长、总经理）的保额为 300 万元。

公司的第二层经理人（副总经理）的保额为 200 万元。

公司的第三层经理人（各部门总监或负责人）的保额为 100 万元。

（2）国内外进修。

对于任期满 1 年，年度考核成绩在 C 级及以上的高管，可以享受国内外一段时期的进修项目。进修项目在本人可享受标准的范围内寻找并申请，由董事长审批后即可执行。

公司的第一层经理人（董事长、总经理）的国内外进修时间为 3 个月 / 年。

公司的第二层经理人（副总经理）的国内外进修时间为 2 个月 / 年。

公司的第三层经理人（各部门总监或负责人）的国内外进修时间为 1 个月 / 年。

进修项目的时间可以一次性使用，也可以累积后在某一个年份集中使用。

（3）一次性退休奖金。

对于任期满一届、任期内绩效评价为 C 级及以上且在退休前没有违规违纪的高管，退休后将一次性发放退休养老用奖金。

公司的第一层经理人（董事长、总经理）的标准＝退休前最后一年的年薪×（1+高管任职年限÷10）×1。

公司的第二层经理人（副总经理）的标准＝退休前最后一年的年薪×（1+高管任职年限÷10）×0.8。

公司的第三层经理人（各部门总监或负责人）的标准＝退休前最后一年的年薪×（1+高管任职年限÷10）×0.6。

在高管的任职期间，由于公司正常工作原因调动，造成任期不满一届，且考核结果良好的高管，按实际任职年限核发一次性退休奖金。

（4）福利住房。

任期满一届（含）以上的高管，享受公司的福利住房政策。

对于任期满一届的高管，公司提供40%的房款作为首付款。

对于任期满两届的高管，公司提供其余60%的房款。

该款项不直接发放给个人，由公司直接支付给房地产商。

购房标准为如下。

公司的第一层经理人（董事长、总经理）的购房标准为120平方米及以下。

公司的第二层经理人（副总经理）的购房标准为100平方米及以下。

公司的第三层经理人（各部门总监或负责人）的购房标准为90平方米及以下。

福利住房的房价不超过购房时当地商品房均价。

所购住房低于购房标准者，剩余款项不发放给个人；超过购房标准者，超标部分房款可自付。福利住房产权归购房者个人，所有相关责任购房者自负。

住房福利计划自聘用之日开始生效，自任职满一届开始执行。

在高管的任职期间，由于公司正常工作原因调动，造成任期不满一届，且考核结果良好的高管，可以按照实际任职年限折算。

对于福利住房，同一名高管只享受一次。

6. 其他内容

（1）本方案内未尽事项，将另行规定或参见其他规定的相应条款。

（2）本方案由董事会核准、股东大会通过后颁布执行，修改亦同。

第 10 章

社会保险与住房公积金操作

社会保险包括养老保险、失业保险、工伤保险、医疗保险、生育保险，简称"五险"。住房公积金简称"一金"。社会保险和住房公积金都属于保障制度的重要组成部分。这种社会保险制度，可以保证人们在养老、失业、工伤、医疗、生育及住房方面不论遇到什么情况，都能保持最基本的生活条件。

10.1　社会保险基本知识

社会保险制度，是一种为丧失劳动能力、暂时失去劳动岗位或因健康原因造成损失的人口提供收入或补偿的一种社会和经济制度。社会保险是一种缴费性的社会保障，资金主要是由用人单位和劳动者本人缴纳，政府给予补贴并承担最终的责任。但是劳动者只有履行了法定的缴费义务，并在符合法定条件的情况下，才能享受相应的社会保险待遇。

10.1.1　社会保险的特征属性

社会保险具有 5 个特征。

（1）社会保险的客观基础，是劳动领域中存在的风险，保险的标的是劳动者的人身。

（2）社会保险的主体是特定的，包括劳动者（含其亲属）与用人单位。

（3）社会保险属于强制性保险。

（4）社会保险的目的是维持劳动力的再生产。

（5）保险基金来源于用人单位和劳动者的缴费及财政的支持。

之所以设置社会保险，主要是因为社会保险可以稳定社会生活，促进社会资源的再分配，促进社会经济发展。现实中，越是发达的地区，该地区的员工对于社保的重视程度越高。

个人缴纳的社会保险和用人单位缴纳的社会保险是不同的，主要有两种不同。

（1）缴费险种不同。以个人身份缴纳的社会保险只有养老保险和医疗保险两种。按照规定，灵活就业的人员，以个人名义自愿参加基本医疗保险和基本养老保险，不纳入失业、工伤和生育保险的参加人群范围。

而且，用人单位为员工缴纳社保是带有强制性的。《中华人民共和国劳动法》（2018 年 12 月 29 日第二次修正）第七十二条的规定如下。

社会保险基金按照保险类型确定资金来源，逐步实行社会统筹。用人单位和劳动者必须依法参加社会保险，缴纳社会保险费。

（2）缴费比例不同。养老、医疗和失业保险是由个人和用人单位分别缴纳的，一般用人单位缴纳的比例较大。工伤保险和生育保险是不需要个人缴纳的，全部由用人单位缴纳。而以个人身份缴纳的社会保险费则需要全部由个人负担。

10.1.2　社会保险与商业保险

社会保险与商业保险的不同主要体现在以下 4 点。

1. 二者的实施目的不同

社会保险是为社会成员提供必要时的基本保障，不以营利为目的；商业保险是保险公司的商业化运作，以营利为目的。

2. 二者的实施方式不同

社会保险是根据国家立法强制实施的，具有强制性的特征；商业保险遵循契约自由原则，由企业和个人自愿投保。

3. 二者的实施主体和对象不同

社会保险由国家成立的专门性机构进行基金的筹集、管理及发放，其对象是法定范围内的社会成员；商业保险是由保险公司经营管理的，被保险人可以是符合承保条件的任何人。

4. 二者的保障水平不同

社会保险为大多数被保险人提供最基本的保障，保障程度相对较低；商业保险提供的保障水平取决于保险双方当事人的约定和投保人所缴保费的多少，只要符合投保条件并有一定的缴费能力，被保险人就可以获得高水平的保障。

10.1.3　社会保险的缴费基数

根据我国现阶段实施的政策，社会保险费的收缴遵循如下公式。

缴费金额 = 缴费基数 × 缴费比例。

社保的缴费基数，是指企业或职工个人用于计算缴纳社会保险费的工资基数，用此基数乘以规定的费率，就是企业或者职工个人应缴纳的社会保险费的金额。

各地社保缴费基数与当地的平均工资数据挂钩，它是按照职工上一年度 1 月至 12 月的所有工资性收入所得的月平均额来确定的。缴费基数每年确定一次，且确定以后，一年内不再变动。社保基数申报和调整的时间，一般在每年 7 月左右。

企业为职工缴纳社会保险的情况，一般应以职工的月工资总额作为缴费基数。具体缴费基数由社会保险经办机构根据企业的申报，依法对其进行核定。职工个人缴纳社会保险的情况，一般以本人上一年度的月平均工资为个人缴纳社会保险费的缴费基数。

公式中的缴费比例，指的是社会保险费的征缴费率。

社会保险费的缴费基数和缴费比例依照有关法律、行政法规和中华人民共和国国务院的规定执行，具体标准以当地相关政府部门的规定为准。

10.2　养老保险

养老保险，是国家和社会根据一定的法律和法规，为保障劳动者在达到国家规定的解除劳动义务的劳动年龄界限，或因年老丧失劳动能力退出劳动岗位后的基本生活而建立的一种社会保险制度。

10.2.1　养老保险的特征与作用

养老保险是社会保障制度的重要组成部分，是社会保险五大险种中最重要的险种之一。其目的是保障职工退出社会生产活动后（老年后）的基本生活需求，为其提供稳定可靠的生活来源。

养老保险以保障离退休人员的基本生活为原则，具有强制性、互济性和社会性。

（1）强制性，主要体现在由国家立法并强制实行，企业和个人都必须参加而不得违背。

（2）互济性，主要体现在养老保险费，一般由国家、企业和个人三方共同负担，统一使用、支付，使企业职工得到生活保障并实现广泛的社会互济。

（3）社会性，主要体现在养老保险影响很大，享受人多且时间较长，费用支出庞大。

国有企业、集体企业、外商投资企业、私营企业和其他城镇企业及其职工，实行企业化管理的事业单位及其职工必须参加基本养老保险。

养老保险的主要作用包括以下 3 点。

1. 有利于保证劳动力再生产

建立养老保险制度，有利于劳动力群体的正常代际更替，老年人年老退休，新成长的劳动力顺利就业，从而保证就业结构的合理化。

2. 有利于社会的安全稳定

养老保险为老年人提供了基本的生活保障，使老年人老有所养。随着人口老龄化的到来，老年人口的比例越来越大，人数也越来越多，养老保险保障了老年劳动者的基本生活，等于保障了社会相当部分人口的基本生活。对于在职劳动者而言，参加养老保险，意味着对将来年老后的生活有了预期，免除了其后顾之忧，有利于社会的稳定。

3. 有利于促进经济的发展

养老保险制度与公平和效率挂钩，劳动者退休后领取养老金的数额，与其在职劳动期间的工资收入、缴费多少有直接的联系，这无疑能够产生一种激励，让劳动者在在职期间积极劳动，提高效率。

10.2.2　领取养老保险金的条件

基本养老保险费的征缴范围：国有企业、城镇集体企业、外商投资企业、城镇私营企业和其他城镇企业及其职工，实行企业化管理的事业单位及其职工。

用人单位应当按照国家规定的本单位职工工资总额的比例缴纳基本养老保险费，记入基本养老保险统筹基金。职工应当按照国家规定的本人工资的比例缴纳基本养老保险费，记入个人账户。

无雇工的个体工商户、未在用人单位参加基本养老保险的非全日制从业人员及其他灵活就业人员参加基本养老保险的，应当按照国家规定缴纳基本养老保险费，分别记入基本养老保险统筹基金和个人账户。

《中华人民共和国社会保险法》（2018 年 12 月 29 日修正）的相关规定如下。

第十六条　参加基本养老保险的个人，达到法定退休年龄时累计缴费满十五年的，按月领取基本养老金。

参加基本养老保险的个人，达到法定退休年龄时累计缴费不足十五年的，可以缴费至满十五年，按月领取基本养老金；也可以转入新型农村社会养老保险或者城镇居民社会养老保险，按照国务院规定享受相应的养老保险待遇。

第十七条　参加基本养老保险的个人，因病或者非因工死亡的，其遗属可以领取丧葬补助金和抚恤金；在未达到法定退休年龄时因病或者非因工致残完全丧失劳动能力的，可以领取病残津贴。所需资金从基本养老保险基金中支付。

第十八条　国家建立基本养老金正常调整机制。根据职工平均工资增长、物价上涨情况，适时提高基本养老保险待遇水平。

第十九条　个人跨统筹地区就业的，其基本养老保险关系随本人转移，缴费年限累计计算。个人达到法定退休年龄时，基本养老金分段计算、统一支付。具体办法由国务院规定。

关于我国的退休年龄和退休条件，参照 2024 年 9 月 13 日，第十四届全国人民代表大会常务委员会第十一次会议通过的《国务院关于渐进式延迟法定退休年龄的办法》的规定。

《国务院关于渐进式延迟法定退休年龄的办法》自 2025 年 1 月 1 日起施行。

第五届全国人民代表大会常务委员会第二次会议批准的《国务院关于安置老弱病残干部的暂行办法》和《国务院关于工人退休、退职的暂行办法》中有关退休年龄的规定不再施行。

《国务院关于渐进式延迟法定退休年龄的办法》中有如下规定。

第一条　从 2025 年 1 月 1 日起，男职工和原法定退休年龄为五十五周岁的女职工，法定退休年龄每四个月延迟一个月，分别逐步延迟至六十三周岁和五十八周岁；原法定退休年龄为五十周岁的女职工，法定退休年龄每二个月延迟一个月，逐步延迟至五十五周岁。国家另有规定的，从其规定。

第二条　从 2030 年 1 月 1 日起，将职工按月领取基本养老金最低缴费年限由十五年逐步提高至二十年，每年提高六个月。职工达到法定退休年龄但不满最低缴费年限的，可以按照规定通过延长缴费或者一次性缴费的办法达到最低缴费年限，按月领取基本养老金。

第三条　职工达到最低缴费年限，可以自愿选择弹性提前退休，提前时间最长不超过三年，且退休年龄不得低于女职工五十周岁、五十五周岁及男职工六十周岁的原法定退休年龄。职工达到法定退休年龄，所在单位与职工协商一致的，可以弹性延迟退休，延迟时间最长不超过三年。国家另有规定的，从其规定。实施中不得违背职工意愿，违法强制或者变相强制职工选择退休年龄。

10.3　医疗保险

医疗保险是国家和社会根据一定的法律法规，为向保障范围内的劳动者提供患病时基本医疗需求保障而建立的社会保险制度。基本医疗保险制度的建立和实施集聚了单位和社会成员的经济力量，再加上政府的资助，可以使患病的社会成员从社会获得必要的物资帮助，减轻医疗费用负担，防止患病的社会成员因病致贫。

10.3.1　医疗保险的特征与作用

医疗保险，是为了补偿劳动者因疾病风险造成的经济损失而建立的一项社会保险制度。用人单位与劳动者个人缴费，建立医疗保险基金，参保人员患病就诊发生医疗费用后，由医疗保险机构对其给予一定的经济补偿。

医疗保险同其他类型的保险一样，也是以合同的方式预先向可能受疾病威胁的人收取医疗保险费，建立医疗保险基金；当被保险人患病并去医疗机构就诊而产生医疗费用后，由医疗保险机构给予一定的经济补偿。

因此，医疗保险也具有保险的两大职能——风险转移和补偿转移，即医疗保险可以把个体的由疾病风险所致的经济损失分摊给所有受同样风险威胁的成员，个体可用集中起来的医疗保险基金来补偿由疾病带来的经济损失。

医疗保险作为社会保险中的一种，主要具有以下四大作用。

1.有利于提高劳动生产率，促进生产的发展

医疗保险是社会进步、生产发展的必然结果。医疗保险制度的建立和完善又会进一步促进社会的进步和生产的发展。医疗保险一方面解除了劳动者的后顾之忧，让劳动者可以安心工作，从而可以提高劳动生产率，促进生产的发展；另一

方面也保证了劳动者的身心健康，保证了劳动力正常再生产。

2. 调节收入差别，体现社会公平性

医疗保险通过征收医疗保险费和偿付医疗保险服务费用来调节收入差别，是政府的一种重要的收入再分配手段。

3. 维护社会安定的重要保障

医疗保险对患病的劳动者给予经济上的帮助，有助于消除因疾病带来的社会不安定因素，是调整社会关系和社会矛盾的重要社会机制。

4. 促进社会文明进步的重要手段

医疗保险是社会互助共济的社会制度，通过在参保人之间分摊疾病费用风险，体现出"一方有难，八方支援"的社会关系，有利于促进社会文明进步。

医疗保险费的征缴范围：国有企业、城镇集体企业、外商投资企业、城镇私营企业和其他城镇企业及其职工，国家机关及其工作人员，事业单位及其职工，民办非企业单位及其职工，社会团体及其专职人员。

10.3.2 退休享受医疗保险的条件

《中华人民共和国社会保险法》（2018 年 12 月 29 日修正）第二十七条规定如下。

参加职工基本医疗保险的个人，达到法定退休年龄时累计缴费达到国家规定年限的，退休后不再缴纳基本医疗保险费，按照国家规定享受基本医疗保险待遇；未达到国家规定年限的，可以缴费至国家规定年限。

关于最低的缴费年限，各地的规定有所不同。

在职员工的医疗保险费由用人单位和职工按照国家规定共同缴纳；退休员工的医疗保险费的缴纳，应参考《国务院关于建立城镇职工基本医疗保险制度的决定》（国发〔1998〕44 号）的如下规定。

退休人员参加基本医疗保险，个人不缴纳基本医疗保险费。对退休人员个人账户的计入金额和个人负担医疗费的比例给予适当照顾。

也就是说，退休人员参加基本医疗保险，个人不缴纳医疗保险费，由原用人单位缴纳。

基本医疗保险基金由统筹基金和个人账户构成。职工个人缴纳的基本医疗保险费全部计入个人账户；用人单位缴纳的基本医疗保险费分为两部分，一部分划入个人账户，一部分用于建立统筹基金。

医疗保险中的个人账户资金主要用于支付参保职工在定点医疗机构和定点零售药店就医购药符合规定的费用，个人账户资金用完或不足部分，由参保职工个人用现金支付，个人账户可以结转使用和依法继承。

参保职工因病住院先自付住院起付额，再进入统筹基金和职工个人共付段。参加基本医疗保险的用人单位及职工个人，必须同时参加大病医疗保险，并按规定按时足额缴纳基本医疗保险费和大病医疗保险费，这样才能享受医疗保险的相关待遇。

10.4　工伤保险

工伤保险，是指劳动者由于工作原因并在工作过程中受意外伤害，或因接触粉尘、放射线、有毒害物质等职业危害因素引起职业病后，由国家和社会给负伤、致残者及死亡者生前供养亲属提供必要物质帮助的一种社会保险制度。

10.4.1　工伤保险的作用

工伤，是指与用人单位存在劳动关系的劳动者在工作时间、工作地点因工作原因发生人身伤害事故、急性中毒事故。劳动者即使不在工作岗位上，但是由于用人单位设施不安全或者劳动条件、作业环境不良而引起的人身伤害事故，也属于工伤。

在现实生活中，不少工作岗位都存在着不安全因素，工伤处处可见，所以一份工伤保险对于劳动者来说是非常重要的。

工伤保险费由用人单位缴纳，对于工伤事故发生率较高的行业，工伤保险费的征收费率高于一般标准，一方面是为了保障这些行业的劳动者发生工伤时，工伤保险基金可以足额支付工伤职工的工伤保险待遇；另一方面，是通过高征收费率加强用人单位的风险意识，加强工伤预防工作，降低伤亡事故率。

根据我国的工伤保险相关法律法规的规定，用人单位应当承担为劳动者缴纳工伤保险的责任。这里的"用人单位"不仅指企业，还包括雇有劳动者的个体工商户及其他与劳动者存在雇佣关系的组织。

从工伤的定义可以看出，认定工伤应该满足两个条件：

（1）劳动者与用人单位存在劳动关系；

（2）劳动者所受到的伤害是因工作受到的伤害。

《工伤保险条例（2010 年修订）》（国务院令第 586 号）第二条的规定如下。

中华人民共和国境内的企业、事业单位、社会团体、民办非企业单位、基金会、律师事务所、会计师事务所等组织和有雇工的个体工商户（以下称用人单位）应当依照本条例规定参加工伤保险，为本单位全部职工或者雇工（以下称职工）缴纳工伤保险费。

中华人民共和国境内的企业、事业单位、社会团体、民办非企业单位、基金会、律师事务所、会计师事务所等组织的职工和个体工商户的雇工，均有依照本条例的规定享受工伤保险待遇的权利。

10.4.2　工伤的认定条件

《工伤保险条例（2010 年修订）》（国务院令第 586 号）的相关规定如下。

第十四条　职工有下列情形之一的，应当认定为工伤：

（一）在工作时间和工作场所内，因工作原因受到事故伤害的；

（二）工作时间前后在工作场所内，从事与工作有关的预备性或者收尾性工作受到事故伤害的；

（三）在工作时间和工作场所内，因履行工作职责受到暴力等意外伤害的；

（四）患职业病的；

（五）因工外出期间，由于工作原因受到伤害或者发生事故下落不明的；

（六）在上下班途中，受到非本人主要责任的交通事故或者城市轨道交通、客运轮渡、火车事故伤害的；

（七）法律、行政法规规定应当认定为工伤的其他情形。

第十五条　职工有下列情形之一的，视同工伤：

（一）在工作时间和工作岗位，突发疾病死亡或者在 48 小时之内经抢救无效死亡的；

（二）在抢险救灾等维护国家利益、公共利益活动中受到伤害的；

（三）职工原在军队服役，因战、因公负伤致残，已取得革命伤残军人证，到用人单位后旧伤复发的。

职工有前款第（一）项、第（二）项情形的，按照本条例的有关规定享受工伤保险待遇；职工有前款第（三）项情形的，按照本条例的有关规定享受除一次性伤残补助金以外的工伤保险待遇。

第十六条　职工符合本条例第十四条、第十五条的规定，但是有下列情形之一的，不得认定为工伤或者视同工伤：

（一）故意犯罪的；

（二）醉酒或者吸毒的；

（三）自残或者自杀的。

10.4.3　工伤保险费率

工伤保险费根据以支定收、收支平衡的原则确定费率。国家根据不同行业的工伤风险程度确定行业的差别费率，并根据工伤保险费使用、工伤发生率等情况在每个行业内确定若干费率档次。

根据《人力资源社会保障部　财政部关于调整工伤保险费率政策的通知》（人社部发〔2015〕71号）的规定，按照《国民经济行业分类》（GB/T 4754—2017）对行业的划分，根据不同行业的工伤风险程度，由低到高，依次将行业工伤风险类别划分为一类至八类。

工伤保险行业风险分类及基准费率如表10-1所示。

表 10-1　工伤保险行业风险分类及基准费率表

行业类别	行业名称	基准费率
一	软件和信息技术服务业，货币金融服务，资本市场服务，保险业，其他金融业，科技推广和应用服务业，社会工作，广播、电视、电影和影视录音制作业，中国共产党机关，国家机构，人民政协、民主党派，社会保障，群众团体、社会团体和其他成员组织，基层群众自治组织，国际组织	0.2%

续表

行业类别	行业名称	基准费率
二	批发业，零售业，仓储业，邮政业，住宿业，餐饮业，电信、广播电视和卫星传输服务，互联网和相关服务，房地产业，租赁业，商务服务业，研究和试验发展，专业技术服务业，居民服务业，其他服务业，教育，卫生，新闻和出版业，文化艺术业	0.4%
三	农副食品加工业，食品制造业，酒、饮料和精制茶制造业，烟草制品业，纺织业，木材加工和木、竹、藤、棕、草制品业，文教、工美、体育和娱乐用品制造业，计算机、通信和其他电子设备制造业，仪器仪表制造业，其他制造业，水的生产和供应业，机动车、电子产品和日用产品修理业，水利管理业，生态保护和环境治理业，公共设施管理业，娱乐业	0.7%
四	农业，畜牧业，农、林、牧、渔服务业，纺织服装、服饰业，皮革、毛皮、羽毛及其制品和制鞋业，印刷和记录媒介复制业，医药制造业，化学纤维制造业，橡胶和塑料制品业，金属制品业，通用设备制造业，专用设备制造业，汽车制造业，铁路、船舶、航空航天和其他运输设备制造业，电气机械和器材制造业，废弃资源综合利用业，金属制品、机械和设备修理业，电力、热力生产和供应业，燃气生产和供应业，铁路运输业，航空运输业，管道运输业，体育	0.9%
五	林业，开采辅助活动，家具制造业，造纸和纸制品业，建筑安装业，建筑装饰和其他建筑业，道路运输业，水上运输业，装卸搬运和运输代理业	1.1%
六	渔业，化学原料和化学制品制造业，非金属矿物制品业，黑色金属冶炼和压延加工业，有色金属冶炼和压延加工业，房屋建筑业，土木工程建筑业	1.3%
七	石油和天然气开采业，其他采矿业，石油加工、炼焦和核燃料加工业	1.6%
八	煤炭开采和洗选业，黑色金属矿采选业，有色金属矿采选业，非金属矿采选业	1.9%

　　统筹地区社会保险经办机构根据用人单位工伤保险费使用、工伤发生率、职业病危害程度等因素，确定其工伤保险费率，并可依据上述因素变化情况，每 1～3 年确定其在所属行业不同费率档次间是否浮动。对符合浮动条件的用人单位，每次可上下浮动一档或两档。统筹地区工伤保险最低费率不低于本地区一类风险行业基准费率。费率浮动的具体办法由统筹地区人力资源社会保障部门商财政部门制订，并征求工会组织、用人单位代表的意见。

　　各统筹地区确定的工伤保险行业基准费率具体标准、费率浮动具体办法，应报省级人力资源社会保障部门和财政部门备案并接受指导。省级人力资源社会保障部门、财政部门应每年将各统筹地区工伤保险行业基准费率标准确定和变化以及浮动费率实施情况汇总报中华人民共和国人力资源和社会保障部、中华人民共和国财政部。

10.4.4　工伤申报流程

　　当员工发生事故伤害或按照职业病防治法规定被诊断、鉴定为职业病时，企业应当自事故伤害发生之日或被诊断、鉴定为职业病之日起 30 日内，向统筹地区社会保险行政部门提出工伤认定申请。如果遇到特殊情况，经报社会保险行政部门同意，申请时限可以适当延长。

　　如果企业没有按规定提出工伤认定申请，工伤员工或其近亲属、工会组织在事故伤害发生之日或被诊断、鉴定为职业病之日起的 1 年内，可以直接向企业所在地统筹地区社会保险行政部门提出工伤认定申请。

　　企业如果没有在规定时限内提交工伤认定申请，在此期间发生的相关法律规定的工伤待遇相关费用将全部由企业负担。

　　企业提出工伤认定，需要提交工伤认定申请表。工伤认定申请表的格式模板如表 10-2 所示。

　　企业应在工伤认定申请表中描述员工受伤害过程，写明事故发生的时间、地点，当时所从事的工作，受伤害的原因及伤害部位和程度。工伤员工应写明在何单位从事何种有害作业，起止时间，确诊结果。

表 10-2　工伤认定申请表

填表日期：　　年　月　日

申请人				申请人与受伤职工关系	
职工姓名		性别		出生日期	年　月　日
身份证号码				联系电话	
家庭地址				邮政编码	
工作单位				组织机构代码	
单位地址				邮政编码	
单位经办人				联系电话	
职业、工种或工作岗位				参加工作时间	
事故时间、地点及主要原因				诊断时间	
受伤害部位				职业病名称	
接触职业病危害岗位				接触职业病危害时间	
受伤害经过简述（可附页）					

受伤害职工（近亲属、工会组织）意见： 填写内容属实，相关证据已全部提交，如有虚假，本人承担相应的法律责任。申请认定工伤，并委托 同志办理工伤认定相关手续 　　　　签字 　　　　年　月　日	用人单位意见： 填写内容属实，相关证据已全部提交，如有虚假本单位承担相应的法律责任。 申请认定工伤，并委托 同志办理工伤认定相关手续 法定代表人签字　　（公章） 　　　　年　月　日

企业提交工伤认定申请表时，一般还应当一并提交以下材料：

（1）劳动、聘用合同文本复印件或者与企业存在劳动关系（包括事实劳动关系）、人事关系的证明材料；

（2）医疗机构出具的员工受伤害后的诊断证明书（初诊病历及其封面、伤病情证明或出院小结、检查报告单等）或者职业病诊断证明书（或者职业病诊断鉴定书）；

（3）受伤害员工的居民身份证复印件；

（4）两名证人证词及证人居民身份证复印件；

（5）企业的营业执照或工商登记、组织机构代码复印件。

有下列情形之一的，还应当分别提交相应证据：

（1）职工死亡的，提交死亡证明；

（2）在工作时间和工作场所内，因履行工作职责受到暴力等意外伤害的，提交公安部门的证明或者其他相关证明；

（3）因工外出期间，由于工作原因受到伤害或者发生事故下落不明的，提交公安部门的证明或者相关部门的证明；

（4）上下班途中，受到非本人主要责任的交通事故伤害的，提交公安机关交通管理部门或者其他相关部门的交通事故认定书或其他有效证明，上下班的时间规定、企业至居住地正常路线图；

（5）在工作时间和工作岗位，突发疾病死亡或者在48小时之内经抢救无效死亡的，提交医疗机构的抢救证明；

（6）在抢险救灾等维护国家利益、公共利益活动中受到伤害的，提交民政部门或者其他相关部门的证明；

（7）属于因战、因公负伤致残的转业、复员军人，旧伤复发的，提交革命伤残军人证及劳动能力鉴定机构对旧伤复发的确认；

（8）属于重伤以上生产安全事故的，提交安全生产监督管理部门的事故备案证明；

（9）工伤职工近亲属提出工伤认定申请的，提交有效的近亲属关系证明。

10.4.5　劳动能力鉴定

劳动能力鉴定是指劳动功能障碍程度和生活自理障碍程度的等级鉴定。员工发生工伤，经治疗伤情相对稳定后，如果存在残疾、影响劳动能力的，应当进行劳动能力鉴定。

劳动功能障碍分为10个伤残等级，一级最重，十级最轻。生活自理障碍分为3个等级：生活完全不能自理、生活大部分不能自理和生活部分不能自理。

　　劳动能力鉴定由企业、工伤员工或其近亲属向设区的市级劳动能力鉴定委员会提出申请，并提供工伤认定决定和职工工伤医疗的有关资料。申请劳动能力鉴定时，需要用到劳动能力鉴定申请表，申请表如表 10-3 所示。

表 10-3　劳动能力鉴定申请表

被鉴定人姓　名		性别		身份证号码		2 寸免冠照片
单位名称			联系人			
单　位通信地址			联系电话	手机：		
				座机：		
被鉴定人通信地址			被鉴定人联系电话	手机：		
				座机：		
工伤发生时间		工伤认定时间		认定决定书编号	〔　　〕第　　号	

工伤鉴定项目	□伤残等级鉴定	□配置辅助器具确认（辅助器具名称）：	
	□康复资格确认	□护理等级鉴定	□用人单位申请延长停工留薪期确认（原停工留薪期为　　月）
	□复查鉴定	上次鉴定书编　号	上次鉴定时间　　　　　上次鉴定级别
	□疾病与工伤因果关系确认 需确认与工伤存在因果关系的疾病名称和因果关系		
	□旧伤复发确认 需确认旧伤复发伤病部位和复发原因		
	诊断医师（签名）：	诊断医院（公章）：	
	1. 内固定　□已　□未取出，伤情相对稳定； 2. 本人收到工伤认定决定书　□已　□未满 6 个月。 　　　　　被鉴定人 （签字并加盖手印）： 　　　　　　　　年　月　日	1. 确认该职工工伤停工留薪期　□已　□未满； 2. 收到该职工工伤认定决定书　□已　□未满 6 个月； 3. 在行政诉讼期内　□未　□已向人民法院提出行政诉讼。 　　法人代表签字： 　　单位公章： 　　　　　　　　年　月　日	

续表

因病非因工负伤鉴定项目	□因病非因工丧失劳动能力程度鉴定	□工亡职工直系亲属丧失劳动能力程度鉴定
	被鉴定人所患病种或负伤部位及伤、病史： 　　该职工非因工致残或患有：＿＿＿＿、＿＿＿＿、＿＿＿＿、＿＿＿＿、 ＿＿＿＿等伤（病），现申请劳动能力鉴定。	
	本人自愿提出本次劳动能力鉴定申请	同意申请劳动能力鉴定
	被鉴定人 （签字并加盖手印）： 　　　　　　年　月　日	法人代表签字： 单位公章： 　　　　　　年　月　日

　　劳动能力鉴定委员会应当自收到劳动能力鉴定申请之日起 60 日内做出劳动能力鉴定结论，必要时，做出劳动能力鉴定结论的期限可以延长 30 日。劳动能力鉴定结论应当及时送达申请鉴定的企业和个人。劳动能力鉴定委员会组成人员或参加鉴定的专家与当事人有利害关系的，应当回避。

　　如果申请劳动能力鉴定的企业或个人对劳动能力鉴定委员会做出的鉴定结论不服的，可以在收到该鉴定结论之日起 15 日内向省、自治区、直辖市劳动能力鉴定委员会提出再次鉴定申请。省、自治区、直辖市劳动能力鉴定委员会做出的劳动能力鉴定结论为最终结论。

　　自劳动能力鉴定结论做出之日起 1 年后，工伤员工或其近亲属、企业或经办机构认为伤残情况发生变化的，可以申请劳动能力复查鉴定。

10.5　失业保险

　　失业保险是指国家通过立法强制实行的，由社会集中建立基金，对因失业而暂时中断生活来源的劳动者提供物质帮助，进而保障失业人员失业期间的基本生活，促进其再就业的制度。失业保险基金是社会保险基金中的一种专项基金。

10.5.1　失业保险的特征与作用

各类企业及其职工、事业单位及其职工、社会团体及其职工、民办非企业单位及其职工，国家机关与之建立劳动合同关系的职工都应该办理失业保险。失业保险基金主要用于保障失业人员的基本生活。

失业保险具有以下 3 个特点。

（1）强制性。国家以法律规定的形式，向规定范围内的用人单位、个人征缴社会保险费。缴费义务人必须履行缴费义务，否则构成违法行为，承担相应的法律责任。也就是说，哪些用人单位、哪些人员要缴费，如何缴费，都是由国家规定的，用人单位或个人没有选择的自由。

（2）无偿性。国家征收社会保险费后，不需要偿还，也不需要向缴费义务人支付任何代价。

（3）固定性。国家根据社会保险事业的需要，事先规定社会保险费的缴费对象、缴费基数和缴费比例。在征收时，不因缴费义务人的具体情况而随意调整。固定性还体现在社会保险基金的使用上，实行专款专用。

《中华人民共和国社会保险法》（2018 年 12 月 29 日修正）第四十八条的规定如下。

失业人员在领取失业保险金期间，参加职工基本医疗保险，享受基本医疗保险待遇。

失业人员应当缴纳的基本医疗保险费从失业保险基金中支付，个人不缴纳基本医疗保险费。

《失业保险条例》（1999 年 1 月 22 日国务院令第 258 号）的相关规定如下。

第六条　城镇企业事业单位按照本单位工资总额的百分之二缴纳失业保险费。城镇企业事业单位职工按照本人工资的百分之一缴纳失业保险费。城镇企业事业单位招用的农民合同制工人本人不缴纳失业保险费。

10.5.2　领取失业保险金的条件

《失业保险条例》（1999 年 1 月 22 日国务院令第 258 号）的相关规定如下。

第十四条　具备下列条件的失业人员，可以领取失业保险金：

（一）按照规定参加失业保险，所在单位和本人已按照规定履行缴费义务满 1 年的；

（二）非因本人意愿中断就业的；

（三）已办理失业登记，并有求职要求的。

失业人员在领取失业保险金期间，按照规定同时享受其他失业保险待遇。

第十五条　失业人员在领取失业保险金期间有下列情形之一的，停止领取失业保险金，并同时停止享受其他失业保险待遇：

（一）重新就业的；

（二）应征服兵役的；

（三）移居境外的；

（四）享受基本养老保险待遇的；

（五）被判刑收监执行或者被劳动教养的；

（六）无正当理由，拒不接受当地人民政府指定的部门或者机构介绍的工作的；

（七）有法律、行政法规规定的其他情形的。

根据《中华人民共和国社会保险法》（2018 年 12 月 29 日修正）和《失业保险条例》（国务院令第 258 号）中的规定，失业人员领取失业保险金的期限标准如表 10-4 所示。

表 10-4　失业人员领取失业保险金的期限标准

情况	领取失业保险金的期限	备注
失业前，所在单位和本人按照规定累计缴费时间满 1 年不足 5 年的	最长为 12 个月	重新就业后，再次失业的，缴费时间重新计算，领取失业保险金的期限可以与前次失业应领取而尚未领取的失业保险金的期限合并计算，但是最长不得超过 24 个月
失业前，所在单位和本人按照规定累计缴费时间满 5 年不足 10 年的	最长为 18 个月	
失业前，所在单位和本人按照规定累计缴费时间 10 年以上的	最长为 24 个月	

不同地区会有领取失业保险金的具体规定，例如，《北京市失业保险规定实施办法》（京劳社失发〔1999〕129 号）的相关规定如下。

第二十二条　失业人员享受失业保险待遇，必须符合下列条件：

一、失业前所在单位及个人参加失业保险；

二、履行缴费义务满一年；

三、及时进行失业登记，并有求职要求；

四、非本人意愿中断就业。

第二十三条　非本人意愿中断就业主要包括下列情形：

一、劳动（聘用）合同到期终止；

二、被用人单位解除劳动（聘用）合同；

三、用人单位提出，协商一致解除劳动（聘用）合同；

四、被用人单位辞退；

五、被用人单位除名或开除；

六、根据《劳动法》第 32 条与用人单位解除劳动合同；

七、符合法律、法规或市政府有关规定的其他情形。

10.5.3　失业保险金的申领方法

《中华人民共和国社会保险法》（2018 年 12 月 29 日修正）的相关规定如下。

第五十条　用人单位应当及时为失业人员出具终止或者解除劳动关系的证明，并将失业人员的名单自终止或者解除劳动关系之日起十五日内告知社会保险经办机构。

失业人员应当持本单位为其出具的终止或者解除劳动关系的证明，及时到指定的公共就业服务机构办理失业登记。

失业人员凭失业登记证明和个人身份证明，到社会保险经办机构办理领取失业保险金的手续。失业保险金领取期限自办理失业登记之日起计算。

《失业保险条例》（国务院令第 258 号）的相关规定如下。

第十六条　城镇企业事业单位应当及时为失业人员出具终止或者解除劳动关系的证明，告知其按照规定享受失业保险待遇的权利，并将失业人员的名单自终止或者解除劳动关系之日起 7 日内报社会保险经办机构备案。

城镇企业事业单位职工失业后，应当持本单位为其出具的终止或者解除劳动关系的证明，及时到指定的社会保险经办机构办理失业登记。失业保险金自办理失业登记之日起计算。

失业保险金由社会保险经办机构按月发放。社会保险经办机构为失业人员开具领取失业保险金的单证，失业人员凭单证到指定银行领取失业保险金。

《失业保险金申领发放办法》（劳动保障部令第 8 号，2024 年 6 月 14 日第三次修订）的相关规定如下。

第五条　失业人员失业前所在单位，应将失业人员的名单自终止或者解除劳动合同之日起 7 日内报受理其失业保险业务的经办机构备案，并按要求提供终止或解除劳动合同证明等有关材料。

第六条　失业人员应在终止或者解除劳动合同之日起 60 日内到受理其单位失业保险业务的经办机构申领失业保险金。

第七条　失业人员申领失业保险金应填写《失业保险金申领表》，并出示下列证明材料：

（一）本人身份证明；

（二）所在单位出具的终止或者解除劳动合同的证明；

（三）失业登记；

（四）省级劳动保障行政部门规定的其他材料。

第八条　失业人员领取失业保险金，应由本人按月到经办机构领取，同时应向经办机构如实说明求职和接受职业指导、职业培训情况。

10.6　生育保险

生育保险是国家通过社会保险立法，对生育女职工给予经济、物质等方面帮助的一项社会政策。其宗旨在于通过向生育女职工提供生育津贴、产假及医疗服务等方面的待遇，保障她们因生育而暂时丧失劳动能力时的基本经济收入和医疗保健，帮助生育女职工恢复劳动能力，重返工作岗位，从而体现国家和社会对妇女在这一特殊时期给予的支持和爱护。

10.6.1　生育保险的作用

生育保险是国家通过立法，在职业女性因生育子女而暂时中断劳动时由国家和社会及时给予生活保障和物质帮助的一项社会保险制度。生育保险是针对生育行为的生理特点，根据法律规定，在职业女性因生育子女而导致暂时中断工作、失去正常收入来源时，由国家或社会提供的物质帮助。

生育保险主要包括两项：一是生育津贴，二是生育医疗待遇。生育保险待遇不受户籍限制，参加生育保险的人员，如果在异地生育，其相关待遇按照参保地政策标准执行。

生育保险基金由用人单位缴纳的生育保险费及其利息及滞纳金组成。女职工产假期间的生育津贴、生育发生的医疗费用、职工计划生育手术费用及国家规定的与生育保险有关的其他费用都应该从生育保险基金中支出。

所有用人单位（包括各类机关、社会团体、企业、事业、民办非企业单位）及其职工都要参加生育保险。生育保险由用人单位统一缴纳，职工个人不缴纳生育保险费。

《企业职工生育保险试行办法》（劳部发〔1994〕504 号）的相关规定如下。

第五条　女职工生育按照法律、法规的规定享受产假。产假期间的生育津贴按照本企业上年度职工月平均工资计发，由生育保险基金支付。

第六条　女职工生育的检查费、接生费、手术费、住院费和药费由生育保险基金支付。超出规定的医疗服务费和药费（含自费药品和营养药品的药费）由职工个人负担。

女职工生育出院后，因生育引起疾病的医疗费，由生育保险基金支付；其它疾病的医疗费，按照医疗保险待遇的规定办理。女职工产假期满后，因病需要休息治疗的，按照有关病假待遇和医疗保险待遇规定办理。

第七条　女职工生育或流产后，由本人或所在企业持当地计划生育部门签发的计划生育证明，婴儿出生、死亡或流产证明，到当地社会保险经办机构办理手续，领取生育津贴和报销生育医疗费。

10.6.2　生育保险的特征

生育保险具有以下几个特点。

（1）享受生育保险的对象主要是女职工，因而待遇享受人群相对比较少。随着社会进步和经济发展，有些地区允许在女职工生育后，给予配偶一定假期以照顾妻子，并发给假期工资；还有些地区为男职工的配偶提供经济补助。

（2）生育保险要求享受对象必须是合法婚姻者，即必须符合法定结婚年龄、按婚姻法规定办理了合法手续，并符合国家计划生育政策等。

（3）无论女职工妊娠结果如何，均可按照规定得到补偿，即无论胎儿存活与否，产妇均可享受生育保险有关待遇，包括流产、引产及胎儿和产妇发生意外等情况。

（4）生育期间的医疗服务主要以保健、咨询、检查为主，与医疗保险提供的医疗服务以治疗为主有所不同。生育期间的医疗服务侧重于指导孕妇处理好工作与修养、保健与锻炼的关系，使她们能够顺利地度过生育期。

（5）生育保险待遇有一定的福利色彩。生育期间的经济补偿高于养老、医疗等保险的经济补偿。生育保险提供的生育津贴，一般是生育女职工的原工资水平，也高于其他保险项目。另外，在我国，职工个人不缴纳生育保险费，而是由参保单位按照其工资总额的一定比例缴纳。

10.7　住房公积金

住房公积金，是指国家机关、国有企业、城镇集体企业、外商投资企业、城镇私营企业及其他城镇企业、事业单位、民办非企业单位、社会团体及其在职职工缴存的长期住房储金。职工个人缴存的住房公积金和职工所在单位为职工缴存的住房公积金，属于职工个人所有。

10.7.1　住房公积金的特征

住房公积金制度能够为职工较快、较好地解决住房问题提供保障，能够有效地建立和形成有房职工帮助无房职工的机制和渠道，而住房公积金在资金方面为无房职工提供了帮助，体现了职工住房公积金的互助性。

住房公积金包括以下 6 个方面的特征。

（1）住房公积金制度只在城镇建立，农村不建立住房公积金制度。

（2）只有在职职工才建立住房公积金制度。无工作的城镇居民、离退休职工不实行住房公积金制度。

（3）住房公积金由两部分组成，一部分由职工所在单位缴存，另一部分由职工个人缴存。职工个人缴存部分由单位代扣后，连同单位缴存部分一并缴存到住房公积金个人账户内。

（4）住房公积金制度一经建立，职工在职期间必须不间断地按规定缴存，除职工离退休或发生住房公积金相关法律法规规定的其他情形外，不得中止和中断。这体现了住房公积金的稳定性、统一性、规范性和强制性。

（5）住房公积金是职工按规定存储起来的专项用于住房消费支出的个人住房储金，具有积累性，即住房公积金虽然是职工工资的组成部分，但不以现金的形式发放，并且必须存入住房公积金管理中心在受委托银行开设的专户，实行专户管理。

（6）住房公积金具有专用性。住房公积金实行专款专用，存储期间只能按规定用于职工购买、建造、翻建、大修自住住房。

10.7.2　住房公积金的缴存方法

根据《住房公积金管理条例》（国务院令第 262 号，2019 年 3 月 24 日第二次修订）及《关于住房公积金管理若干具体问题的指导意见》（建金管〔2005〕5 号）的规定，一般应该按照职工本人上年度平均工资为基数缴存住房公积金，缴存住房公积金的比例一般不低于 5%，不高于 12%。

《住房公积金管理条例》（国务院令第 262 号，2019 年 3 月 24 日第二次修订）的相关规定如下。

第十三条　住房公积金管理中心应当在受委托银行设立住房公积金专户。

单位应当向住房公积金管理中心办理住房公积金缴存登记，并为本单位职工办理住房公积金账户设立手续。每个职工只能有一个住房公积金账户。

住房公积金管理中心应当建立职工住房公积金明细账，记载职工个人住房公积金的缴存、提取等情况。

第十四条　新设立的单位应当自设立之日起 30 日内向住房公积金管理中心办理住房公积金缴存登记，并自登记之日起 20 日内，为本单位职工办理住房公积金账户设立手续。

单位合并、分立、撤销、解散或者破产的，应当自发生上述情况之日起 30 日内由原单位或者清算组织向住房公积金管理中心办理变更登记或者注销登记，并自办妥变更登记或者注销登记之日起 20 日内，为本单位职工办理住房公积金账户转移或者封存手续。

第十五条　单位录用职工的，应当自录用之日起 30 日内向住房公积金管理中心办理缴存登记，并办理职工住房公积金账户的设立或者转移手续。

单位与职工终止劳动关系的，单位应当自劳动关系终止之日起 30 日内向住房公积金管理中心办理变更登记，并办理职工住房公积金账户转移或者封存手续。

第十六条　职工住房公积金的月缴存额为职工本人上一年度月平均工资乘以职工住房公积金缴存比例。

单位为职工缴存的住房公积金的月缴存额为职工本人上一年度月平均工资乘以单位住房公积金缴存比例。

第十七条　新参加工作的职工从参加工作的第二个月开始缴存住房公积金，月缴存额为职工本人当月工资乘以职工住房公积金缴存比例。

单位新调入的职工从调入单位发放工资之日起缴存住房公积金，月缴存额为职工本人当月工资乘以职工住房公积金缴存比例。

第十八条　职工和单位住房公积金的缴存比例均不得低于职工上一年度月平均工资的 5%；有条件的城市，可以适当提高缴存比例。具体缴存比例由住房公积金管理委员会拟订，经本级人民政府审核后，报省、自治区、直辖市人民政府批准。

第十九条　职工个人缴存的住房公积金，由所在单位每月从其工资中代扣代缴。

单位应当于每月发放职工工资之日起 5 日内将单位缴存的和为职工代缴的住房公积金汇缴到住房公积金专户内，由受委托银行计入职工住房公积金账户。

第二十条　单位应当按时、足额缴存住房公积金，不得逾期缴存或者少缴。

对缴存住房公积金确有困难的单位，经本单位职工代表大会或者工会讨论通过，并经住房公积金管理中心审核，报住房公积金管理委员会批准后，可以降低缴存比例或者缓缴；待单位经济效益好转后，再提高缴存比例或者补缴缓缴。

10.7.3　住房公积金的提取和使用

住房公积金的提取和使用有严格的规定。《住房公积金管理条例》（国务院令第 262 号，2019 年 3 月 24 日第二次修订）的相关规定如下。

第二十四条　职工有下列情形之一的，可以提取职工住房公积金账户内的存储余额：

（一）购买、建造、翻建、大修自住住房的；

（二）离休、退休的；

（三）完全丧失劳动能力，并与单位终止劳动关系的；

（四）出境定居的；

（五）偿还购房贷款本息的；

（六）房租超出家庭工资收入的规定比例的。

依照前款第（二）、（三）、（四）项规定，提取职工住房公积金的，应当同时注销职工住房公积金账户。

职工死亡或者被宣告死亡的，职工的继承人、受遗赠人可以提取职工住房公积金账户内的存储余额；无继承人也无受遗赠人的，职工住房公积金账户内的存储余额纳入住房公积金的增值收益。

第二十五条　职工提取住房公积金账户内的存储余额的，所在单位应当予以核实，并出具提取证明。

职工应当持提取证明向住房公积金管理中心申请提取住房公积金。住房公积金管理中心应当自受理申请之日起 3 日内作出准予提取或者不准提取的决定，并通知申请人；准予提取的，由受委托银行办理支付手续。

第二十六条　缴存住房公积金的职工，在购买、建造、翻建、大修自住住房时，可以向住房公积金管理中心申请住房公积金贷款。

住房公积金管理中心应当自受理申请之日起 15 日内作出准予贷款或者不准贷款的决定，并通知申请人；准予贷款的，由受委托银行办理贷款手续。

住房公积金贷款的风险，由住房公积金管理中心承担。

第 **11** 章

AI 时代的薪酬管理

　　随着人工智能（Artificial Intelligence，AI）融入企业管理，薪酬管理成为一个集数据分析、预测模型构建、个性化策略制订等功能于一体的自动化、智能化、综合性系统。企业需要积极拥抱 AI，不断创新薪酬管理理念和模式，以适应时代的变化和市场的需求。

11.1　AI 生成薪酬分析报告

AI 生成的薪酬分析报告通常比较准确和客观，能够为企业提供全面、深入的薪酬管理洞察。借助 AI 生成的薪酬分析报告，企业可以更好地了解自身薪酬管理的现状和问题，并据此制订更加科学、合理的薪酬策略。

AI 生成薪酬分析报告的过程首先依赖于对企业内外部海量数据的收集与整合。这些数据包括但不限于：员工的基本信息、职位级别、工作绩效，市场薪酬调查数据，企业营收状况，行业发展趋势等。

通过先进的数据抓取和整合技术，AI 能够迅速将这些分散的数据汇集成一个完整的数据库。

接下来，AI 会对这些数据进行深度挖掘和精准分析。利用机器学习算法和大数据分析技术，AI 能够自动识别数据中的关键信息和潜在规律，并据此构建出各种与薪酬相关的模型和预测。

例如，通过对比市场薪酬数据和企业内部薪酬数据，AI 可以评估企业薪酬水平的竞争力；通过分析员工绩效与薪酬的关系，AI 可以评估薪酬政策的激励效果。

在完成数据分析之后，AI 会生成一份详尽的薪酬分析报告。这份报告通常包括以下几个部分。

1. 薪酬结构分析

报告可以详细展示企业当前的薪酬结构，包括不同职位、不同级别员工的薪酬水平、薪酬构成（如基本工资、奖金、津贴等）及薪酬增长趋势。通过分析这些数据，企业可以了解自身薪酬结构的合理性，并发现潜在的问题。

2. 市场竞争力评估

报告可以对比企业薪酬水平与市场薪酬水平，评估企业薪酬的竞争力。这有助于企业了解自身在市场上的薪酬定位，并据此调整薪酬策略。

3. 薪酬激励效果评估

报告可以分析员工绩效与薪酬的关系，评估薪酬政策的激励效果。通过对比不同绩效水平的员工的薪酬差异，企业可以了解薪酬政策是否能够有效激励员工提升绩效。

4. 薪酬满意度调查

报告通常可以包括员工薪酬满意度的调查结果。这些结果可以帮助企业了解员工对薪酬政策的看法和感受，并据此调整薪酬政策以满足员工的需求和期望。

5. 建议与改进方案

基于以上分析，报告可以提出一系列针对性的建议和改进方案。这些方案旨在优化企业的薪酬结构、提升薪酬竞争力、增强薪酬激励效果并提高员工薪酬满意度。

11.2 AI 设计薪酬预测模型

企业是否能够精准预测未来的薪酬变化直接关系到企业的成本控制、人才吸引和激励策略的有效性。在这个数据驱动的时代，AI 可以被应用在薪酬预测上，从而为企业提供强大的数据支持和决策依据。

首先，通过构建预测模型，AI 能够深入挖掘历史薪酬数据中的规律和趋势。这些历史数据包括但不限于历年来的员工薪酬数据、同行业薪酬数据、市场薪酬调查报告等。

通过对这些数据进行深度学习和分析，AI 能够识别出薪酬变化的关键驱动因素，如行业发展趋势、经济环境、企业业绩等。基于这些因素，AI 能够构建出精准的预测模型，对未来薪酬水平进行预测。

其次，AI 构建的预测模型不仅能够预测未来的薪酬水平，还能够预测薪酬增长率和薪酬结构的变化趋势。

薪酬增长率反映了企业薪酬水平的动态变化，对于制订薪酬预算和规划至关重要。AI 能够综合考虑多种因素，如通货膨胀率、行业薪酬增长率、企业业绩增长率等，预测出未来薪酬增长率的合理范围。

最后，AI 还能够分析不同职位、不同级别员工的薪酬结构，预测出薪酬结构的变化趋势，为企业制订更加合理的薪酬策略提供有力支持。

预测模型在薪酬预测方面的应用，为企业带来了诸多好处。

（1）通过预测模型，企业可以提前了解未来的薪酬水平和趋势，为薪酬预算和规划提供科学依据。这有助于企业更好地控制成本，避免因为薪酬预算不足或过高而带来的经营风险。

（2）预测模型能够帮助企业更好地把握市场动态。随着市场竞争的加剧，企业需要不断调整薪酬策略以吸引和留住优秀人才。

预测模型能够为企业提供及时、准确的薪酬信息，帮助企业了解市场薪酬水平的变化趋势，从而制订更加符合市场需求的薪酬策略。

（3）预测模型还能够为企业提供个性化的薪酬建议。通过对员工个人特征、绩效表现、职业发展规划等因素进行综合分析，预测模型能够为员工量身定制薪酬方案，实现薪酬管理的个性化和精细化。

11.3　AI 制订个性薪酬策略

传统的薪酬管理方式往往采取"一刀切"的策略，即对所有员工采用相同的薪酬标准和调整机制，这种方式虽然简单易行，但忽视了员工之间的差异性，难以满足不同员工群体的独特需求。

AI 在薪酬管理中的应用，为薪酬管理带来了巨大的变化，正逐步引领着薪酬策略向个性化和精细化转变，使薪酬策略的制订更加贴合员工的个性化需求。

AI 通过深度学习和数据分析，能够全面了解每位员工的个人特征、绩效表现及职业发展规划。AI 能够为其量身定制薪酬方案，这有助于提升员工的满意度和忠诚度，还能够增强企业的竞争力和凝聚力。

AI 可以收集并整理员工的基本信息，如年龄、学历、工作经验等，以及员工在工作中的具体表现，如任务完成质量、团队协作能力等。这些数据为 AI 提供了宝贵的员工画像，使其能够深入了解每位员工的独特之处。

AI 能够结合市场薪酬数据和行业趋势，对员工薪酬水平进行科学合理的评估。通过对比同行业、同职位的薪酬水平，AI 能够确保员工薪酬公平和具备一定的市场竞争力，从而吸引和留住优秀人才。

更重要的是，AI 能够根据员工的个人特征和职业规划，为其量身定制薪酬方案。例如，对于表现突出的员工，AI 可以提出更具吸引力的薪酬增长计划，以激励其持续为企业创造价值；对于具有发展潜力的员工，AI 可以制订更加灵活多样的薪酬方案，如提供更多的培训机会、职业发展指导等，以支持其个人成长和职业发展。

此外，AI 还能够实时监测员工薪酬方案的执行情况，并根据市场变化、企业业绩及员工表现等因素进行动态调整。这种灵活性和适应性使得薪酬管理更加精准和高效，能够更好地满足员工和企业的需求。

11.4　AI 辅助薪酬方面的沟通、解惑

AI 同样可以应用在薪酬沟通方面。通过运用 AI，企业与员工之间能够搭建起一座更为高效和精准的沟通桥梁。AI 可以加强企业与员工之间的沟通，从而强化双方的信任，为企业的发展注入新的活力。

在传统模式下，薪酬沟通往往依赖于 HR 部门与员工之间的面对面交流或邮件往来。这种方式在人数较少或情况较为简单时，也许还能应对，但随着企业规模的扩大和员工人数的增多，这种沟通方式逐渐显露出其局限性。

人力资源部门需要投入大量时间和人力去处理员工的薪酬疑问，而员工也可能因为等待时间过长或沟通不畅而感到不满。

然而，AI 的出现为薪酬沟通带来了巨大的变化。通过自然语言处理和语音识别技术，AI 能够自动解析员工提出的薪酬疑问，并给出准确的回答。

这种技术使得薪酬沟通变得更加便捷和高效。员工不再需要等待人力资源部门的回复，只需通过企业内部的聊天系统或语音助手提出问题，AI 就能够迅速理解并给出详细的解答。

想象一下，员工小张在企业的聊天系统中输入："请问我的年终奖金是如何计算的？"AI 立即进行自然语言处理，分析小张的问题，并调取其历史薪酬数据和绩效表现。

随后，AI 会根据这些信息生成一条详细的解答，告知小张年终奖金的计算方式、他的绩效得分及相应的奖金额度。整个过程不仅快速，而且准确无误，极大地提高了关于薪酬的沟通的效率。

更值得一提的是，AI 还能根据员工的历史薪酬数据和绩效表现，自动推送相关的薪酬信息。

例如，当员工小李的绩效得分在最近一次评估中得到了显著提升时，AI 可以自动发送一条祝贺信息给小李："恭喜你在最近的绩效评估中取得了优异成绩！

基于你的表现，你的薪酬将有所调整。具体细节请查阅你的薪酬报告。"

这样的个性化沟通方式可以让小李感受到来自企业的关怀和认可，进一步提升他的归属感和满意度。

【实战案例】AI 分析薪酬数据

某知名互联网公司（以下简称"该公司"）为了提升人力资源部门的工作效率，优化薪酬管理流程，决定引入 AI 来生成薪酬分析报告。该公司拥有数千名员工，分布在不同的业务部门和地域，薪酬体系复杂且多样化。

1. 需求分析

（1）数据收集与处理：该公司需要整合各部门、各地区的薪酬数据，包括基本工资、奖金、津贴、福利等，确保数据的准确性和完整性。

（2）报告生成：基于收集到的数据，需要能够自动生成薪酬分析报告，包括薪酬水平分析、薪酬结构分析、薪酬趋势预测等。

（3）报告解读：报告应提供易于理解的图表和解读，帮助管理层快速了解薪酬状况，做出决策。

2. AI 解决方案

（1）数据整合：AI 通过与公司现有的人力资源管理系统对接，自动抓取薪酬数据，并进行清洗和整理。

（2）模型训练：利用历史薪酬数据和行业数据，训练模型，使其能够识别薪酬数据的内在规律和趋势。

（3）报告生成：基于训练好的模型，AI 能够自动生成薪酬分析报告。报告包括以下几个部分。

- 薪酬水平分析：比较公司薪酬水平与行业平均水平、竞争对手的薪酬水平，分析公司薪酬水平的竞争力。

- 薪酬结构分析：分析公司薪酬结构的合理性，包括基本工资、奖金、津贴、福利等各部分的比例和分布。

- 薪酬趋势预测：基于历史数据和行业趋势，预测公司未来薪酬水平的变化趋势，为公司制订薪酬策略提供参考。

（4）报告解读：AI 生成的报告采用直观的图表形式展示，并提供简明的解读，可以帮助管理层快速了解薪酬状况。

3. 实施效果

通过引入 AI 来生成薪酬分析报告，该公司取得了以下效果。

（1）提升效率：AI 能够在短时间内完成大量数据的整合和分析，大大提升了薪酬分析报告的生成效率。

（2）优化决策：基于 AI 生成的薪酬分析报告，管理层能够更快速、更准确地了解公司薪酬状况，做出更合理的薪酬决策。

（3）增强透明度：AI 生成的报告主要以直观的图表形式展示，这提高了薪酬管理的透明度，增强了员工对公司的信任感。

4. 结论

通过引入 AI 来生成薪酬分析报告，该公司不仅提升了人力资源部门的工作效率，还优化了薪酬管理流程，为公司的发展提供了有力支持。

【实战案例】AI 预测薪酬水平

随着市场竞争的加剧和人才流动性的增加，某大型科技企业（以下简称"该企业"）意识到薪酬管理对于吸引和留住优秀人才的重要性。为了更准确地预测员工的薪酬水平，优化薪酬策略，该企业决定利用 AI 进行薪酬预测。

1. 需求分析

（1）数据收集：该企业需要收集包括员工的基本信息（如职位、工作经验、教育背景等）、绩效数据、市场薪酬数据等多方面的数据，作为薪酬预测的依据。

（2）模型构建：基于收集到的数据，需要构建一个能够准确预测员工薪酬的模型。

（3）预测输出：模型将输出每个员工的薪酬预测值，以及预测的置信度等信息，帮助企业做出更准确的薪酬决策。

2. AI 解决方案

（1）数据预处理：首先，该企业利用 AI 对收集到的数据进行预处理，包括数据清洗、缺失值填充等，以确保数据的质量和可用性。

（2）模型选择：根据问题的特点，该企业选择了基于机器学习的回归模型作为薪酬预测的模型。通过对比不同算法的性能，最终选择了随机森林回归模型，因为它在处理复杂数据关系时表现出色。

（3）模型训练：利用预处理后的数据，对随机森林回归模型进行训练。在训练过程中，通过交叉验证等方法来评估模型的性能，并调整模型的参数以达到最优效果。

（4）预测输出：训练好的模型可以对新的员工数据进行薪酬预测。预测结果包括员工的薪酬预测值、预测的置信度等，这些信息可以帮助企业更准确地制订薪酬策略。

（5）模型更新：随着时间的推移，市场环境、企业策略等因素都可能发生变化，因此该企业会定期更新薪酬预测模型，以确保其准确性和有效性。

3．实施效果

通过引入 AI 进行薪酬预测，该企业取得了以下效果。

（1）提高预测准确性：与传统的薪酬预测方法相比，AI 构建的模型能够更准确地预测员工的薪酬水平，减少了人为因素的干扰和误差。

（2）优化薪酬策略：基于模型的薪酬预测结果，企业可以更精确地制订薪酬策略，确保薪酬水平的合理性和竞争力，从而吸引和留住优秀人才。

（3）提高工作效率：模型能够在短时间内处理大量数据，并输出预测结果，大大提高了薪酬预测的工作效率。

4．总结

通过收集数据、构建模型、训练模型、预测输出和模型更新等步骤，企业可以利用 AI 提高薪酬预测的准确性和效率，优化薪酬策略，从而为企业的发展提供有力的支持。

【实战案例】AI 优化薪酬策略

某知名互联网公司（以下简称"该公司"）在人力资源管理方面一直走在行业前列。随着市场竞争的加剧和人才管理需求的提升，该公司意识到传统的"一刀切"式薪酬管理已无法满足不同员工群体的需求。

为了更精准地激励员工，提高员工满意度和忠诚度，该公司决定引入AI，从而为薪酬管理带来个性化的策略制订。

1. 需求分析

（1）员工数据收集：该公司需要收集每位员工的个人信息、绩效数据、职业规划等多方面的数据，作为制订个性化薪酬策略的依据。

（2）个性化策略需求：不同员工因职位、能力、贡献等因素的差异，对薪酬的期望和需求也不同。该公司需要一种能够根据不同员工的特点和需求，为其量身定制薪酬策略的方法。

（3）策略执行与调整：薪酬策略需要随着市场环境、公司发展和员工表现的变化而调整。该公司需要一个灵活、可调整的薪酬策略制订流程。

2. AI解决方案

（1）数据整合与分析：该公司利用AI，将员工的个人信息、绩效数据、职业规划等多方面的数据进行整合和分析。通过数据挖掘和机器学习算法，AI能够深入理解每位员工的独特需求和特点。

（2）个性化薪酬策略制订：基于数据分析的结果，AI能够为每位员工量身定制薪酬策略。例如，对于高绩效员工，AI可以推荐更高的奖金比例和晋升机会；对于新员工或潜力员工，AI可以推荐更多的培训和发展机会。

（3）策略执行与监控：AI不仅负责制订薪酬策略，还能够实时监控策略的执行情况。通过收集和分析员工的反馈和市场变化等信息，AI能够自动调整薪酬策略，确保其始终符合公司和员工的需求。

（4）用户友好界面：为了方便HR和员工使用，该公司还开发了一个用户友好的界面。HR可以通过界面查看每位员工的薪酬策略和执行情况，员工也可以通过界面了解自己的薪酬构成和发展路径。

3. 实施效果

通过引入AI来促进薪酬管理方面的个性化的策略制订，该公司取得了以下效果。

（1）提高了员工满意度：个性化的薪酬策略能够更好地满足员工的需求和期望，提高员工的满意度和忠诚度。员工感受到公司的关心和认可，更加愿意为公司的发展贡献力量。

（2）优化了薪酬成本：通过精准地激励员工，个性化的薪酬策略能够减少不必要的薪酬支出，优化薪酬成本。同时，合理的薪酬策略还能够吸引和留住优秀人才，为公司的发展提供有力支持。

（3）提升了管理效率：AI 的引入使得薪酬管理更加智能化和自动化。HR 可以更加轻松地制订和执行薪酬策略，减少了烦琐的手工操作和数据整理工作。同时，AI 还能够实时监控薪酬策略的执行情况，帮助 HR 及时发现和解决问题。

4. 总结

通过收集和分析员工数据，AI 能够为每位员工量身定制薪酬策略，并实时监控策略的执行情况。这种个性化的薪酬管理方式不仅提高了员工的满意度和忠诚度，还优化了薪酬成本并提升了管理效率。

【实战案例】AI 指导薪酬调整

随着员工对薪酬透明度和公平性的日益关注，某大型跨国公司（以下简称"该公司"）意识到，在薪酬管理过程中，与员工进行有效的沟通和及时的薪酬调整至关重要。为了提升薪酬管理的效率与效果，该公司决定引入 AI 来优化薪酬沟通与薪酬调整流程。

1. 需求分析

（1）薪酬沟通需求：该公司希望建立一种高效、透明的薪酬沟通机制，确保员工能够清楚地了解自己的薪酬构成、薪酬水平及薪酬变动的原因。

（2）薪酬调整需求：随着市场变化、公司业绩及员工绩效的变动，该公司需要及时进行薪酬调整。然而，传统的薪酬调整流程烦琐且耗时，难以快速响应市场变化。

2. AI 解决方案

（1）薪酬沟通平台：该公司利用 AI 开发了一个智能薪酬沟通平台。该平台能够自动分析员工的薪酬数据，并生成个性化的薪酬报告。

员工可以通过手机或电脑登录该平台，查看自己的薪酬构成、薪酬水平及与市场同类职位的对比情况。

同时，该平台还提供了薪酬解释功能，能够用通俗易懂的语言解释薪酬变动的原因，确保员工对薪酬情况有清晰的了解。

（2）智能薪酬调整系统：为了快速响应市场变化和员工绩效的变动，该公司还开发了一个智能薪酬调整系统。

该系统能够实时监控市场薪酬数据和员工绩效数据，并基于这些数据自动计算出员工的薪酬调整幅度。

当员工的绩效超过预设标准或市场薪酬水平发生变化时，系统会自动触发薪酬调整流程，并生成相应的调整建议。HR人员只需对调整建议进行确认和调整，即可完成薪酬调整工作，大大提高了工作效率。

（3）AI辅助决策：在薪酬调整过程中，AI还能够为HR提供辅助决策支持。

例如，当面临多个员工同时申请薪酬调整时，AI可以基于员工的绩效、能力、贡献等多个维度进行综合评估，并给出优先级的排序建议。这样，HR人员可以更加客观、公正地处理薪酬调整申请，避免了主观因素的干扰。

3. 实施效果

通过引入AI用于薪酬沟通并指导薪酬调整，该公司取得了以下效果。

（1）提升了薪酬透明度：智能薪酬沟通平台使得员工能够随时随地查看自己的薪酬情况，并了解薪酬变动的原因。这种透明的薪酬沟通机制增强了员工对薪酬制度的信任感，提高了员工的满意度和忠诚度。

（2）能够快速响应市场变化：智能薪酬调整系统能够实时监控市场薪酬数据和员工绩效数据，并自动计算出员工的薪酬调整幅度。这使得该公司能够快速响应市场变化，确保薪酬水平与市场保持同步。

（3）提高了工作效率：AI的应用使得薪酬调整流程更加自动化和智能化。HR可以更加轻松地处理薪酬调整申请，并快速生成调整建议。这样既可以提高工作效率，又可以降低出错率。

4. 总结

通过开发智能薪酬沟通平台和智能薪酬调整系统，该公司成功提升了薪酬管理的效率与效果。这种基于AI的薪酬管理方式增强了薪酬的透明度和公平性，提高了员工的满意度和忠诚度。

薪酬管理岗位能力提升发展

　　为什么在同一个公司内，两位同样是做薪酬管理的职工，在职务和工作年限差不多的情况下，工资却可以有数倍的差距？

　　多数情况下，原因是这两位职工薪酬管理能力和水平的差异。

　　薪酬管理岗位几乎是每个公司都存在的岗位，但是薪酬管理岗位人员的能力水平却差异很大。这种差异就好像常常能在一些职场文章或培训中看到的"9 段秘书"的概念。同样是秘书岗位，根据做事情的落脚点和内容不同，分成了 9 个段位（9 级），级别由低到高分别对应着薪酬管理从低到高的不同水平。仿照"9 段秘书"的原理，我将薪酬管理岗位人员的能力同样划分成了 9 级。从侧重于基础事务性工作的第 1 级，到侧重于复杂管理性工作的第 9 级，如图 1 所示。

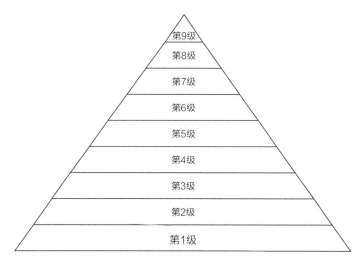

第9级
第8级
第7级
第6级
第5级
第4级
第3级
第2级
第1级

图 1　薪酬管理岗位人员 9 级能力等级示意图

　　第 1 级简称"算工资"。这一级的薪酬管理岗位人员通常做的工作是核对考勤、测算工资、发工资、走流程等基础性的薪酬核对和测算工作。

　　第 2 级简称"做分析"。这一级的薪酬管理岗位人员能够做一些内部薪酬分析，会基础的 Excel 应用，能够将月度、季度、年度薪酬的结果呈现出来并做基础分析，供简单的决策使用。

第3级简称"做调研"。这一级的薪酬管理岗位人员懂得关注同类行业、同类岗位、同类等级的外部薪酬水平，能够独立操作外部的薪酬调查，关注外部薪酬与内部薪酬的差距，能说出一些关键岗位内外部薪酬的差距。

第4级简称"细分析"。这一级的薪酬管理岗位人员能够对内部薪酬数据与外部调研数据进行详细的比较和分析，能够精确看出内外部薪酬之间的差距。这一级的薪酬管理岗位人员需要懂Excel的深层应用，需要具备较强的数据分析能力。

第5级简称"做方案"。这一级的薪酬管理岗位人员能根据前面基础或复杂的数据和分析，找出公司当前薪酬体系中存在的问题，设计出符合公司需要的整体薪酬制度和必要的薪酬调整方案。

第6级简称"通财务"。这一级的薪酬管理岗位人员对人力资源的投资回报率的概念有比较深刻的理解，熟悉人力费用、劳动效率等相关概念，开始研究在哪部分提高人力成本的投入可能提升公司的效益、效率或者降低某类风险，在哪方面减少人力成本的投入不会影响生产经营，并能降低成本。

第7级简称"全模块"。这一级的薪酬管理岗位人员精通岗位价值论，能够完整地做出每个岗位的价值表。这一级的薪酬管理岗位人员通常需要有一定的招聘经验和专业知识，有对岗位的丰富理解和较强的岗位分析能力，参与过一定的人力资源全模块建设项目，能够将薪酬管理与人力资源管理的其他模块很好地衔接起来。

第8级简称"精分析"。在前面7级的基础上，这一级的薪酬管理岗位人员能够比较并说出某类人领取的工资已经超出其发挥的价值，另一类人发挥的价值已经远高于其工资，并能够推动公司内部主动调整这种差距，最终达到提高效率、保留人才、提高人力投资回报率的目的。

第9级简称"建体系"。这一级的薪酬管理岗位人员有能力为公司搭建整套的薪酬管理体系，能带领团队共同成长，能够将前面8级的内容固化、复制到其他部门或组织中，能够培养整个薪酬管理团队，使其达到前8级的水平。

如果您正在或将要从事薪酬管理岗位，您评估自己处在哪一级？